Nouville L^t. colonel du 5^e
reg^t. de chevaux legers.

EXAMEN CRITIQUE
DU
MILITAIRE FRANÇOIS.

Suivi

DES PRINCIPES QUI DOIVENT DÉTERMINER SA CONSTITUTION, SA DISCIPLINE ET SON INSTRUCTION.

Par M. le B. D. B....

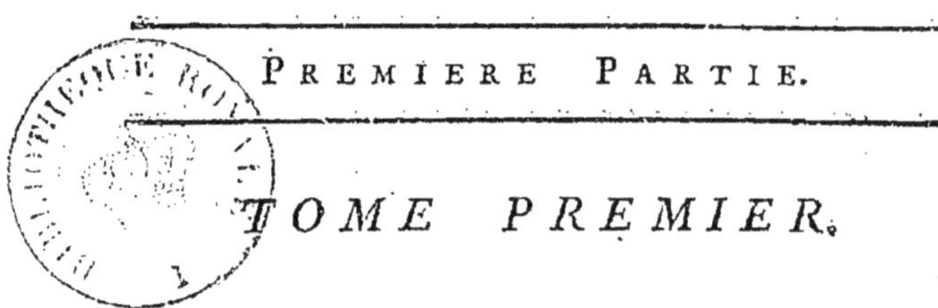

PREMIERE PARTIE.

TOME PREMIER.

Dans ces jours de Création
Où tant d'incroyables brochures
Offrent des plans de tout jargon;
Des projets de toutes figures,
Et l'ennui par souscription;
Dans ce bruyant torrent qui roule
Qu'importe que le tourbillon
Enveloppe, entraîne un chiffon
De plus ou de moins dans la foule.

GRESSET.

GENEVE.

1781.

CHAPITRE PRÉLIMINAIRE.

Sur l'objet & la division de cet Ouvrage.

TOUT officier François que le desir de s'instruire porte à l'étude de son métier, se trouve arrêté & trop souvent découragé dès le premier pas qu'il veut faire dans cette pénible carriere. Le recueil des ordonnances n'est pour lui qu'un cahos qu'il ne peut débrouiller ; & les différens ouvrages de nos moralistes & de nos tactitiens qu'un amas de principes bons & mauvais, de critiques justes & partiales, de systêmes enfin tour-à-tour élevés par les uns & anéantis par les autres, sur lesquels il ne peut prononcer ni choisir. Où est la loi précise & suivie, où est le systême victorieux, où est l'ouvrage didactique fait pour éclairer & servir de guide à son esprit ? Le désespoir de feuilleter sans cesse une immense collection, & de n'y pas trouver ce qu'il cherche, le porte nécessairement à abandonner un travail aussi ingrat.

S'il quitte ses livres pour voir nos régimens, suivre nos pratiques & nos écoles, entrer dans nos maneges, courir nos champs de Mars & nos camps, c'eſt pis encore; car il ne lui eſt plus permis de réflechir, ſans être convaincu que nos incertitudes ſont la ſuite de notre ignorance; il ne voit partout que l'ombre d'une *diſcipline* ſubalterne variée dans ſes principes comme dans ſes moyens; le mot *ſubordination* ne ſe préſente à ſon eſprit que comme un de ces mots vagues, dont le ſens n'eſt pas encore déterminé; & tandis que les adeptes diſputent encore ſur la maniere de ranger les hommes, il voit de ruſtres inſtructeurs tourmenter & fatiguer le ſoldat, pour lui apprendre à marcher; donner à ſon corps des diſpoſitions auſſi contraires à ſa ſtructure, qu'aux loix de la méchanique & du mouvement. Dans la Cavalerie, il ne rencontre pas deux Régimens, deux Officiers même, d'accord ſur les principes de cette arme; ſur les moyens de l'employer & ſur ſes propriétés. Comment donc ſe frayer une route au milieu de tant d'erreurs? Telle eſt pourtant la poſition critique de tout homme qui entre dans la profeſſion des armes. Que l'on y réfléchiſſe, & qu'on ne s'étonne plus de la légéreté, & peut-être de l'indifférence avec laquelle la plupart des jeunes militaires regardent les détails de leur métier.

Je ne me flatte point de déchirer le voile de l'ignorance, cette entreprise sans doute est au dessus de mes forces; mais la vérité ne peut naître que du choc des opinions, & si la critique de mes écrits peut produire quelque étincelle de lumiere, j'en aurai retiré tout le prix que j'ai pu m'en promettre.

L'on se dit ennuyé, & l'on a droit de l'être, de lire des livres militaires; qu'y rencontre-t-on? que nos institutions sont fausses; que la science de régir est absolument inconnue de nos administrateurs; que la corruption est au comble; que l'édifice est tellement ébranlé, qu'il seroit dangereux d'y toucher. Si l'on rappelle les anciens, le résultat de cette comparaison est toujours pour nous avilir & nous abaisser. Tout le monde enfin ose parler des défauts de notre administration, & la prétention de les exposer dans un plus grand jour semble être la tâche unique que se propose l'éloquence. Ce travail louable, sans doute, quand il précéde les moyens de rémédier aux abus que l'on condamne, devient à mes yeux un travail inutile & révoltant, quand il n'est pas suivi de ces mêmes moyens: c'est un médecin barbare, qui, exagérant à ses malades les funestes suites de leurs maux, leur refuse en même tems ses soins pour les prévenir. Je sais qu'un auteur en donnant ses idées, ses principes, un nouveau plan enfin à substituer à celui qu'il condamne, s'expose à devenir lui-même l'objet de la critique de tous les écrivains de son siecle ; je sais que peu d'hommes souhaitent assez fortement le bien pour oser courir les risques d'ouvrir une nouvelle carriere, & mettre leur amour-propre au-dessus des justes craintes que cette entreprise inspire ; je sais encore que plusieurs, ambitionnant de mettre un jour le pied dans le sanctuaire, mettent aujourd'hui infiniment d'art à dire peu de choses, & à montrer qu'ils en cachent beaucoup ; ils donnent pour cause de leur silence, l'inutilité de montrer le bien, lorsqu'on ne peut l'opérer ; ils ne veulent *porter le flambeau d'une main, qu'à condition qu'on armera l'autre d'une massue* : c'est l'expression d'un auteur, pour les ouvrages duquel les philosophes & les militaires ont une admiration faite pour augmenter nos regrets, sur le nombre de ses réticences (1).

Il est pourtant quelques exceptions à cette retenue générale, certains auteurs ont péné-

(1) L'auteur de l'Essai Général.

tré & approfondi quelques détails; mais nous nous plaindrons encore de ce qu'il n'y en a pas un ſeul qui les ait tous embraſſés. L'un a parlé de la conſtitution ſans s'occuper de l'école; un autre s'eſt appeſanti ſur l'école, ſans s'embarraſſer de la diſcipline; un troiſieme a parlé de la diſcipline, ſans en aſſurer les moyens, ſans les chercher dans l'eſprit, le caractere & les mœurs de la nation à conduire; & tous, ſans exception que je connoiſſe, ont paſſé ſous ſilence cette partie intéreſſante dans l'organiſation des armées, je veux dire la comptabilité & l'économie, qui ſervent à les entretenir. Comment raſſembler des parties ainſi diſperſées, comment former un corps avec des membres qui n'ont point été faits pour s'unir? Cette inſuffiſance eſt une des principales cauſes du dégoût que nous éprouvons à la lecture des livres militaires, j'offre ici un plan ſuivi & plus complet; ſi je ne réuſſis pas à montrer le mieux, j'aurai au moins établi un canevas didactique, ſur lequel les critiques deviendront plus intéreſſantes, parce que pour me ſuivre il faudra lier ſes remarques, montrer leurs rapports, & en former un enſemble, ſans lequel on s'égareroit.

Avant de détailler ma table, je n'ai qu'un

mot à dire de moi, & j'en parlerai pour la derniere fois. Des obſervations ſuivies pendant pluſieurs années dans des grades, des régimens, des garniſons & des camps où j'ai été à même de les faire, donnerent lieu à des notes, que j'ai long-tems conſervé, ſans oſer entreprendre de les réunir avec une eſpece d'ordre. Les révolutions continuelles arrivées dans le militaire depuis 12 ans, l'incertitude où l'on eſt encore ſur notre conſtitution, la frêle exiſtence qu'elle a en ce moment, & la prévoyance certaine que nous touchons encore à celui de la voir changer, voilà ce qui m'encourage & me détermine à faire imprimer un manuſcrit inutile peut-être, mais plus ſûrement inutile encore s'il reſtoit dans mon porte-feuille. Je n'ennuyerai point mon lecteur par ces lieux communs prodigués dans toutes les préfaces, ordinairement remplies de ces phraſes que dicte une fauſſe modeſtie, mais dont un juge éclairé n'eſt jamais la dupe. De même dans le cours de cet ouvrage, dont le ſtyle eſt peu ſoigné, au lieu de parler toujours à la troiſieme perſonne, j'ai parlé à la premiere, lorſque cela m'a paru plus ſimple, plus vrai & plus naturel. J'avoue même que pluſieurs perſonnes, qui ont eu la complaiſance de lire mes rêveries, m'ont quelquefois conseillé de rayer ce qu'ils trouvoient trop hasardé ou peu conforme à leurs pensées ; mais lorsqu'elles n'ont pu me ramener à leur avis, lorsque sans de fortes raisons on n'a pu me faire changer de sentiment, j'ai conservé le ton affirmatif, non pour en imposer à mes lecteurs, mais pour être *moi*, leur peindre mes idées & non celles d'autrui.

La vaste science, qu'on appelle *Art de la guerre*, se divise évidemment en deux parties ; l'une élémentaire & bornée, soumise aux loix de la raison & aux calculs mathématiques ; l'autre immense & sublime, connoissant peu de regles, que l'expérience seule doit enseigner, & que le génie seul peut apprendre. J'en appelle aux meilleurs ouvrages qui ont traité cette derniere partie, nous en avons quelques-uns qui nous montrent la forme dont ils sont susceptibles.

Feuquiere, connoissant la difficulté de donner des loix générales & instructives sur la guerre, se sert d'exemples, rapproche les circonstances, disserte & conclut. C'est ainsi que Fréderic instruit ses généraux, il les frappe de l'exemple de ses propres fautes, & leur montre les moyens meilleurs par lesquels il auroit pu les éviter. Voilà la marche des grands maîtres. Puiségur, par une suppolition ingénieuse, offre une méthode, qui, en se rapprochant de celles que je viens de citer, peut exercer l'esprit de celui, qui, se sentant le germe du talent, cherche tous les moyens de s'instruire (1). Un lecteur, pourvû de connoissances antérieures, peut encore trouver des leçons utiles dans les élémens de tactique qui ont paru depuis quelques années ; ils ont presque tous appuyé leur théorie par l'exemple & la résolution de quelques problêmes de stratégique. Mais avant de se livrer à l'étude de cette science, qui est proprement celle des généraux, dans combien d'autres connoissances un officier n'est-il pas obligé de s'initier ? Destiné à obéir avant de commander, il doit s'instruire de tous les devoirs subalternes, & ils paroissent immenses à celui qui veut les bien remplir. Exécuter une mission avec intelligence, rendre un compte exact, conduire des hommes, savoir en tirer tout le parti qu'on peut en attendre, par conséquent les instruire, les former pour la guerre, en faire d'excellens soldats, perfectionner enfin l'instrument

(1) M. le Maréchal de Puiségur a supposé deux armées manœuvrant l'une contre l'autre entre la Seine & la Loire,

dont le Général doit se servir; voilà les devoirs de tout officier. Que de détails j'apperçois dans la masse des connoissances qu'il doit avoir! Ils forment la premiere partie, la partie élémentaire de l'art de la guerre. C'est à celle-là que j'ai borné mon travail & mes réflexions. J'ai à parler constitution, discipline & instructions. Je marquerai nos fautes, je citerai les abus qui régnent depuis long-tems, & ceux qui se sont nouvellement établis. Mes lecteurs ne trouveront ici que le fidele tableau de ceux dont ils auront été les organes ou les victimes. Je ferai sur ces objets la comparaison du systême suivi avec celui que je propose; scrupuleux examinateur des opinions généralement reçues, le nombre de ceux qui les adoptent ne m'en imposera point, j'en ferai un examen sévere, & je les combattrai, lorsque, sans être démontrées vraies, elles n'auront pour tout mérite que leur usage & leur antiquité. Le systême Prussien ne me séduira point, j'en respecte l'auteur, & je conviens qu'il nous donne souvent de bons exemples, mais je crois que nous l'avons trop servilement copié quelques fois, & que toutes les loix Prussiennes ne peuvent convenir aux François. Consultant les qualités, les défauts

& les préjugés de ma nation, j'applaudirai aux loix qui savent en tirer un parti utile, mais je rejetterai comme indigenes celles dont la contrariété ne produit jamais qu'un choc dangereux, ou celles qui manquent leur but, en faisant trop pour l'atteindre. J'oserai dire, par exemple, que la crainte des peines n'est pas toujours un frein capable de retenir l'homme; le François sur-tout met quelquefois une grandeur d'ame à les mépriser (1). Quand la force de la loi ne peut éteindre le préjugé qui conduit au crime, toute l'attention du législateur doit se porter sur les moyens de le prévénir. Que de sang la France n'eut-elle pas épargné, si, au lieu de la peine de mort prononcée contre les déserteurs, on se fût occupé plutôt d'alléger les chaînes du soldat, & d'améliorer son sort; mais, au lieu de chercher dans nos institutions vicieuses la premiere cause des maux dont nous ne cessons de nous

(1) Dans des milliers d'exemples qui offrent la preuve de ce que je dis, je citerai cette réponse fiere, qu'un soldat duelliste fit à un de nos Rois qui lui reprochoit d'être contrevenu à ses ordres. *Eh! comment m'y serois-je soumis*, lui dit-il, *tu ne punis que de mort ceux qui violent ta loi & tu punis d'infamie ceux qui obéissent; apprends que je crains moins la mort que le mépris.*

plaindre, nous aimons mieux accuſer le caractere national, & répéter par habitude ce que nous avons entendu dire ſans réflexion : *que le François inconſtant ne peut être fixé que par la force & par la crainte.* Ce faux raiſonnement produit de terribles conſéquences ; il ſavoriſe la dureté, le deſpotiſme & la pareſſe des chefs qui n'ont ni la volonté ni le tems d'étudier l'immenſité de leurs devoirs. Si le François eſt léger, c'eſt qu'il eſt plus ſenſible qu'un autre, de grands hommes tirerent autrefois un grand parti de cette délicateſſe, imitons-les d'abord, & après obtenons, de plus, ſi nous le pouvons, une inſtruction plus perfectionnée que celle de nos anciens, & devenue aujourd'hui plus néceſſaire.

Pour juſtifier le ton déclamatoire dont on pourroit m'accuſer, que l'on jette un œil impartial ſur le fruit de vingt années de réformes & d'écoles ; ce ne ſera pas ſans étonnement que l'on nous verra ſi près encore du point d'où nous ſommes partis. L'on ſera ſans doute obligé de convenir que nos changemens & notre zele ont été mal entendus, & nos principes faux, puiſque, pour ſi peu de progrès, nous avons fait dans l'infanterie & la cavalerie une ſi grande conſommation d'hommes & de chevaux, tant de victimes des loix & tant de mécontens. *Un bon gouvernement peut quelques fois faire des mécontens*, dit un philosophe, *mais quand on fait beaucoup de malheureux ; c'est alors que le gouvernement est vicieux de sa nature.*

Depuis quelques années je vois un esprit dangereux s'élever au milieu de nous. Des étrangers, qu'une ambition outrée a fait abandonner leur patrie, & qu'une facilité condamnable dans nos ministres, a sur-le-champ élevés aux premiers grades de notre militaire, sont les chefs d'une secte adroite qui fait tous les jours des prosélytes (1). C'est l'espoir de se distinguer, en abandonnant les idées & les principes les plus universellement reconnus analogues à l'esprit de notre nation, qui porte nos jeunes gens à devenir des disciples Allemands & Prussiens. Cette fureur a porté un de nos plus

(1) Il n'y a surement aucune nation sur la terre qui ait autant que la France d'Officiers étrangers à son service. Qu'un Lieutenant déserte la Prusse, il est reçu chez nous comme un oracle. Nous avons vu il y a quelques années tous nos Généraux arborer leurs uniformes, se rassembler & s'enfermer au champ de Mars pour apprendre l'exercice que M. le Baron de P. a bien voulu leur montrer. Me reprochera-t-on, après cet exemple dont j'ai été témoin, d'avoir chargé le tableau de notre enthousiasme.

illuſtres écrivains à ſe rétracter maintes fois ſur des principes qui lui avoient acquis la réputation de connoître nos troupes, & d'être digne de les commander. On lit dans le premier de ſes ouvrages, à l'article de la diſcipline françoiſe : *elle doit avoir pour baſe l'honneur & le patriotiſme......*

Il falloit veiller à ce que nos connoiſſances ne ſe portaſſent que ſur les objets utiles, à ce qu'elles n'attaquaſſent point les préjugés néceſſaires; il falloit ſoutenir ces préjugés par toutes les reſſources de la législation. En vain, nos vices euſſent tenté de détruire les vertus nationales; les cris de la vérité, l'amour-propre, les récompenſes, l'honneur, la honte, les peines, & ſur-tout l'amour qu'inſpire un bon gouvernement, l'auroient hautement emporté ſur eux........ En parlant de la tactique, on lit dans le même ouvrage : *menez le François à l'attaque, c'eſt ſa maniere de faire la guerre, c'eſt celle des ſuccès......* Convenez-en, dirai-je à l'auteur judicieux, qui a ſi fortement écrit ce que l'on vient de lire, *c'eſt l'agitation d'une ame fatiguée de ſon inaction, c'eſt les élans d'une ambition que vous ne déſavouez pas*, qui vous a fait abandonner des principes trop vrais & trop reconnus, pour en offrir de plus ignorés & de plus extraordinaires. L'on vous compte aujourd'hui au nombre de ceux qui veulent métamorphoser les François en Prussiens. Permettez-nous de vous citer à ce sujet ce que j'ai entendu dire à un officier-général, qui a certainement été à même de juger les deux nations à la guerre. M. de Lukner, froid témoin du camp de Vaussieux, où tout le monde, comme vous le savez très-bien, disputoit discipline & tactique, dit : *ils font tout ce qu'ils peuvent pour faire de cette nation des Prussiens, mais heureusement pour vous, ils n'y réussiront pas.* Je crois plus, à la vérité, qu'à la politesse de ce compliment, convaincu qu'il nous est aussi impossible d'atteindre l'immobilité, le flegme, & peut-être la fermeté Allemande, qu'aux Allemands d'atteindre à l'impétuosité de nos charges. Cessons donc de donner à l'Europe le ridicule spectacle de nos inconséquences ; laissons aux peuples barbares, sans loix, sans principes & sans expérience, le triste espoir d'imiter, & ne perdons point, à être apprentifs, un tems que nous devons employer à nous rendre maîtres. Tout peuple qui devient le disciple d'un autre, & le regarde comme son maître dans l'art des combats,

est

eſt un peuple déjà vaincu par la force de l'opinion.

Que nos François Pruſſiens, qui ſe plaignent que nos troupes ne ſont point aſſez diſciplinées, apprennent à les commander, & ils les trouveront obéiſſantes. L'art maîtriſe tout, il enchaîne les élémens, il pourra bien mettre un frein à eette ardeur guerriere; mais, pour la contenir, il ne l'éteindra pas. La diſcipline, qui ne fait qu'opprimer, eſt une diſcipline nuiſible, parce qu'elle énerve l'ame, étouffe le génie, & dégrade l'homme.

DIVISION DE CET OUVRAGE.

PREMIERE PARTIE.

Constitution & Discipline.

EXAMEN

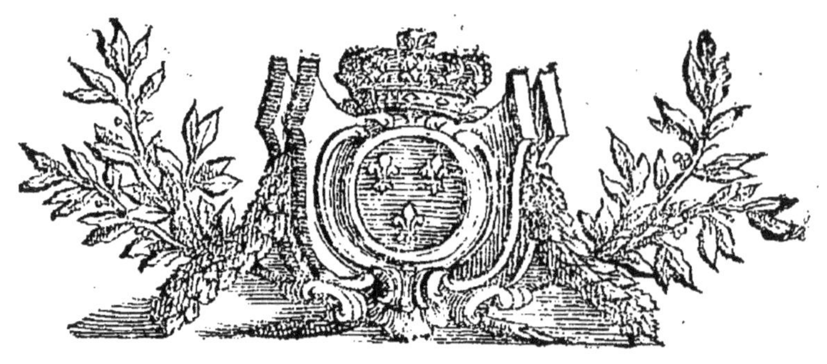

EXAMEN CRITIQUE
DU
MILITAIRE FRANÇOIS.

PREMIERE PARTIE.

CHAPITRE PREMIER.

Définitions de la guerre, des différentes armes & de leur usage.

LA guerre est un art dont les principes & les recherches ont pour objet de mettre en usage toutes les forces humaines, soit pour attaquer, soit pour se défendre; ce qui la fait nommer guerre *offensive* ou *défensive*. Le Marquis de Feuquiere distingue cinq especes de guerre, il s'étend ſur les différentes manieres dont les Généraux doivent ſe conduire dans chacune; mais ces différences n'ont nul rapport avec le métier du ſoldat, qui eſt toujours le même: c'eſt pourquoi ces diſtinctions, quoique parfaitement définies, deviennent nulles pour ce traité, où il n'eſt queſtion que des détails militaires, & nullement de l'art des Généraux.

Ces dénominations de guerre *offenſive & défenſive*, n'ont d'exiſtence réelle que dans le cabinet politique de la nation, & dans le formulaire de la déclaration de guerre; car, l'armée une fois en campagne, quel que ſoit le prétexte de ſa démarche, ſon objet eſt la conſervation de ſon pays, & la deſtruction de ſon ennemi; ſes moyens, dans l'un & dans l'autre cas, ſont généraux, & à-peu-près les mêmes (1).

Le théâtre de la guerre a beau varier, le champ de bataille des armées, continuellement amovible, ne nous préſente que les mêmes objets à défendre & à attaquer; des Villes, des plaines, des bois, des marais, &c.: tous les terreins ſe reſſemblent, & ne différent entr'eux que par les arrangemens de ces mêmes objets. De leur variété naît la variété des moyens de défenſe & d'attaque; il a donc fallu qu'une armée, pour prendre des Villes ou les défendre, traverſer

---

(1) Ceci ſeroit encore peu exact pour un Général, dont les projets d'attaque, de défenſe & de tenue ſont ſouvent fondés ſur le plan de ſa campagne offenſive ou défenſive; mais je l'annonce, & je prie mon lecteur de s'en ſouvenir, ce n'eſt ni aux Généraux ni des Généraux dont j'ai à parler.

des plaines ou s'y arrêter, passer des défilés ou les garder, &c. fût un assemblage de différentes armes, & de tous les accessoires relatifs à ces mêmes objets. C'est ce qui les a fait composer d'Ingénieurs, d'Artilleurs, de Fantassins, de Cavaliers, de Dragons, d'Hussards. Les premiers pour diriger les moyens d'attaque & de défense; les seconds pour faire brêche & ouvrir la marche aux troisiemes; les quatriemes pour protéger & défendre l'infanterie en plaine, terminer les victoires, ou charger des bataillons; les cinquiemes porter avec promtitude des grenadiers, s'emparer des postes, passages ou défilés, & les défendre soit à pied soit à cheval; les sixiemes enfin, inquiéter l'ennemi, le harceler, lui arrêter ses convois, & donner des nouvelles aux Généraux. C'est toujours dans un rapport relatif à la besogne que l'on a à faire, que chaque arme devient d'une plus ou moins grande utilité, & une armée doit être d'autant plus nombreuse en Infanterie ou en Cavalerie, selon que le théâtre de la guerre l'exige.

Depuis que la Tactique a fait des progrès parmi nous; depuis que la masse des militaires s'est éclairée, on a vu disparoître les préjugés, & avec eux les rivalités des différentes armes. C'est en perfectionnant chacune leur maniere de combattre, qu'elles ont apprécié leur force particuliere, & senti le besoin général qu'elles ont de s'appuyer mutuellement; je ne m'arrêterai donc pas à des comparaisons inutiles. Je renvoie aux Chapitres, où je traiterai de chaque arme séparément, à parler des avantages qu'on peut retirer de chacune, lorsque sa constitution & son inftruction feront portées au point de perfection qu'elles peuvent atteindre. Je divife généralement le militaire en trois armes; favoir, Infanterie, Cavalerie & Artillerie; la premiere comprenant toute troupe à pied, & la feconde toute troupe à cheval. Quant à l'Artillerie, je ne me permettrai d'en parler, que relativement à quelques rapports effentiels que cette arme fe trouve avoir avec les deux premieres, qui feront feules l'objet de mes recherches.

CHAPITRE II.

Etat militaire de la France, rapports qui doivent en déterminer le numéraire.

LA premiere queftion qui fe préfente, celle qu'il eft indifpenfable d'examiner avant toutes les autres, puifqu'elle doit fervir de bafe à nos calculs, c'eft de favoir *combien le Roi de France eft obligé d'entretenir de troupes à fon fervice?* Queftion que nous jugeons être encore un problême, en voyant les variations continuelles qu'éprouve le numérique de nos armées; queftion fur laquelle on confulteroit vainement les philofophes & les politiques, les économiftes & les militaires, que des principes trop oppofés conduifent à des folutions trop différentes. J'afpire pourtant à réunir leurs fuffrages, & je l'obtiendrai fans doute, fi, par le réfultat des comparaifons que je mettrai fous leurs yeux, je montre la quantité de force qu'il eft néceffaire que la France entretienne, pour conserver tout-à-la-fois ses possessions, sa considération & la paix au milieu de toutes les puissances belliqueuses de l'Europe.

Qu'un Royaume situé dans un heureux climat, se trouve placé de la maniere la plus avantageuse pour le commerce des deux mondes; qu'il jouisse d'un sol fertile & varié dans ses productions; qu'il soit gouverné par des loix justes & douces: tant d'avantages sans doute sont des moyens de bonheur pour les habitans d'un tel pays; mais jouiront-ils paisiblement de tant de biens & de tant de richesses qui en sont la suite, surtout s'ils sont entourés par des peuples moins favorisés de la nature, moins philosophes, moins instruits, & chez lesquels des mœurs moins douces transforment la rivalité en jalousie, la jalousie en haine, & la haine en desir de conquête? S'il s'élève à la tête de ces nations quelque Souverain ambitieux, comme chaque peuple en a eu, & comme tous les siecles en ont produits; qui, ne connoissant d'autre gloire que celle de vaincre & d'envahir, ont l'ambition de commander au monde? Je le demande à ceux que leur cœur égare dans leurs écrits contre l'état militaire, quelle est la puissance qu'ils veulent opposer aux passions des hommes, aux armées qu'elles rassemblent, aux incursions enfin que le plus fort se permet si souvent dans les états du plus foible? La raison, les loix, les traités, une confédération générale, me diront-ils peut-être. Eh! dans quel siecle s'est-on vanté d'avoir autant de raison que dans celui-ci? dans quel siecle a-t-on plus disserté sur les loix? dans quel ſiecle a-t-on fait plus de traités ? Mais, j'en exige l'aveu ſincere, dans quel ſiecle s'eſt-on montré moins ſcrupuleux à les enfreindre? *Si tu veux la paix, ſois prêt à la guerre*, eſt un ancien axiôme qui doit être encore aujourd'hui le principe de notre ſureté ; principe qu'un grand état ne peut perdre un moment de vue, ſans courir les plus grands riſques de s'en répentir. Ce qui s'eſt paſſé depuis quarante ans en Europe, prouve d'une maniere irrévocable ce que j'avance ici. Mais, ſans chercher des exemples dans le paſſé, le moment préſent peut nous en fournir ; ç'en ſeroit fait aujourd'hui de nos colonies, de notre commerce, ſi les ſoins vigilans de nos miniſtres n'euſſent développé les reſſources fécondes de nos richeſſes & de notre population, pour armer une flotte capable de tenir en échec toutes les forces de l'Angleterre, & s'ils n'euſſent porté ſur nos côtes une armée, qui, en menaçant les leurs, n'eût empêché les Anglois de jouer contre nous le rôle offenſif auquel ils s'étoient préparés. On a beau répéter d'après quelques Ecrivains, que *quand un Royaume eſt attaqué, tous les citoyens ſont ſoldats.* Ce ne ſont point des milices raſſemblées à la hâte, qui peuvent aujourd'hui aſſurer la tranquillité de la France ; je connois la valeur des nôtres, & je ſuis loin de vouloir leur conteſter une réputation qu'elles ſe ſont ſi juſtement acquiſe ; mais cette valeur, dont je fais tant de cas lorſqu'elle eſt jointe à la diſcipline & à l'inſtruction, auroit un déſavantage indiſcible, ſi elle devoit lutter ſeule contre des armées diſciplinées & manœuvrieres. La Tactique, cette ſcience de l'ordre, & je puis ajouter du mouvement des troupes, qui donne aux Généraux la facilité & la sureté de changer, dans le moins de tems possible, & leurs dispositions & leurs combinaisons, d'opposer par conséquent l'art à l'art, & la force à la force, cette science reconnue nécessaire, ne peut être que le produit, d'abord, de l'instruction particuliere de chaque individu, & ensuite de l'accord & de la pratique habituelle de leurs mouvemens entr'eux. Il faut donc rassembler & instruire ces hommes, qui, s'ils étoient sans art, au lieu de former une armée, ne seroient réellement qu'une masse sans ordre, difficile à mouvoir, parce qu'elle s'embarasseroit elle-même, & aisée à vaincre, parce qu'elle ne sauroit faire usage de ses forces. Cette nécessité est reconnue, me dira-t-on encore, mais ce qui paroît une charge inutile pour les finances, & une perte réelle pour l'agriculture & la population; c'est d'accroître outre mesure le nombre des soldats, *lorsque la paix semble devoir les rendre à la terre qui reste inculte, & aux familles qui manquent de bras.* Voilà l'assertion la plus commune, celle qui ne doit assurément point faire changer le systême raisonnable d'avoir toujours sur pied une armée nombreuse, mais celle aussi qui, par l'objet intéressant sur lequel elle porte, doit être examinée & considérée par tous ceux qui traiteront la question qui nous occupe.

Il y a, comme nous venons de le voir, des raisons qui établissent la nécessité d'entretenir des troupes sur pied dans tous les tems; ces mêmes raisons en déterminent le nombre; car, leur objet étant de défendre nos frontieres, de conſerver nos poſſeſſions, & d'arrêter partout les efforts ennemis, il faut qu'elles puiſſent montrer partout une réſiſtance égale à l'attaque; ſur cet objet, donc, comme ſur celui de l'inſtruction, c'eſt les puiſſances voiſines qui nous font la loi. La France s'eſt vue plus d'une fois obligée de mettre en même tems pluſieurs armées en campagne; ſa poſition, qui a fait naître ces circonſtances, peut les ramener, & le moyen ſans doute le plus ſûr pour les éviter, eſt de montrer qu'on ne les craint pas.

Si l'on compare l'état actuel de notre militaire avec celui de l'Autriche & de la Pruſſe, par exemple; on verra que nous ſommes loin d'avoir des forces proportionnées à celles de ces Puiſſances; on verra que 128,000 hommes effectifs, que nous avons à-peu-près, ne peuvent être oppoſés à 190,000 que l'Autriche a toujours ſur pied; & moins encore à 204,000 que la Pruſſe entretient dans tous les tems, armés, diſciplinés, exercés & équipés en tout point, prêts en un mot à entrer en campagne au premier ſignal.

Je ne m'égarerai point dans les calculs politiques, qui peuvent nous raſſurer, & entretenir un équilibre que nos forces militaires actuelles ne pourroient maintenir; je l'ai déjà dit, & l'hiſtoire me donne le droit de l'affirmer, toutes ces reſſources des cabinets des miniſtres (1) ne ſuf-

(1) Dans un de ces ouvrages modernes, où l'on trouve le plus de déclamations contre *la multiplicité indiſcrette de nos bataillons*, l'auteur n'a pu ſe refuſer à rendre hommage à la vérité pour laquelle je prêche. Il dit en parlant de la Pologne „ elle va, dit-on,

ſiſent point à la ſureté du foible ; nous le ſommes en ce moment, & nous le ſerons d'une maniere dangereuſe, juſqu'à ce que nous ayons établi une conſtitution militaire forte & permanente, telle que peut & doit l'avoir un royaume, qui, avec des moyens doubles de ceux des autres puiſſances, a auſſi des frontieres très-étendues, des colonies très-éloignées, & des poſſeſſions dans les deux mondes, que ſon commerce l'oblige à garder (1).

Les partiſans de la conſtitution moderne, ſi toutefois il y en a, diront ſans doute, qu'avec 307,581 hommes, qui eſt le total de l'addition de nos forces en Infanterie, Cavalerie & Artillerie, ſur le pied de nos ordonnances, la France montre une ſupériorité bien décidée ſur les armées les plus nombreuſes de l'Europe. Les Economiſtes, infatigables dans leurs cris, ne manque-

---

„ envoyer des Ambaſſadeurs aux autres Puiſſances & „ en recevoir, ce ſera une dépenſe de plus, *mais, pour* „ *la conſidération, il vaut mieux avoir des forces chez* „ *ſoi que des miniſtres chez les autres.* (Annales politiq. Tome I page 120.)

(1) D'après l'aveu ſincere que je fais de la foibleſſe de mes connoiſſances en politique, on ne s'étonnera pas de la maniere ſuccincte avec laquelle je traite ce chapitre, où l'on auroit peut-être deſiré trouver un diſcours ſur les intérêts de la France relativement aux autres Puiſſances de l'Europe. C'eſt à la plume de M. De Guibert à nous tracer avec autant de force que d'éloquence des loix, tout-à-la-fois, morales, politiques & militaires. Je joins ici ma voix à celle du Public, pour reprocher à cet auteur de garder un ſilence que ſa patrie l'invite à rompre, & que ſes premiers ſuccès devroient enhardir.

ront pas de prendre ce calcul pour bon, & d'exalter le tort que 300,000 célibataires font à la population & à l'agriculture. Voilà comme un faux résultat trompe les uns, & ferme la bouche à ceux qui osent croire que nous ne sommes pas assez formidablement armés ; mais tout ce qui n'est pas militaire ne calcule nos forces que sur l'état mensonger de nos almanachs, & ne cesse de répéter que nous sommes plus à charge qu'utiles.

Puisque tout le monde est intéressé à cette question, puisque tout le monde la discute, il faut éclairer tout le monde ; substituer la vérité à l'erreur, &, par des calculs fidèles & exacts, démontrer la nécessité où nous sommes d'entretenir un militaire plus nombreux, & surtout mieux constitué.

Je ne reviens point sur l'obligation d'avoir des troupes sur pied dans tous les tems, parce que je crois que personne ne la conteste, ce n'est que sur le nombre qu'on se recrie, l'un dit, *il y en a trop*, l'autre, *il y en a trop peu.* L'un voit 307,581 hommes, & demande une diminution ; l'autre voit à peine 128,000 hommes effectifs, & les regarde comme insuffisans pour conserver à ce royaume le rang & la prépondérance que ses avantages semblent lui assigner, & demande une augmentation ; on voit qu'il y a, entre les deux partis, une différence d'à-peu-près 179,000 hommes. Pour en trouver la cause, citons & calculons. L'Ordonnance de 1776, concernant l'Infanterie françoise & étrangere, celle d'après laquelle nous existons aujourd'hui, établit une uniformité générale dans la compoſition de tous les Régimens ; elle les porte à deux Bataillons, compoſe chaque Bataillon de quatre Compagnies, & établit de plus une compagnie de grenadiers & une compagnie de chaſſeurs à chaque Régiment. La compagnie de grenadiers à 108 hommes y compris les Officiers (1), celles de chaſſeurs & de fuſiliers à 171 hommes ; l'Etat-major montant à 10 : total d'un Régiment d'Infanterie 1657 hommes, qui, multipliés par 104 Régimens, & deux bataillons de plus à cauſe du Régiment du Roi, qui eſt à quatre bataillons, donnent le total de . . . . . hommes 173975

L'ordonnance de 1778 crée 106 Bataillons de troupes Provinciales, compoſés chacun de 716 hommes, qui, avec 121 Officiers ſupérieurs qui y ſont attachés, donnent un produit de 76017

L'Ordonnance de 1776, concernant le Corps royal d'Artillerie, porte ce Corps à 7 Régimens de 1511 hommes chacun ; elle établit de plus quatre compagnies de Mineurs, formant 516 hommes, & 9 compagnies d'ouvriers, formant 684 hommes : total de l'Artillerie 11777

Les Ordonnances de 1776, concernant les troupes à cheval, établiſſent 24 Régimens de Cavalerie, 24 Régimens de Dragons, & 4 Régimens de

hommes. 261769

---

(1) Dans tous nos calculs, les Officiers feront toujours compris dans le total ou les produits.

D'autre part. 261769

Huſſards : total 52 Régimens à cheval, tous également formés de 5 Eſcadrons de 174 hommes chacun, qui, avec l'Etat-major, donnent le produit de 881 hommes par Régiment, & de troupes à cheval. 45812

Il réſulte de ce tableau que l'addition des différentes armes, ſans y comprendre la Gendarmerie & les Carabiniers, qui n'ont été comptés que comme un Régiment de Cavalerie ; il réſulte, dis-je, ... hommes 307581.

Total qui égare tout ce qui n'eſt pas militaire, parce qu'on ne peut imaginer que des ordonnances rendues il y a 4 ans, & auxquelles nulle autre n'a dérogé depuis, ſoient preſque toutes anéanties, ou reſtées ſans valeur. Le bruit qu'elles firent lorſqu'elles parurent, le bouleverſement qu'elles occaſionnerent, la confiance aveugle qu'on avoit dans le Miniſtre qui en eſt l'auteur, le crédit dont il jouiſſoit, tout enfin a dû faire croire que le tableau que nous venons de voir étoit le tableau réel & permanent de nos forces : tableau qui donneroit enfin une armée à la France (1).

Voici la vérité. Les ordres arriverent effecti-

(1) M. Le Comte de St. Germain, ſouvent importuné par les fréquentes repréſentations que lui ſuſcitoit le bouleverſement général qu'il avoit entrepris, repondoit aſſez habituellement, *le Roi n'a point d'armée, il faut lui en faire une.*

vement à tous les Corps de lever une augmentation, qui devoit les porter successivement au nombre dit ci-dessus; une nuée de Recruteurs se répandit dans tout le Royaume; (je remarquerai même en passant que la presse de ce moment ne permit pas la délicatesse du choix, & nous parlerons ailleurs de l'effet que cette facilité a produit) les mêmes ordres furent expédiés pour l'achat des chevaux; on envoya partout des Officiers en remonte; mais, comme tous les rédacteurs de ce brillant projet d'armée ne s'étoient point appésantis sur les détails qui devoient précéder cette augmentation, & qu'ils avoient encore moins prévu les fraix immenses qui en résulteroient, & les moyens d'y fournir, un mois après cette promulgation, ils furent obligés d'arrêter l'activité que les Régimens mettoient à se pourvoir & à se completter. *Mais on n'a point vu ces contre-ordres dont vous nous parlez!* Il faut révéler tous les maux secrets qui nous tourmentent, ou, pour mieux dire, tous les abus qui regnent dans les bureaux de la guerre, & celui que je vais dévoiler n'est pas des moins importans.

Si la rétractation est fâcheuse pour tout le monde, elle l'est bien davantage pour les Ministres, dont elle décèle trop publiquement, ou le manque de savoir, ou le manque de prévoyance, aux yeux d'un public déja si porté à les en accuser. C'est pour leur éviter ce désagrément que les Commis de la guerre ont imaginé des lettres contradictoires, qui suspendent, abrogent & anéantissent les Ordonnances. Ces lettres n'étant connues que des Officiers auxquels elles ſont particuliérement adreſſées, elles échappent à la publicité, & l'on ignore les rétractations; voilà le moyen commode, & continuellement employé pour couvrir les inconſéquences & les incertitudes miniſtérielles; il a le fâcheux inconvénient de ſubſtituer par-tout le déſordre de l'arbitraire à la ſtabilité du Code; quand il ne faut qu'une lettre pour détruire une Ordonnance, la plus petite objection la dicte, il en part de tous les bureaux, &, au bout de trois ans, cette collection manuſcrite anéantit entiérement la collection d'Ordonnances, qui alors devient dangereuſe au militaire, car elle égareroit infailliblement celui qui s'en ſerviroit pour étudier nos Loix. C'eſt la copie de 70 ou 80 lettres qu'il faut que chacun ſe procure aujourd'hui; c'eſt-à-dire, qu'il faut être initié dans les bureaux des Quartiers-maîtres, pour pouvoir diſcerner les Ordonnances qui ont conſervé quelque valeur d'avec celles qui ſont annullées. C'eſt ainſi, par exemple, qu'à moins d'être militaire, on ne peut ſavoir quelle eſt la ſituation numérique effective de nos troupes. C'eſt cette ſituation dont je vais donner le tableau.

Les Régimens d'Infanterie ne ſont point à 1657 hommes, mais ſeulement à 1011, ce qui donne . . . . hommes 106144

Les Régimens à cheval ne ſont point à 881 hommes, mais à 411. Il eſt vrai qu'au lieu de 52 Régimens, il y en a 64; mais cette derniere formation n'a été que pour diſtinguer cinq eſ-

hommes. 106144

ci-contre. 106144

peces de Cavalerie, & augmenter le nombre des Etats-majors; car, à ces deux avantages près, le Roi n'y a pas gagné un combattant de plus; nous n'avons donc que 26704

Les 76017 hommes de bataillons Provinciaux, n'existent que dans les contrôles des milices; mais ne sont point rassemblés, & ne peuvent par conséquent être comptés pour des forces actives. La formation même qu'on leur a donnée pour les rassembler en cas de besoin, annonce que ces Bataillons ne sont proprement que des dépôts de recrues, & non des troupes destinées à faire la guerre; car on remarquera que ces Bataillons auroient précisément le défaut dont nous avons déja parlé, c'est-à-dire, le désavantage des troupes non instruites, contre des troupes manœuvrieres. Mais ce qui semble assurer d'une maniere plus positive que leur destination est bornée aux remplacemens, c'est que le corps d'Officiers est presque entiérement composé d'anciens militaires, que leur âge, leurs infirmités, ou des motifs de circonstance avoient fait retirer du service, & qui n'ont pu le reprendre que par la certitude d'une tranquillité à-peu-près égale à celle qu'ils avoient acquise

hommes. 132848

D'autre part. 132848

par leur retraite. Je ſuis donc loin de vouloir blâmer cette forme donnée aux milices ou troupes provinciales; je veux ſeulement prouver ici qu'elles ne doivent point être comptées comme troupes de ligne. Reprenons notre tableau.

L'Artillerie n'eſt pas portée à 11777 hommes. L'inégalité de ſon incomplet s'oppoſe à une exacte eſtimation, mais je ne haſarde rien en la réduiſant dans ce moment-ci à 7000

La véritable addition de nos forces eſt donc. 139848

Ce total eſt celui du complet, mais j'obſerverai préliminairement ici, & je le démontrerai ailleurs, qu'il eſt moralement & phyſiquement impoſſible que les moyens de nos ordonnances ſoient ſuffiſans pour entretenir, & à plus forte raiſon pour augmenter, les troupes, & les porter ſur le pied des Ordonnances. On aura beau mettre l'officier ſubalterne à contribution, lui retenir ſes appointemens, il faudra que la pauvreté de ces moyens les faſſent abandonner, au premier beſoin réel que la France aura, pour avoir recours à des principes & à des inſtitutions mieux combinées. On peut évaluer l'incomplet actuel de l'Infanterie à 100 hommes par Régiment; (1) celui des troupes à cheval à 20 hommes

(1) Je calcule au plus bas en prenant le nombre de 100 hommes par Régiment; car les Régimens qui furent

mes par Régiment, ce qui réduit l'effectif réel à . . . . hommes 128168

On se tromperoit encore si, en voyant le tarif des troupes à cheval, on croyoit avoir 26704 hommes montés. Il n'y a d'effectif qu'environ 300 chevaux par Régiment, ce qui forme à-peu-près 20704 chevaux.

De l'exposition des tableaux que nous venons de présenter naissent les réflexions suivantes. La constitution de 1776 est faite pour 307581 hommes; les Régimens sont organisés pour fournir ce complet. Service de campagne, comptabilité & manoeuvres, tout est calculé d'après ces ordonnances de formation, & nous avons pourtant avec elles une différence de 179413 hommes, & de 25098 chevaux. Que la guerre vienne nous surprendre; l'augmentation sera forcée; comment lèvera-t-on cette énorme recrue? Et si on l'obtient par la force & par l'argent, quelle espérance peut-on avoir de l'amalgamer d'une maniere avantageuse? On me dira peut-être pour derniere réponse, *jamais cette augmentation n'aura lieu.* Eh pourquoi donc votre constitution, vos calculs, vos formations, vos ordonnances, vos manoeuvres enfin sont-elles faites sur un tarif qui ne doit jamais exister? On diroit qu'on n'a dessiné un plan aussi grand que pour avoir le plaisir ou l'embarras de le tronquer, le couper, le morceler de tous côtés! Que

---

rassemblés au camp de Vaussieux en 1778, ne purent jamais fournir que 72 hommes par compagnie (cela est attesté par l'extrait de l'instruction pour la manoeuvre de l'Infanterie selon l'ordre François Tit. V.)

penferoit-on d'un architecte qui jetteroit les fondemens d'un palais pour ne bâtir qu'une maifon !

Concluons enfin, que c'eft trop promettre que d'annoncer une armée de 307,000 hommes, & que ce n'eft pas affez tenir que d'en avoir une de 128,000.

On fent bien qu'il eft encore plufieurs rapports fous lefquels je n'ai pu traiter la queftion qui fait le fujet de ce Chapitre ; tel eft par exemple celui d'une Tactique perfectionnée qui, en multipliant la force des agens, permet d'en diminuer le nombre.

Paffons au tableau d'un Etat militaire qui aura pour bafe une uniformité auffi générale que fimple, dans toutes fes divifions.

Il ne fera point queftion de la maifon du Roi, ni des Corps à privilege; ce n'eft qu'à la fin de cet ouvrage que je me permettrai de porter un jugement fur leur utilité & fur la néceffité de les conferver.

CHAPITRE III.

Plan d'une conftitution militaire permanente.

On appelle en général conftitution, l'ordre établi dans la fubdivifion de l'état militaire (1). Sa maffe totale eft d'abord partagée en différentes

(1) La conftitution n'eft donc que l'art de donner la forme à la puiffance militaire, il faut bien prendre garde de la confondre avec *l'inftitution*, qui eft l'art de lui communiquer l'ame, les paffions & la force

armes : la Tactique nous apprend l'utilité particuliere de chacune, & les proportions dans lesquelles elles doivent être mêlangées ensemble, pour retirer le plus grand avantage de leur soutien mutuel. Mais ce n'est point une armée seule qu'il s'agit d'organiser ici ; c'est un état militaire assez nombreux pour pouvoir former plusieurs armées à la fois ; les circonstances de tems & de lieu, l'espece d'ennemis que l'on a à combattre, n'entrent donc point dans les proportions que nous avons établi, car elles ne peuvent qu'être générales.

Presque tous les Auteurs sont convenus que la Cavalerie devoit être à l'Infanterie, comme 1 est à 5. Je m'en tiendrai à ce principe, qui ne peut être contesté, puisqu'il est susceptible de toutes les modifications momentanées que la Tactique pourroit exiger, & que les circonstances pourroient prescrire.

Quant à l'Artillerie, elle s'augmente si prodigieusement dans les armées étrangeres, & surtout dans celle d'Autriche & de Prusse, qu'on ne peut prévoir le terme de cet accroissement. le seul principe aujourd'hui est d'égaler son ennemi dans le nombre de ses bouches à feu. S'il est d'autres secrets à opposer aux ravages d'une artillerie innombrable, c'est sans doute à la Tactique à nous les révéler ; le moment n'est peut-être pas loin où cette science approfondie fera

---

qu'il doit avoir. Un auteur a dit avec précision. „ L'une „ se renferme dans les bornes de l'homme physique, „ l'autre embrasse toutes ses facultés morales. L'une „ organise des machines, l'autre produit des héros „

abandonner aux François l'aveugle imitation qu'ils s'obſtinent à ſuivre, pour leur offrir un ſyſtême plus ſimple, plus mobile, plus analogue enfin à leur caractere, & par conſéquent le ſeul qui puiſſe leur aſſurer des avantages ; mais n'anticipons point ſur les derniers Chapitres à traiter.

J'annonce n'avoir rien à dire ſur l'Artillerie, parce que ſa conſtitution m'a paru ſi parfaite & ſi ſuſceptible de fournir au ſervice des armées, qu'on ne peut guere prévoir de circonſtances qui néceſſitent à la changer. Revenons à l'Infanterie & à la Cavalerie.

Si l'on fait attention à tous les changemens qui ont bouleverſé la conſtitution de ces deux armes, depuis que l'on s'occupe de perfectionner l'état militaire, & ſur-tout depuis la paix de 1763, on regardera ſans doute cette conſtitution comme bien importante ; car chaque Miniſtre a détruit l'ouvrage de ſon prédéceſſeur, & a toujours eu pour pretexte des défauts à ſupprimer, & le mieux à établir. Nous avons vu reformes, augmentations, dédoublement, incorporations, tiercement, nouvelles reformes, nouveaux dédoublemens, nouvelles augmentations ; mais, après tant de changemens, je le demande encore, où ſont les principes d'une conſtitution permanente ? Quelque mauvaiſe que puiſſe être celle du jour, ſi elle ne devoit jamais changer, je ne l'attaquerois pas ; mais on y retouche ſans ceſſe, & ſans ceſſe on propoſe d'y retoucher ; n'ayant pas une baſe plus ſolide que toutes celles qui l'ont précédée, il eſt prouvé par l'expérience que ſon regne ne ſera pas plus long. C'eſt ce qui m'enhardit à présenter des idées neuves sur cet objet.

DE L'INFANTERIE.

POUR établir de l'ordre, des loix & de la discipline, on a formé des troupes de fantassins, subordonnées à des chefs & officiers. Ces troupes ont été appelées Régimens. Les Régimens d'Infanterie ont eu dans le même tems plusieurs formations différentes ; mais comme elles ne peuvent être toutes également bonnes, plusieurs raisons doivent déterminer définitivement à une formation plutôt qu'à une autre, & pour trouver la meilleure, rappelons tous les avantages qu'elle doit offrir.

Les Régimens doivent avoir une formation susceptible d'augmentation en tems de guerre, & de diminution en tems de paix, qui se fasse d'une maniere simple, & que, dans l'augmentation sur-tout, la recrue se trouve amalgamée, & de la maniere la plus avantageuse.

Un Régiment ne doit pas être assez nombreux pour être souvent obligé de se diviser dans ses quartiers ou dans ses marches, ce qui arrivoit presque toujours au Régiment de quatre bataillons.

Un Régiment doit être composé d'assez d'hommes pour faire un Corps en état de servir seul en beaucoup de circonstances, & n'être pas trop réduit par la sortie de quelques détachemens.

Un Régiment doit avoir la subdivision la plus propre au maintien de la discipline & de l'Insttitution, notre caractere & nos mœurs sont au nombre des considérations qui doivent la déterminer.

La constitution doit être uniforme & générale dans tous les Régimens, parce qu'ils sont composés de la même espece d'hommes, & destinés au même objet qui est la guerre, & que de plus les Régimens devant se réunir pour former des corps plus nombreux, appelés Brigades, pour que les brigades soient égales, il faut que les Régimens soient égaux.

D'après ces principes nécessaires, la formation suivante pour l'Infanterie m'a paru réunir le plus d'avantages, & elle a en sus celui de dériver facilement de celle qui existe aujourd'hui.

En tems de guerre, & sur le pied complet, les Régimens d'Infanterie seroient composés de deux bataillons.

Chaque Bataillon composé de 8 Compagnies de fusiliers. Il y auroit de plus dans chaque Régiment une Compagnie de Grenadiers & une Compagnie de Chasseurs.

Chaque Compagnie de grenadiers, de chasseurs & de fusiliers, seroit composée de 2 sergens, 6 caporaux, 6 appointés, 60 grenadiers, chasseurs ou soldats, 2 surnuméraires, 1 tambour & un musicien, & commandée par un Capitaine, 1 Lieutenant & 1 sous-Lieutenant, formant un total de 81 hommes, y compris les Officiers.

Chaque Compagnie d'Infanterie seroit donc divisée en 6 escouades ou chambrées, composée chacune d'1 caporal, 1 appointé, 10 grenadiers, chasseurs ou sodats.

Les deux surnuméraires, ainsi que le tambour

& le muſicien feroient attachés aux quatre premieres Eſcouades.

L'Etat-major de chaque Régiment feroit compoſé d'1 Colonel, 1 Lieutenant-Colonel, 1 Major, 1 Ingénieur ayant rang de Capitaine, 1 Quartier-maître-tréſorier, 1 porte drapeau, 2 adjudans, 1 Chirurgien-major, 1 Aumonier, 1 tambour-major & 1 armurier.

Un Régiment d'Infanterie feroit donc compoſé de 16 Compagnies de fuſiliers, une Compagnie de grenadiers, 1 compagnie de chaſſeurs, & d'un Etat-major y compris, formant un total de 1468 hommes, qui, multipliés par 120 Régimens d'Infanterie, tant françoiſe qu'étrangere, donneroient un produit de 176160 hommes d'Infanterie.

RÉFORME ET PIED DE PAIX.

L'INFANTERIE eſt l'arme qu'il eſt le moins eſſentiel d'entretenir nombreuſe en tems de paix, parce que le ſoldat eſt plus aiſé à former que le Cavalier, Dragon, &c. mais en même tems pour que l'augmentation ſe faſſe avec facilité, il ne faut pas réformer la tête des corps, qui, toujours excellente, & ſe perfectionnant par l'habitude du métier, ſert à former les recrues qui arrivent lors de l'augmentation : je déterminerois donc ainſi cette réforme.

Pendant la paix les Régimens ſeroient, comme en tems de guerre, compoſés de deux bataillons & 18 Compagnies du même nombre d'officiers & bas-officiers; mais les 108 eſcouades ou chambrées, au lieu d'être de 12 hommes chacune, seroient réduites à 8 : cette suppression de 4 hommes par escouade, jointe à celle des deux surnuméraires, formeroit une diminution de 468 hommes par Régiment, & les réduiroit par conséquent à 1000 hommes, qui, multipliés par 120 Régimens, produiroient 120,000 h, pied de paix.

Les Compagnies de grenadiers & de chasseurs ne subiroient aucune réforme, mais on les laisseroit tomber sur le pied des autres.

Au moyen de cette maniere de réformer, on rendroit à l'agriculture & aux arts les hommes qui leur sont les plus nécessaires, parce que ce sont toujours les plus jeunes, les derniers arrivés, & ceux qui ont pendant moins de tems perdu l'usage de leurs premiers travaux.

Le Roi conserveroit tous ceux qui par quelques talens seroient parvenus à la classe de bas-officiers, & ne perdroit par conséquent que des gens aisés à remplacer, sitôt qu'ils deviendroient nécessaires.

Cette augmentation ou diminution, qui formeroit alternativement le pied de guerre & le pied de paix, n'étant que de 4 hommes par escouade, il en résulteroit pour avantage, que la recrue seroit bientôt amalgamée ; que le bas-officier n'auroit plus la crainte d'être remis dans la classe d'où son zele & ses talens l'ont fait sortir, & pour troisieme avantage enfin, l'Officier françois militaire par état n'éprouveroit plus ces jeux du hasard, rentrant en France après une longue guerre, souvent ruiné & couvert de blessures, d'être renvoyé chez lui dépouillé de son habit uniforme.

DE LA CAVALERIE.

Sous la dénomination générale de *Cavalerie* sont comprises toutes les troupes à cheval.

Il est nécessaire d'avoir pour la Guerre deux especes de Cavalerie. L'une forte & élevée, combattant toujours en escadrons, l'autre moins grande & plus légere, destinée aux découvertes, aux courses, aux coups de main; celle-là doit combattre quelquefois divisée.

Parmi les variations qu'a essuyé le corps de la Cavalerie, sa derniere constitution est celle dont on a le plus lieu d'être surpris. Elle est aujourd'hui divisée en cinq especes, savoir: Cavalerie proprement ditte, Chevaux Légers, Hussards, Dragons & Chasseurs. Quelle est la destination militaire, quel sera l'emploi particulier de chacun de ces différens corps à la Guerre? Voilà ce qui est encore un problême, & l'on ne peut en prévoir la solution ni par les différences établies dans la composition de ces corps, ni par leurs ordonnances: mais de deux choses l'une; ou *les Chevaux Légers* auront l'emploi indiqué par leur dénomination, & alors il leur falloit une composition individuelle, plus légere, un armement & surtout un équipage différent de celui de la grosse Cavalerie; ou ils auront le même emploi que cette Cavalerie, c'est-à-dire qu'ils feront la guerre en ligne & chargeront en Escadron; alors il falloit leur laisser leur armure, leur nom & leur rang, cela étoit au moins beaucoup plus simple.

Les Dragons sont une Cavalerie légere, propre à combattre à pied & à cheval ; ils sont montés & armés pour ce double genre ; que veut-on demander de plus aux nouveaux Régimens de Chasseurs ? Veut-on leur donner le privilége exclusif de faire l'ancien service des Dragons, en ce cas ils ne sont point assez nombreux, au lieu de six Régimens de Chasseurs il en faudroit trente, sur le pied où ils sont aujourd'hui. Mais alors les anciens Dragons, reprenant le rôle de la Cavalerie, ne montreront qu'une composition foible & impropre ; & ce seroit ne pas connoître les premiers axiomes de l'art, que de ne pas s'appercevoir que leur masse trop foible, ne peut jouter que désavantageusement contre d'autres masses plus élevées, plus fortes & plus vîtes.

J'ignore les considérations particulieres qui ont pu dicter cette derniere constitution de la Cavalerie, mais comme elles ne sont point militaires, & qu'elles ne peuvent par conséquent durer, je prévois qu'on rentrera dans les définitions & les divisions simples que les besoins de la Guerre suggérent véritablement, qui sont les trois Corps de *Cavalerie proprement dite*, de *Dragons* & *de Hussards.* C'est à les organiser que je vais donner toute mon attention.

Pour avoir une marche sûre dans nos projets, partons des mêmes principes qui ont déterminé la Constitution de l'Infanterie ; rappelons-nous tous les avantages que celle-ci doit offrir, ils sont à-peu-près les mêmes.

La Cavalerie proprement ditte, est faite pour entrer en Ligne, faire Corps, Camper, soutenir l'Infanterie & s'oppoſer à la Cavalerie ennemie. Elle ſort à l'Armée par diviſion, brigade, régiment & eſcadron, le ſervice des détachemens lui convient moins.

Nous nous renfermerons dans le principe convenu d'avoir environ un cinquieme de nos forces en Cavalerie, ce qui nous détermine à avoir vingt-quatre Régimens. Pour leur donner une dénomination diſtincte de la dénomination générique de toute troupe à cheval. J'appellerai ceux-ci du nom indiqué par leur armure *Cuiraſſiers*.

La force des Régimens, c'eſt-à-dire, le nombre d'Eſcadrons dont ils ſont compoſés, ſeroit aſſez indifférente, puiſqu'en prenant une Brigade ou pluſieurs Brigades, on forme un Corps tel qu'on le deſire. Il n'en eſt pas de même de la force des Eſcadrons ou du nombre d'hommes qui les compoſent; un Eſcadron eſt preſque toujours dans le cas de ſervir & de combattre ſeul, ſon action dans une ligne même eſt ſouvent indépendante, il faut qu'il puiſſe ſe ſuffire, ſi je puis m'exprimer ainſi, lorſqu'il n'aura à faire qu'à un Eſcadron ennemi. Il réſulte de ceci un rapport néceſſaire à établir entre la force numérique que l'on doit donner à un Eſcadron & celle que lui donnent à-peu-près toutes les autres puiſſances de l'Europe. Ce principe auquel on a ſouvent eu égard a dû cauſer des variations, mais une théorie plus éclairée peut les fixer aujourd'hui.

Les Eſcadrons nombreux ſont préférables aux plus petits 1°. parce qu'ils ſont moins ſujets à être débordés, & au contraire plus ſuſceptibles de déborder eux-mêmes des Efcadrons plus foibles. 2°. Parce qu'ils peuvent fe divifer & manœuvrer avec autant de célérité que ces derniers. L'auteur de l'effai, en déterminant la force des Efcadrons à quatre vingt Cavaliers *pour la facilité de la manœuvre*, s'éloigne beaucoup des principes du grand maître qu'il cite fi fouvent. Le Roi de Pruffe a mis fes Efcadrons à deux cent hommes, & l'Auteur que je viens de nommer n'a pas fait attention fans doute qu'il nous dit ailleurs que *la Cavalerie Pruffienne eft la feule Cavalerie manœuvriere.* D'après ces réflexions, que je me réferve d'appuyer de plufieurs autorités dans le chapitre fuivant, qui contiendra des obfervations fur l'ordonnance de 1776, j'établis ainfi la formation.

CUIRASSIERS.

En tems de guerre fur le pied complet, les Régimens de Cuiraffiers feroient compofés de trois Efcadrons, chaque Efcadron feroit compofé de quatre compagnies, chaque compagnie feroit compofée de trois Maréchaux de Logis, fix Brigadiers, fix Carabiniers, quarante huit Cuiraffiers, un Trompette, un Maréchal ferrant; & commandée par un Capitaine, un Lieutenant & un fous Lieutenant, formant un total de foixante huit hommes y compris les officiers (1).

Chaque compagnie feroit divifée en fix Ef-

(1) On a omis ici de faire mention des deux furnuméraires par compagnie, dont je parle dans les chapitres fuivans.

couades ou Chambrées égales, composées chacune d'un Brigadier, un Carabinier & huit Cuirassiers.

Le Maréchal ferrant & le Trompette seroient attachés aux deux premieres Escouades.

L'Etat-Major seroit composé d'un Colonel, un Lieutenant-Colonel, un Major, un Quartier-Maître-Trésorier, un Porte-Enseigne, trois Adjudans, un Chirurgien Major, un Aumonier, un Trompette Major.

Un Régiment de Cuirassiers seroit donc composé de douze Compagnies & d'un Etat-Major y compris, formant un total de Huitcent vingt-six hommes qui, multipliés par vingt-quatre Régimens, donneroient un produit de 19824 hommes.

Réforme et pied de paix.

Les augmentations de Cavalerie sont beaucoup plus difficiles à faire que celles d'Infanterie, soit par l'espece d'hommes plus élevée & plus rare qu'on exige pour le service de cette arme, soit par la quantité de Chevaux dont on est obligé de se pourvoir. La Cavalerie a encore une instruction beaucoup plus difficile, beaucoup plus longue & en même tems beaucoup plus nécessaire à perfectionner que celle de l'Infanterie; telles sont les raisons qui prescrivent de conserver même en tems de paix toute la Cavalerie dont on doit avoir besoin à la guerre, ou qui ne permettent du moins que de très-légeres variations dans le numérique, c'est un principe démontré par tous les Officiers qui connoissent le détail de cette arme.

En tems de paix, fans toucher à la formation que nous venons de propofer, on fe borneroit donc à réformer deux Hommes & deux Chevaux par Efcouades, formant douze hommes par Compagnie, par conféquent une diminution de 144 Hommes par Régiment, qui, les réduifant à 682, multipliés par 24, produiroit un total de . . . . . . 16368 Hommes.

Cette maniere de reformer auroit, comme nous le verrons dans la feconde partie, l'avantage de ne rien changer à la formation des Compagnies & des Efcadrons pour la manœuvre.

DES DRAGONS.

En attendant qu'un nouveau fyftème de guerre nous donne des armées moins nombreufes, moins chargées d'embarras, plus fobres, & qui occupant auffi des pofitions moins étendues, fachent fe fuffire à elles-mêmes; en attendant ces progrès de l'art, prédits & annoncés *par l'auteur de l'Effai de Tactique*, il faut bien remédier aux inconvéniens de nos armées modernes, nombreufes & affoiblies par l'étendue de terrein qu'elles font obligées de couvrir pour garder nos immenfes magafins, & affurer leur communication.

Or, le fléau de nos armées, c'eft les troupes légeres ennemies qui nous harcèlent fans ceffe, nous minent en détail, foit par la fatigue qu'elles occafionnent à nos troupes, foit par les pertes réelles qu'elles leur font éprouver. Je pourrois citer la guerre de 1740 comme un malheureux exemple de notre infériorité contre cette efpece de Cavalerie. Les armées de Bohême & de Baviere furent en partie détruites par les avantages continuels que les Pandoures, les Croates, les Talpaches & les Huffards de la Reine remporterent fur nos petites troupes morcelées & divifées dans l'immenfe pays que nous voulions garder. On s'apperçut alors, mais trop tard, de la néceffité d'oppofer arme à arme. On leva des troupes légeres, le Maréchal de Saxe les propofa, & obtint lui-même la permiffion d'avoir un Corps fous le nom de *Houlans* (devenu depuis Régiment de Dragons, il porte aujourd'hui le nom de Schomberg).

Dans la guerre de 1756, nous avons vu la tranquillité renaître dans nos armées & dans nos camps, lorfque M. le Maréchal de Broglie employa les Dragons au vrai genre de fervice pour lequel ils font conftitués. Ce Général, dans une de fes inftructions pour les troupes légeres, dit; qu'*elles doivent être nombreufes & bien choifies, compofées d'Huffards, de Dragons & de Soldats*. Je pourrois me borner à une pareille autorité, mais je citerai encore celle du Roi de Pruffe; elle eft la premiere du monde pour l'auteur de l'Effai. Eh! bien, ce Roi guerrier n'a que 65 Efcadrons de Cuiraffiers, mais il a 70 Efcadrons de Dragons & 100 Efcadrons d'Huffards. Tels font les exemples & les autorités qui me déterminent à l'avis d'avoir une Cavalerie particuliere, deftinée aux avant-gardes, aux découvertes, aux enlèvemens de poftes, aux efcortes, aux convois, aux attaques imprévues, à la guerre de détail enfin, que la Cavalerie proprement dite ne peut faire avec avantage, parce qu'elle eſt montée ſur des Chevaux trop grands, & qu'elle a des hommes trop élevés pour faire des courſes rapides & continuelles, qui la mineroient infailliblement.

Les Dragons & les Huſſards avec des hommes & des chevaux plus petits, ſont infiniment plus propres à réſiſter à ce genre de ſervice; mais il ne faut pas oublier que cette infériorité de taille & de maſſe fait perdre en force ce qu'on gagne en légéreté & en vigueur. Les Dragons & Huſſards, ſupérieurs en pluſieurs circonſtances à la Cavalerie, ont un déſavantage phiſique lorſqu'ils ſe meſurent à elle. Ce n'eſt qu'en employant chaque Arme & chaque Corps au ſervice qui lui eſt le plus propre que le Général peut être aſſuré d'en retirer de grands avantages.

De tous les Corps deſtinés au ſervice de troupes légères, les Dragons me paroiſſent mériter la préférence, parce que leur conſtitution & leur armement les rendant propres aux deux genres de combat, ils peuvent être employés en preſque toutes les circonſtances; moins élevés que la Cavalerie, mais plus élevés que les Huſſards, ils tiennent un rang moyen qui les rapproche des uns, & leur donne de la ſupériorité ſur les autres. Enfin, la maniere dont ils ont fait la guerre derniere, prouve mieux que tout ce que je pourrois dire, l'utilité dont ce Corps peut être, lorſqu'il eſt bien conſtitué & bien employé.

Je donnerois aux régimens de Dragons la même formation qu'aux régimens de Cuiraſſiers, c'eſt-à-dire, qu'ils ſeroient compoſés en tems de guerre

guerre de 826 Dragons, qui, multipliés par seize régimens, donneroient. . . 13216 Dragons (1).

RÉFORME ET PIED DE PAIX.

Les régimens de Dragons éprouveroient les mêmes diminutions que les Cuirassiers, c'est-à-dire, 144 hommes par régiment; ce qui les réduiroit à 682, & ne produiroit plus à la paix que . . . . 10912 Dragons.

HUSSARDS.

Les Hussards doivent être conservés en France parce qu'ils sont recrutés par nos Provinces du Rhin, où les hommes parlant la langue Allemande préféreroient servir chez l'étranger plutôt que de s'enrôler dans nos Régimens François.

L'usage de la langue Allemande conservée dans ce Corps est avantageuse à son genre de

---

(1) Je ne propose que 24 Régimens de Cuirassiers & 16 de Dragons parce que ce nombre est suffisant & diminue les frais des Etats-majors, mais s'il faut absolument faire des régimens pour des colonels, mon systême se prête plus qu'aucun autre à cette complaisance. J'ai dit qu'il étoit nécessaire que les escadrons fussent composés de 200 hommes, mais que le nombre d'escadrons par Régiment étoit de la plus grande indifférence, puisque à l'armée on rassemble sous un officier général autant & aussi peu que l'on veut de ces escadrons. On peut donc si l'on veut réduire les Régimens de Cuirassiers à deux escadrons & en former 36 au lieu de 24; & faisant la même opération sur les Régimens de Dragons en avoir 24 au lieu de 16.

ſervice. Pour lui donner une conſtitution auſſi ſolide qu'aux deux autres Corps de Cavalerie, je formerois cinq Régimens d'Huſſards compoſés chacun de 826 hommes, en tems de guerre donnant par conſéquent. . . 4130 huſſards

Réforme en tems de paix.

A la paix les Régimens d'Huſſards ſeroient comme les Régimens de Cuiraſſiers & de Dragons réduits à 682 hommes formant un total de . . . . 3410.

Réſumé comparatif du numérique actuel de nos troupes, avec celui que je propoſe.

Nos ordonnances de 1776 établiſſent, comme nous l'avons vû, un Militaire produiſant au total 307581 hommes, mais perſonne ne croit notre conſtitution actuelle ſuſceptible de donner cet effectif, qui n'eſt aujourd'hui que de 128168 hommes, nombre évidemment trop foible pour un Royaume comme la France.

Je propoſe une conſtitution qui, ſur le pied de guerre, donne 176,160 hommes d'Infanterie.

19,824 Cuiraſſiers.
13,216 Dragons.
4,130 Huſſards.
11,777 Artilleurs (étant convenu de ne pas toucher à ce Corps.)
5,000 Hom̃es de Bataillons de garniſon (je parlerai de leur conſtitution dans le Chap. de la diſcipline.)

Produiſant 230,107, en total de combattans,

que je réduis en tems de paix à 167467 : &, au moyen de ces deux tarifs invariables, dont la différence ne porte que sur les derniers soldats, les déclarations de guerre, ou les publications de paix n'occasionnent ni créations nouvelles ni réformes affligeantes pour le militaire & ruineuses pour les coffres du Roi, qu'elles chargent toujours de pensions.

Cet état militaire se montre sous une constitution plus avantageuse que la frêle existence de celle que nous avons aujourd'hui. Chaque Régiment conserveroit toujours son numero & son nom. Il faut pour cela renoncer dans les deux Armes à leur donner celui des Colonels, parce qu'ils changent souvent & que les belles actions s'oublient avec eux. Le Maréchal de Saxe s'est fort recrié contre cet abus ; les Ministres ont beau l'avouer, ils le perpétuent par égard pour les Colonels, dont l'amour propre est flatté de donner leur nom, leurs armes & leurs livrées. Les Régimens d'Infanterie de *Boisgelin*, de *Rozen*, de *Montmorin*, de *Montrevel*, de *Montmorency*, d'*Aumont* &c., quitterent bien leur nom en 1762, pour prendre ceux de Béarn, de Dauphiné, de l'Isle de France, d'Hainault, de Beauce &c. Le motif de cette opération, qui étoit comme le dit l'ordonnance d'assurer la connoissance & la mémoire des actions de ces différens Régimens, doit être général ; & quels droits peuvent autoriser les exceptions à cette regle ?

CHAPITRE IV.

Obſervations ſur les Ordonnances de 1776, concernant les troupes à cheval.

JE n'aurois pû dans le Chapitre précédent arrêter mon Lecteur ſur tous les défauts de la Conſtitution de 1776, ſans lui faire perdre de vue à chaque inſtant le tableau de celle que j'avois à lui propoſer. J'ai préféré de renvoyer quelques obſervations eſſentielles au chapitre qui devoit la ſuivre.

Iere. OBSERVATION.

Les titres, droits & prérogatives des Régimens d'Etat-Major maintenus par ces Ordonnances, ſont contraires au bien du ſervice du Roi, en ce qu'elles établiſſent des diſtinctions & des jalouſies entre des Corps compoſés de la même eſpece d'hommes & faiſant le même ſervice.

Les prérogatives des Officiers qui commandent ces Corps ſont à charge à l'armée, qu'elles fatiguent inutilement par des gardes d'honneur. Ces mêmes prérogatives occaſionnent ſans ceſſe des conflits d'autorité & des exemptions aux Loix. On a vû les prétentions de ces Corps aller juſqu'à refuſer l'obéiſſance à un Lieutenant-général Inſpecteur & Commandant de Province (1).

(1) Le colonel général Cavalerie & le colonel général Dragons, ont refuſé en 1776 de laiſſer paſſer M. De Vogué dans leurs rangs.

On trouve cette anecdote dans les mémoires de M. Le Comte de St. Germain. (3e. lettre.)

Il eſt contre toute eſpece de raiſon qu'un Colonel ait ſeul le droit d'inſpecter ſon Régiment, c'eſt ouvrir la porte à tous les déſordres: mais ce qui étonne davantage & paroît incroyable; c'eſt qu'un Colonel-général, & à ſon défaut un Meſtre de Camp général ou un Commiſſaire général ait encore le droit de s'emparer d'une commiſſion quelconque, ſi elle s'exécute avec l'arme qu'il commande, quand même il plairoit au miniſtre ou au général de la donner à un autre Officier. Je le demande, dans quel ſervice voit-on de pareils abus? *Pour les reformer*, me dira-t-on, *il faudroit rembourſer des finances énormes.* Je répondrai que les déſordres militaires ont des inconvéniens d'une telle importance qu'il ne faut jamais ménager l'argent qui ſert à les détruire.

IIe. OBSERVATION.

Les Régimens ſont portés à cinq eſcadrons; ce nombre eſt aſſez indifférent, mais ce qui ne l'eſt pas, c'eſt que le cinquieme eſcadron ſoit d'une eſpece de Cavalerie différente des quatre premiers. Le genre de ſervice propre à chacun de ces deux Corps demande une inſtruction & des Loix particulieres. Mais on s'eſt apperçu combien cet aſſemblage étoit diſparate, & l'on y a remedié; je ne m'y arrêterai pas davantage.

Les quatre eſcadrons reſtant portés à 174 hommes chacun ne ſont point aſſez forts, j'en ai dit la raiſon, ils doivent être au moins de 200; mais les compagnies à 174 hommes ſont beaucoup trop nombreuſes, emportent un trop grand détail, & mettent les Capitaines & les Officiers dans le cas de ne pouvoir jamais connoître leur compagnie à fond, connoiſſance pourtant abſolument néceſſaire au bon ordre, à la diſcipline & au bien du ſervice. En Pruſſe même, où les Officiers ſont par tant de raiſons bien autrement attachés aux détails de leur métier qu'ils ne le ſont en France, les compagnies de Cavalerie ne ſont que de cent hommes, & ſi c'eſt aſſez pour eux c'eſt beaucoup trop pour nous. Il eſt donc néceſſaire de différencier la *Compagnie* de *l'Eſcadron*, puiſque l'une eſt trop nombreuſe à 174 hommes, & que l'autre n'eſt pas aſſez fort ſur ce pied.

IIIe. Observation.

Deux Officiers de chaque grade dans une compagnie eſt un double emploi qui nuit au bien du ſervice, parce qu'en diviſant l'intérêt il le diminue néceſſairement. Il eſt dans l'homme de ſurveiller avec plus d'exactitude la diſcipline lorſqu'il en répond perſonnellement, que s'il partage les mêmes ſoins avec pluſieurs autres.

Les compagnies du Meſtre-de-camp & du Lieutenant-colonel ſe trouvent avoir trois Capitaines, augmentation d'abus, conflit d'autorité qui mene ſouvent au déſordre & qui eſt au moins inutile. Un Colonel & un Lieutenant-colonel ne ſont-ils pas Capitaines nés de toutes les compagnies du Régiment qu'ils commandent, ne doivent-ils pas les ſurveiller toutes; pourquoi exigeroient-ils des comptes plus particuliers d'un Capitaine que d'un autre? cela eſt pour le moins inconſéquent.

IVe. OBSERVATION.

Dans ces compagnies de 174 hommes il n'y a que deux Maréchaux des Logis & un Fourrier-écrivain qui ne fait pas de ſervice. Ces Bas-Officiers ont trop d'occupation, l'on s'en apperçoit en tems de paix & dans des garniſons commodes, où les hommes, les chevaux & tous les objets ſont raſſemblés en un point; mais que ſera-ce donc en route, dans les cantonnemens, & à la guerre? Tous les Régimens qui ont campé à Vauſſieux en 1778, & ceux qui ont marché en 1779, ont ſenti la néceſſité d'avoir un plus grand nombre de Bas-officiers, & les compagnies n'étoient pourtant pas complettes à 100 hommes.

Comment a-t-on pû juger néceſſaire d'avoir cinq Sergens par compagnie dans l'Infanterie, quoiqu'il y ait la moitié moins de détails que dans la Cavalerie? ou il y en a deux de trop dans cette premiere arme, ou il en faudroit deux de plus dans la ſeconde.

V^e. OBSERVATION.

Le Fourrier n'eſt plus un militaire, mais un homme de plume. La comptabilité dont il eſt chargé eſt compliquée, & ſe multiplie à l'infini par la quantité d'états doubles qu'il eſt obligé de fournir 1°. aux Officiers généraux & aux Commiſſaires; 2°. aux Officiers ſupérieurs du corps; 3°. aux ſix Officiers de ſa compagnie. Cet écrivain étant ſeul au fait des comptes & des états & ſituations, des effets, réparations, &c

s'il vient à manquer, par quelque cauſe que ce puiſſe être, perſonne dans la compagnie n'eſt en état de le remplacer. Combien n'eſt-il pas à deſirer qu'une adminiſtration ſimple remplace tant d'infolio, tant d'états, tant d'écritures de toute eſpece.

Chaque Maréchal des Logis doit connoître le détail & le faire facilement. J'en ai établi trois deſtinés aux mêmes fonctions, & par conſéquent capables de ſe ſuccéder & ſe remplacer dans toutes les occupations du détail & du ſervice. J'indiquerai auſſi comme une choſe eſſentielle, qu'ils puiſſent être & ſoient effectivement remplacés encore par le premier Brigadier de chaque compagnie, & celui-ci par le carabinier de ſa chambrée. Ces fonctions momentanées ſervent à eſſayer les ſujets & à maintenir l'ordre, qui ne peut exiſter lorſque l'inférieur n'a plus de ſupérieur.

VIe. OBSERVATION.

Huit Brigadiers ne ſont pas plus ſuffiſans à 174 hommes que deux Maréchaux des Logis pour la totalité d'une auſſi nombreuſe compagnie. Ils ſont faits pour tenir le prêt, ſurveiller l'ordinaire & la chambrée; celles-ci ne peuvent être que de 10 à 12 hommes. Si les Brigadiers n'ont pas ces fonctions, ils ſont inutiles, s'ils les ont, ils doivent être en aſſez grand nombre pour qu'il y en ait un à la tête de chaque chambrée. Il eſt même néceſſaire qu'il y ait un Cuiraſſier par chambrée, déſigné par le grade de Carabinier, pour le remplacer s'il vient à manquer, & celui-ci doit être remplacé à ſon tour par le plus ancien Cuiraſſier.

VIIe. REFLEXION.

J'ai entendu dire qu'on avoit porté les compagnies à 174 hommes pour relever l'état de Capitaine en France, & donner à ce grade l'avantage de marcher à la guerre avec un plus grand nombre d'hommes à leurs ordres. Perſonne n'eſt plus perſuadé que moi de la néceſſité de faire un état déſirable de la place de Capitaine en France, & l'on verra dans tout le cours de cet ouvrage combien cette idée m'eſt précieuſe ; mais n'y a-t-il donc que le moyen de l'Ordonnance de 1776, pour étendre l'autorité & augmenter les détachemens des premiers Capitaines ? Dans la conſtitution que je propoſe, pour remplacer celle que je blâme ; j'établis trois chefs d'eſcadron par Régiment. Leurs compagnies, il eſt vrai, ne ſont que de 68 hommes, mais ils n'en marchent pas moins à la guerre à la tête de 200 chevaux, formés par quatre compagnies qui ſe trouvent réellement aux ordres du chef d'eſcadron toutes les fois que le Régiment s'aſſemble. On verra auſſi que pour conſtater cette autorité ſupérieure, les autres Capitaines doivent rendre leurs comptes à ce Chef, au lieu de le rendre au Major comme cela ſe pratique aujourd'hui.

VIIIe. REFLEXION.

L'établiſſement du cadet gentilhomme par compagnie ne peut ſubſiſter, parce que les prétendus ſoins du Moine ou de l'Aumônier ne ſuffiſent point aux mœurs & à l'inſtruction de ces jeunes Officiers. Le métier de la guerre ne convient qu'aux hommes faits. On ne peut y admettre les enfans.

IXe. Reflexion.

Je ne finirai point ces obfervations fans parler de la fuppreffion des légions. Bien des militaires les regrettent encore. Des Généraux (1) dont l'autorité eft facrée pour moi, ont dit : *qu'il devoit y avoir des troupes légeres compofées de Dragons & de foldats.* La nouvelle conftitution que je propofe fournit naturellement la compofition la plus favorable à ces corps, & fauve les inconvéniens qui ont peut-être été la caufe de leur réforme.

Les légions ne font utiles qu'autant que les Généraux ont non feulement confiance en leur bravoure, mais encore en la capacité de ceux qui les commandent. Par l'ancienne formation des légions, les Généraux étoient obligés de les employer telles qu'elles étoient, fans pouvoir mettre à leur tête les chefs expérimentés qu'ils auroient fouvent defiré d'y voir. Ici cette liberté leur eft rendue ; le Général pourra, foit au commencement, foit dans le cours de la campagne, créer ou réformer ces corps, il ne s'agit que d'enbrigader un Régiment d'Infanterie avec un Régiment de Dragons. Rien ne gênera fon choix, il n'aura nulle confidération à ménager, le bien du fervice feul le déterminera, & il fera en fes mains un moyen de récompenfe.

---

(1) M. le Maréchal & M. Le Comte de Broglie dans fes inftructions pour les troupes légeres.

Quel eſt le Régiment qui ne deſirera pas la faveur de voir tous les jours l'ennemi ?

CHAPITRE V.

Corps du Génie.

QU'ON me permette quelques idées ſur le corps du génie militaire deſtiné au ſervice des armées ; il eſt en tems de paix dans une inaction qui lui eſt préjudiciable. La pratique étant dans tous les métiers le plus grand moyen d'inſtruction, il ne devroit reſter dans les places que les Ingénieurs abſolument néceſſaires aux travaux des fortifications, & il devroit y avoir un Officier de ce corps attaché à chaque Régiment d'Infanterie ; ils y donneroient des connoiſſances de Mathématique-pratique, par des exercices de guerre tels que des conſtructions de redoutes, de retranchemens, des ouvertures de tranchées, &c. ; cela vaudroit bien mieux que la monotonie du maniement des armes.

Pour donner à ce Corps une activité continuelle doublement utile à l'état, il faudroit qu'il fut chargé de tous les travaux qu'on abandonne aux Ingénieurs, dits, *des Ponts & Chauſſées*, ou pour mieux dire, il faudroit réunir ces deux corps pour n'en former qu'un ſeul. Alors on employeroit ſans difficulté les troupes à la conſtruction des chauſſées, à l'ouverture des canaux, & à tous les ouvrages qui ſervent à augmenter les richeſſes & les forces de l'état. Les corvées feroient supprimées, les bras de nos soldats se fortifieroient, & les caisses insuffisantes aujourd'hui pour entreprendre tant de travaux utiles se trouveroient faire des économies, par la modique augmentation de paye qu'il suffit de donner au soldat pour accroitre considérablement son bien être & son aisance.

Le Corps du génie feroit donc beaucoup plus nombreux. Les talens seuls & non la naissance ouvriroient la porte & disposeroient des grades & des honneurs; mais la réunion que je propose trouvera des difficultés insurmontables, elle blesseroit des intérêts particuliers & puissans, qui l'emporteront, sans doute, sur le bien général qu'elle produiroit.

CHAPITRE VI.

Des Milices.

MILICE est un terme collectif qui exprimoit autrefois la totalité des gens de guerre.

Les habitans d'une ville, d'un pays, s'armoient, se rassembloient & marchoient à la guerre, voilà ce qu'on appeloit *les milices Françoises*; mais depuis que nos Rois ont entretenus à leur solde des troupes réglées & toujours sur pied, le mot milice n'a plus exprimé en France qu'un corps d'Infanterie, composé des habitans des villes & des campagnes, qu'on enrôle par force pour marcher contre les ennemis de l'Etat, lorsque la néceſſité le requiert ; c'eſt-à-dire, lorſque les troupes réglées ne ſont pas ſuffiſantes.

Les troupes réglées ont été d'abord peu nombreuſes, mais la ſupériorité que l'union, la diſcipline & l'inſtruction leur a donné ſur les milices les a bientôt fait préférer, & chaque Royaume a aujourd'hui pour ſa ſureté une armée permanente qu'il entretient, auſſi conſidérable que ſa population & ſes richeſſes le lui permettent.

Les milices deviennent donc tous les jours moins néceſſaires ; elles ne ſont plus, pour ainſi dire, que des contrôles de précaution pour aſſurer nos reſſources contre le fléau deſtructeur de la guerre. La conſtitution que leur donnent les Ordonnances de 1778, ſous le nom de troupes Provinciales, eſt bien préférable à toutes celles qui avoient été eſſayées, & qui n'avoient ceſſé de varier juſqu'à cette époque, où l'on a formé des bataillons qui ſont attachés à chaque Régiment d'Infanterie. Conſtitution qui montre évidemment que leur deſtination réelle, la ſeule avantageuſe qu'elles puiſſent avoir en effet, c'eſt d'être le dépôt de recrues de ces Régimens & de fournir avec promtitude aux remplacemens que la guerre exige : ces bataillons ſont commandés par d'anciens officiers qui avoient obtenu leur retraite, ou qui étoient dans le cas de la demander. Le miniſtere a trouvé cet ingénieux moyen de les retenir au ſervice en leur donnant des places, qui, les laiſſant jouir du repos preſque continuel dont ils ont beſoin, ne leur aſſignent que des devoirs faciles & momentanés & qui ne peuvent jamais être mieux remplies que par d'anciens militaires, puiſqu'il s'agit de la difcipline & de l'inftruction d'un dépôt.

Quoique je fois bien convaincu que la formation de 1778 n'ait réellement que cet objet, elle me paroît fupérieure encore, en ce qu'elle n'exclut point la poffibilité de réunir & faire marcher ces bataillons à la guerre. Raffemblés & exercés pendant la premiere campagne, il fuffira, pour les mettre à même d'entrer en ligne, de nommer quelques Officiers aux emplois vacans. C'eft ainfi que nous devons laiffer voir à l'Europe une augmentation poffible de 58 mille hommes toujours prêts à venir joindre nos armées.

Cette montre n'eft pas réduite à un tableau chimérique comme celui de l'Angleterre, qui offre un total de 200 mille miliciens tant à pied qu'à cheval. Un coup de baguette fuffit pour raffembler nos 106 bataillons, tandis que nos pieces de 36 joueroient long-tems fur l'Angleterre avant qu'elle pût nous oppofer les 200 mille combattans dont elle fe vante.

Mais loin de tirer un grand avantage de cette comparaifon fur l'effectif de nos milices, nos armées permanentes font affez confidérables pour nous retrancher fur le feul & unique avantage de les faire fubvenir à leur entretien, & fournir à une partie de nos remplacemens pendant la guerre.

Si la conftitution des troupes provinciales femble ne laiffer rien ou peu de chofe à defirer, il n'en eft pas de même des Loix qui fervent à lever ces troupes. La milice, comme nous l'avons dit, eft un engagement forcé, & par conféquent une impofition réelle mais légitime, puifque le pacte tacite de tout homme en société est de la servir & deffendre aux dépens même de sa vie, & que ce n'est qu'en vertu de ce pacte que l'Etat à son tour garantit & assure la propriété de chacun. Dans les commencemens de la monarchie, des Loix établirent l'obligation générale au service pour tous les sujets, & des rôles exacts de dénombrement donnoient des armées innombrables, mais à mesure que les établissemens, les réglemens & les Ordonnances s'éloignent de leur origine, non seulement elles se relâchent, mais elles deviennent presque toujours la source des plus grands abus, en France sur-tout où le crédit, l'intrigue, l'argent & la protection esquivent si facilement la loi. C'est ce qui est arrivé dans cette obligation générale de servir l'Etat. Elle devoit être d'autant plus grande sans doute pour celui qui possede le plus de biens; cependant le malheureux cultivateur en supporte presque seul tout le poids. Ses justes plaintes sont rejettées & étouffées par tous les abus d'autorité que se permettent en général les préposés en fonctions de tirages ou levées. Le gouvernement a malheureusement accordé des exemptions : elles se sont multipliées à l'infini. Tout bourgeois aisé achette à présent une charge ou un titre seulement pour être exempté de servir sa patrie. On rejette cet emploi comme une vile corvée sur les habitans de la campagne, les villes se peuplent de débauchés & de fainéans, & pour ménager ces êtres à charge à la terre qui les porte, on arrache de l'héritage de ses peres & du sein même de sa famille celui qui cultive & fertilise nos champs.

Peu fait aux déclamations, je n'offre ici qu'un trait du malheureux tableau qu'il faut mettre sous les yeux du ministre. Leurs occupations sédentaires les privent de tout voir; réduits à entendre, élevons au moins une voix qui perce à travers le bourdonnement de l'essain malfaisant qui les entoure, les flatte & les trompe sans cesse. Oui, le paysan supporte presque seul l'impôt de la milice, & cette charge, légitime quand la répartition est égale, devient quand elle ne l'est pas, accablante & destructive pour nos villages, où chaque année ramene le désespoir lorsque les Subdélégués & les Prévôts viennent y tiercer la jeunesse, pour lui faire abandonner la charrue que la nature & l'industrie ont mis dans ses mains & qui devroit y rester pour le bonheur de l'humanité! Fuir est sa seule ressource, & pour ne pas perdre la liberté avec ses biens, elle vient prendre dans nos cités une livrée qui l'exempte du sort.

Pourquoi donc tant d'exemptions? on diroit que la France craint de manquer d'avocats, de procureurs, de commis, d'apprentifs médecins & chirurgiens? Les nations étrangeres nous donnent quelquefois de bons exemples. L'Angleterre peut être citée en cette occasion comme ayant un principe bien sage sur les milices. Les Pairs & les Membres siégeants du Parlement sont seuls exempts du sort; s'il tombe sur un homme riche, il en met un autre à sa place: tel est le moyen employé par les Anglois pour éviter les sollicitations, les plaintes, les surprises, les injustices de toute espece, & repartir également une charge que l'on rend vile chez

nous

nous en n'y aſſujettiſſant que les foibles. Si notre gouvernement, qui ne peut être comparé en tout point au gouvernement d'Angleterre, ne permet pas de borner nos exemptions à la claſſe des Pairs & aux Membres du Parlement, ſi nous ſommes obligés d'en augmenter le nombre, elles n'en doivent pas moins être déterminées par l'abſolue néceſſité & énoncées de la maniere la plus préciſe, afin d'éviter l'odieux & le deſordre qui naiſſent toujours de l'arbitraire.

L'Ordonnance du 13 Décembre 1778, concernant les Gardes-côtes nous offre un exemple de tous les défauts que je viens de citer en parlant de nos loix ſur la milice. Parmi la quantité prodigieuſe d'exemptés, on y trouve *les domeſtiques des Gentilshommes & des Curés*. Les gens mariés juſqu'à l'âge de 45 ans & ceux qui ont déja fait un congé ſe trouvent forcés de tirer au ſort & reprendre leur tour avant ceux-ci. Dans cette même Ordonnance enfin, on tombe dans l'incertitude & l'obſcurité de cet arbitraire ſi cruel en diſant, *Sa Majeſté s'en remet au ſurplus aux Intendans pour donner plus ou moins d'extenſion aux exemptions, en raiſon de celles qu'ils croiront devoir être accordées avec juſtice.* Voilà donc l'Intendant à la place de la loi! autant valoit-il n'en point faire.

Ne voit-on pas que cette liberté donnée au juge de conſulter l'eſprit de la loi pour l'étendre ou la reſtreindre anéantit la loi même; qu'elle n'eſt plus alors que le réſultat de ſa bonne ou mauvaiſe logique, de ſa maniere de voir qui varie ſuivant les circonſtances, ſuivant ſes intérêts propres, ſuivant ſes paſſions, au gré deſquelles un juge flotte toujours quand il se livre à l'instabilité des interprétations.

La loi doit commander & être suivie à la lettre, ce principe source de l'ordre & du bien ne pourra être combattu que par des subalternes de mauvaise foi, portés à abuser de l'autorité qu'on leur confie. Cette extension, que presque toutes nos Ordonnances accordent à la puissance exécutive, est un supplément regardé comme nécessaire par la plupart des rédacteurs de la législation militaire qui ne peuvent, du point éloigné où ils se tiennent & du cabinet obscur où ils se renferment, produire & rédiger des Ordonnances assez claires, assez précises & assez prévoyantes pour ne laisser à la puissance exécutive que le seul droit de prononcer ce qui est écrit. Ce ne sera pourtant que lorsque le cahos de nos Ordonnances sera débrouillé & transformé en un code précis & suivi à la lettre, qu'on pourra être assuré de voir dans notre militaire la discipline, l'ordre & l'obéissance qui préparent les victoires. Cette digression m'éloigne de mon sujet. Il est bien difficile de suivre rigoureusement l'ordre des chapitres dans un ouvrage tel que celui que j'entame, mais il est des principes & des vérités qui ne peuvent perdre de leur force, quoiqu'elles ne soient pas enchaînées par l'ordre & la méthode avec laquelle elles devroient se présenter.

Rélativement au service, je dis que tous les sujets d'un état doivent être compris en deux classes, savoir noblesse & roture. Ce doit être un déshonneur pour la noblesse de ne pas servir, & une obligation pour la roture de porter les armes. Nous verrons les moyens par lesquels le gouvernement peut s'assurer les services de cette premiere classe d'hommes : examinons ceux qu'il peut employer avec le moins d'inconvénient pour y forcer la seconde.

Pour que la milice acquière la considération que son utilité doit lui valoir, il faut qu'elle soit supportée par tout roturier pauvre ou riche, à l'exception seulement de ceux qui, siégeant dans les tribunaux ou dans les magistratures populaires & civiles, servent directement le Roi & l'Etat. Qu'un dénombrement universel & des contrôles exacts soient faits dans chaque Subdélégation : ces états portant en differentes colonnes le nom, l'âge, la taille, l'état & le lieu de la résidence de chaque roturier. Cet état seroit déposé publiquement dans la salle de l'Hôtel-de-ville du chef-lieu de chaque Subdélégation.

Tous les ans le Ministre enverroit l'ordre du tirage, il détermineroit le nombre des soldats provinciaux qui devroient se faire ; & cet ordre, parti pour toutes les Provinces en même tems, seroit affiché dans toutes les Provinces du Royaume.

Chaque Intendant feroit la répartition de ses billets proportionnellement au numérique de chacune de ses subdélégations, & le tirage seroit toujours fixé au 40me. jour de la datte de l'affiche, afin que personne ne pût ignorer l'ordre ou manquer à l'assemblée, à moins d'avoir obtenu une permission de remplacement, qui ne pourroit jamais avoir lieu que de gré à gré.

Seroient tenus de se rendre à l'assemblée tous

les roturiers qui ne feroient point marqués exempts dans la colonne des exemptions du contrôle public déposé à l'Hôtel de Ville.

Tout homme avant l'âge de 16 ans feroit exempt, ainfi qu'après celui de trente quatre revolus.

Tout homme au-deffous de cinq pieds feroit exempt.

Tout homme boiteux ou eftropié feroit exempt, ainfi que ceux qui feroient dans le cas des maladies prévues par les ordonnances.

Nul Citoyen ne feroit gêné, ni fur fon établiffement, ni fur fon commerce, ni même fur fes voyages & fes abfences, il fuffiroit qu'au tems indiqué par les affemblées, tems déterminé une fois pour toutes, il fe repréfentât, ou traitant de gré à gré prépofât un autre tireur à fa place, pour lequel l'Intendant lui accorderoit une décharge cette année.

Tout homme enrôlé par le fort obtiendroit fon congé perpétuel en remettant à la caiffe des Milices une fomme de cent vingt livres une fois payée.

Tout Soldat provincial pourroit s'abfenter de fon département, même pendant les années que dureroit fon enrôlement, pourvû qu'il dépofât dans la caiffe des milices la fomme de cent cinquante livres, dont le reçu lui ferviroit de garantie & de paffeport. Cette fomme de cent cinquante livres feroit perdue pour l'enrôlé s'il ne fe trouvoit pas à l'affemblée qui pourroit avoir lieu durant fon abfence. Et cette perte, qui annulleroit fon enrôlement actuel, ne l'exempteroit point d'encourir le ſort l'année ſuivante.

Trente jours après la publication de l'ordonnance du tirage, c'eſt-à-dire dix jours avant cette époque, les Gouverneurs & Commandans de Province employeroient tous les moyens en leur pouvoir, pour faire arrêter dans leurs commandemens les étrangers qui ne ſeroient point venus faire enrégiſtrer leur billet de remplacement ſoit dans leurs Bureaux, ſoit dans ceux des Subdélégués qui leur adreſſeroient un double de ceux qu'ils auroient reçus.

Pour s'aſſurer de la juſtice des contrôles, ſeroient enrôlés de droit tous ceux qui à l'âge de 16 ans révolus ne ſeroient point venus ſe faire inſcrire, & les Sindics de la communauté qui ne les auroient point dénoncés ſeroient condamnés à cinquante livres d'amende.

Tout Roturier ſeroit inſcrit ſur le contrôle du lieu de ſa naiſſance pour s'y préſenter lors du tirage, à moins que s'étant fixé ailleurs, & s'étant fait inſcrire ſur celui de ſa nouvelle habitation, il n'en fournit la preuve par un certificat ſigné du Subdélégué & de l'Intendant du lieu, & viſé par le Commandant de la Province.

Si-tôt après le tirage, le contrôle des nouveaux enrôlés ſeroit envoyé au Miniſtère ainſi que le ſignalement de chaque Soldat, afin qu'il fut ſur le champ procédé aux remplacemens à faire dans les compagnies, dont le Miniſtre adreſſeroit les Etats aux Commandans de Bataillons qui les feroient paſſer à chaque Capitaine.

Comme les aſſemblées des Milices en tems de

paix sont absolument inutiles au service du Roi, & qu'elles sont infiniment onéreuses aux enrôlés, auxquels elles occasionnent des inquiétudes, des déplacemens & des frais, elles n'auroient plus lieu à l'avenir que dans les besoins pressans de la guerre, & dans ces momens les François se dévouent toujours avec empressement (1).

On prendroit tel moyen qui seroit convenable pour s'assurer de l'existence des enrôlés, tels que des Inspections & tournées que les Officiers de ces Bataillons seroient à même de faire dans les Campagnes, le Bataillon devant toujours être fourni par l'arrondissement le plus voisin.

Telles sont à-peu-près les principales précautions à prendre, pour alléger autant qu'il est possible le poids d'une charge qui a été jusqu'ici onéreuse au Roi & à ses Sujets, mais que les besoins de l'Etat rendent toujours nécessaire & souvent indispensable.

CONSTITUTION DES TROUPES PROVINCIALES.

Il y auroit cent vingt Bataillons Provinciaux désignés par leur rang & numeros. On les ap-

(1) Pendant 5 ou 6 ans on a assemblé les Régimens provinciaux, cela a beaucoup tracassé les Milices, couté beaucoup d'argent au Roi, & n'a été d'aucune utilité. M. Le Comte de St. Germain les a réformés. Tous leurs effets d'habillement, équippement & armement ont été vendus à très-bas prix. Le ministre regnant les a retablis, je souhaite qu'on les conserve, car ces petites inconstances dans nos plans, sont toujours une double perte pour le Roi.

pelleroit premier Bataillon, deuxieme Bataillon, troisieme Bataillon, quatrieme Bataillon Provincial &c. &c.

Les Régimens de ligne qui doivent avoir des établissemens permanens, comme nous le verrons par la suite, auroient pour Bataillon de Recrue celui qui seroit le plus à portée de leur cantonnement.

Chaque Bataillon Provincial seroit composé de huit Compagnies, chaque Compagnie seroit composée de quatre-vingt enrôlés & commandée par un Capitaine seulement.

L'Etat-Major de chaque Bataillon seroit composé d'un Commandant de Bataillon, ayant rang de Colonel, Lieutenant Colonel ou Major, ce qui dépendroit de ses services antérieurs, plus, d'un Adjudant ayant rang de Sergent d'Infanterie.

Les Bataillons Provinciaux n'étant point assemblés en tems de paix, les Commandans de Bataillons, les Capitaines & l'Adjudant auroient seuls des appointemens, & ces Officiers & bas Officiers seroient chargés de faire tous les ans des revues exactes des Soldats portés sur leur contrôle.

Il y auroit un Conseil d'administration composé du Commandant de Bataillon, des quatre premiers Capitaines & de l'Adjudant faisant les fonctions de quartier-maître trésorier. Ce conseil présideroit à l'entretien des magasins nécessaires pour tous les effets d'habillement & armement du Bataillon, qui y seroient toujours déposés, entretenus complets & dans le meilleur état.

Le conſeil d'adminiſtration s'aſſembleroit auſſi ſouvent que le Commandant de Bataillon l'exigeroit, & extraordinairement une fois tous les ans pour recevoir l'Inſpecteur Officier Général, lui montrer les comptes, la régie, les livres, contrôles & magazins : à cette aſſemblée du conſeil, les huit Capitaines ſeroient obligés de ſe trouver préſens pour paſſer la revue & recevoir les ordres de l'Officier Général.

PIED DE GUERRE.

Les Bataillons ayant ordre de s'aſſembler, le Roi nommeroit un Lieutenant & un ſous-Lieutenant par Compagnie. Les quatre-vingt enrôlés étant arrivés au lieu & à l'inſtant aſſignés, chaque Capitaine préſenteroit un Sergent, cinq Caporaux & un Tambour au Commandant du Bataillon. Il marqueroit après, cinquante & un Soldats & vingt deux ſurnuméraires. Le tout étant approuvé par le Commandant de Bataillon, les vingt-deux ſurnuméraires ſeroient renvoyés avec défenſe de ſortir du païs & ordre de rejoindre à la premiere réquiſition.

Il ſeroit donné des ordres aux Régimens auxquels ces Bataillons ſeroient attachés, de leur fournir le jour de leur aſſemblée huit Sergens & un Tambour Major, en échange deſquels il leur ſeroit renvoyé neuf hommes choiſis ſur la totalité des Compagnies provinciales.

Celles-ci ſeroient donc compoſées de deux Sergens, cinq Caporaux, cinquante Soldats, un Tambour, & commandées par un Capitaine, un Lieutenant & un ſous-Lieutenant, formant un total de ſoixante & un hommes, y compris les Officiers, qui avec l'Etat-Major formeroient un nombre de quatre cent nonante hommes par Bataillon Provincial, & par conſéquent pour la totalité de ces troupes...... 58,800 hommes.

Ces Bataillons une fois ſur pied pourroient engager & recruter toute l'Infanterie, mais ils n'auroient pas ce droit lorſqu'ils ne ſeroient point aſſemblés.

Toutes les fois que ces Bataillons recevroient ordre d'envoyer des Soldats au Régiment de ligne auquel ils ſeroient attachés, ils feroient remplacer ſur le champ ces Soldats par des enrôlés, pris dans les ſurnuméraires au nombre de vingt-deux par Compagnie dont nous avons parlé ci-deſſus. L'objet de ces remplacemens ſucceſſifs eſt de n'enlever jamais que le nombre d'hommes abſolument néceſſaire.

CHAPITRE VII.

La Nobleſſe Françoiſe doit ſervir. Les emplois Militaires lui appartiennent.

LA plus ancienne nobleſſe de France tient ſon origine de la profeſſion des Armes; avant la troiſieme race on n'en connoiſſoit point d'autre.

Les Gentilshommes François ont toujours eû cette ardeur guerriere, cet amour de la gloire qui leur fait rechercher ſi vivement les emplois Militaires. Le Gouvernement doit maintenir ce goût & ce zèle qui est un des principes les plus constans de la valeur de nos armées.

Si la noblesse abandonnoit un jour la profession des Armes, cette révolution n'auroit pour cause que des abus & des défauts dans nos Loix, que l'on se répentiroit alors de ne pas avoir corrigés. Quoiqu'on ne s'apperçoive pas sensiblement encore du dégoût qui commence à naître, je n'en attaquerai pas moins le germe qui doit tôt ou tard le produire ; la noblesse se plaint avec raison de n'avoir pas le droit exclusif aux emplois Militaires. Elle est humiliée de se voir souvent frustrée des places que ses Ayeux ont occupées & cimentées de leur sang. Les richesses qui corrompent tout & qui brisent toutes les séparations que l'honneur & la gloire ont élevé entre les citoyens, sont devenues aujourd'hui un titre suffisant pour prétendre à toutes les places. On voit le fils d'un Commis se vêtir d'un uniforme, disputer le pas, & vouloir marcher l'égal de l'homme de qualité ! Ce n'est pas sans raison que je prédis la suite funeste de cette confusion dans les rangs ; c'est elle qui produit déja les efforts que la noblesse fait pour soutenir la distinction qui devoit la séparer éternellement de la Roture ; les réclamations, l'intrigue & tous les petits moyens sont mis en jeu pour s'élever & sortir de la place dont on s'honoroit autrefois, & qu'on méprise depuis que d'autres que ses semblables ont le droit de les occuper. On peut me répondre que le droit aux emplois Militaires n'est point contesté à la noblesse, mais on ne me dira pas qu'il eſt maintenu ; car les preuves du contraire ſont par-tout exiſtantes ; qu'eſt-ce qui oblige le poſtulant à un emploi Militaire à montrer les titres qui autoriſent ſa demande, quelle ordonnance les a jamais fixés, & quelle autorité fut jamais chargée de les examiner ? Si l'on oſoit dire encore que la nobleſſe ne peut ſuffire à fournir aux emplois ! Je répondrois que les Provinces ſont peuplées de Gentilshommes qui n'ont pû en obtenir. Mais quand un refroidiſſement de zèle cauſeroit leur inertie, ce ſeroit encore au gouvernement à la reveiller. Richelieu diſoit, *il faut employer la nobleſſe au ſervice afin qu'elle puiſſe acquérir de nouveau & conſerver ſa premiere réputation & que l'Etat ſoit utilement ſervi.*

Un Roi non moins politique que ce Miniſtre a bien ſu y contraindre la ſienne. Fréderic II. veut qu'elle ſerve, & il charge d'impôts tous les Nobles qui n'ont point de rang dans ſes Armées.

Deux Loix peuvent relever les grades, illuſtrer le Militaire & aſſurer à l'Etat les ſervices de la Nobleſſe. La premiere eſt de déterminer des preuves pour tout Officier d'Infanterie & de Cavalerie. La ſeconde eſt d'établir une capitation Militaire, que payeroit tout Gentilhomme qui n'auroit pas ſervi ſa Patrie au moins pendant ſeize ans.

Un établiſſement (1) auſſi utile à la France

(1) L'école Royale militaire deſtinée à élever 50 gentils-hommes, créée par un édit de Louis XV, de Janvier 1754.

qu'honorable à ſon inſtituteur rendoit faciles les preuves dont nous parlons, & ſembloit annoncer que la Nobleſſe ſeule occuperoit à l'avenir les places d'Officiers dans les troupes. Mais à peine l'école Militaire touchoit à ſa perfection qu'elle a été détruite par un Miniſtre prévenu. La Nobleſſe a perdu par cette deſtruction ſes deux plus flatteuſes eſpérances ; celle de ſe voir remplacer au ſervice par ſes enfans, & celle du ſécours le plus précieux qui pourvoyoit à leur éducation. Puiſſe la ſpéculation économique qui a ſuggéré cette réforme remplacer d'une maniere avantageuſe cette pépiniére choiſie, qui étoit admirée & enviée de tous les Souverains de l'Europe.

Je ne parlerai ici ni du noviciat, ni de l'avancement, ni de l'ordre établi dans la nomination aux emplois. Ces objets qui tiennent à l'inſtitution ſe trouvent naturellement renvoyés aux Chapitres des récompenſes, je n'ai prétendu établir que la néceſſité de donner aux Gentilshommes ſeuls les emplois Militaires.

CHAPITRE VIII.

Appointement & ſolde des Régimens d'Infanterie, de Cuiraſſiers, de Dragons & d'Huſſards.

IL faut que l'Officier vive de ſon emploi ; étant fait pour la place, ſes appointemens doivent lui procurer l'exiſtence que lui donne ſon rang. Des différences ſenſibles doivent être établies entre les appointemens des différens grades. Il faut que le Capitaine ſoit mieux traité que le Lieutenant. Le Lieutenant mieux que le Sous-Lieutenant, ainſi de ſuite. Il n'eſt point de ſervice en Europe où le Capitaine jouiſſe d'un état plus lucratif qu'en Pruſſe. Dans cette conſtitution vraiment Militaire on n'a négligé aucun des moyens propres à établir une ſubordination abſolue entre chaque grade, & Fréderic a penſé avec raiſon que le traitement pécuniaire déterminant la maniere de vivre, établiroit néceſſairement les diſtinctions qui font la baze de ſa diſcipline, & donneroit en même tems au ſubalterne l'ambition de jouir à ſon tour d'un bien-être auquel il eſt ſûr de parvenir avec le tems. Cette politique lui aſſure des vieux Officiers à la tête de ſes Corps.

En Pruſſe les gros appointemens tiennent lieu de retraites. Le Roi n'en accorde jamais qu'à ſes Généraux. Il dit à ſes Capitaines, qui ont juſqu'à huit & neuf mille livres d'appointemens, *faites des économies, conſervez long-tems votre emploi. & vous aurez dequoi vivre, lorſque l'âge & les infirmités vous obligeront de quitter mon ſervice.* Là les caiſſes deſtinées aux dépenſes de la Guerre ne ſont jamais obérées comme en France par la multiplicité des penſions, dont la plus grande partie chez nous eſt ſurpriſe plutôt que méritée.

Que les Militaires me ſachent gré de chercher un autre moyen d'aſſurer leur retraite. Je ne m'élève contre l'abus des penſions, que parce qu'étant illimitées & devenant tous les jours plus conſidérables, elles mettront indubitablement les Miniſtres des Finances & de la

Guerre dans le cas de ne plus les payer où de les réduire (1).

Le ſiſtême le plus . ·rable à l'ordre des Finances de la Guerre, ſeroit ſans doute celui qui détermineroit d'une maniere préciſe les articles & le montant des dépenſes annuelles, celui auſſi qui réuniſſant différens objets en un ſeul, diminueroit le maniement des eſpeces & par conſéquent le nombre de filieres ſur leſquelles elles ne paſſent jamais ſans s'altérer.

Qu'importe que j'augmente la paye des troupes, les appointemens des Officiers & le traitement des maſſes, pourvû que d'une autre part je ſupprime cette infinité de dépenſes extraordinaires, ſi indéterminées, ſi ruineuſes & dans leſquelles il ſe gliſſe tant d'abus; pourvû en un mot que je préſente un tableau plus ſimple, plus ſtable & plus économique que celui du jour. Voilà ce que j'eſpere prouver par la ſuite, mais il ne s'agit en ce moment que de déterminer un tarif & un état, que je rappellerai lorſque je comparerai l'adminiſtration actuelle avec celle que je propoſe.

---

(1) En 1760, le tréſor royal fut dans l'impoſſibilité de payer les penſions des officiers retirés. La maſſe ou la ſomme de ces penſions n'étoit point alors auſſi conſidérable à beaucoup près qu'elle l'eſt aujourd'hui, pour ſe munir contre un pareil événement, les penſionnaires ont demandé à être payés en appointemens; toutes ces reſſources peuvent être bonnes pour diſſimuler un inſtant la réalité de la dette, mais il faut toujours qu'elle ſe découvre & que les charges réelles ſe faſſent ſentir.

Tableau. N°. I.

TABLEAU GÉNÉRAL

De la Paie & des Appointemens des Troupes d'Infanterie.

	Par jour.	Par an.	Par Régim.	Total.
		Liv.	Liv.	
Capitaine.	. . . .	3000 × 18.	54,000.	
Lieutenant.	. . . .	1500 × 18.	27,000.	
Sous-Lieutenant.	. . . .	1000 × 18.	18,000.	
Sergent.	1 liv. . . ſ. . . d.	360 × 36.	12,960.	
Caporal.	. . . 12. . . .	216 × 108.	23,328.	
Appointé.	. . . 9. . . .	162 × 108.	17,496.	L. 300,528.
Grenadier.	. . . 8. 4 d.	150 × 60.	9,000.	
Chaſſeur.	. . . 7. . 4. .	132 × 60.	7,920.	
Soldat.	. . . 7. . . .	126 × 992.	124,992.	
Tambour.	. . . 9. . . .	162 × 18.	2,916.	
Muſicien.	. . . 9. . . .	162 × 18.	2,916.	
Colonel.	. . . .	6000.	6,000.	
Lieutenant Colonel.	. . . .	5500.	5,500.	
Major.	. . . .	5000.	5,000.	
Quartier-maître.	. . . .	1500.	1,500.	20,740.
Enſeigne.	. . . .	1000.	1,000.	
Adjudant.	. . . .	600 × 2.	1,200.	
Tambour-Major.	1 liv.	360.	360.	
Armurier.	. . . 10. . . .	180.	180.	
Chirurgien-Major.	. . . .	1200.	1,200.	1,800.
Aumônier.	. . . .	600.	600.	
				Liv. 323,068.

TABLEAU GÉNÉRAL.

De la Paie & des Appointemens de la Cavalerie, Cuiraſſiers, Huſſards & Dragons.

	Par jour.	Par an.	Par Régim.	Total.
		Liv.	Liv.	
Capitaine.	. . . .	3200 × 12.	38,400.	
Lieutenant.	. . . .	1700 × 12.	20,400.	
Sous-Lieutenant.	. . . .	1200 × 12.	14,400.	
Maréchal des Logis.	1 liv. 4 ſ. . .	432 × 36.	15,552.	
Brigadier.	. . . 12. . . .	216 × 72.	15,552.	L. 208,128.
Carabinier.	. . . 9. . . .	168 × 72.	12,096.	
Cav. Huſſ. & Drag.	. . . 8. 4 d.	150 × 576.	86,400.	
Trompette.	. . . 12. 4. .	222 × 12.	2,264.	
Maréchal.	. . . 12. 4. .	222 × 12.	2 264.	
Colonel.	. . . .	6200.	6,200.	
Lieutenant Colonel.	. . . .	5700.	5,700.	
Major.	. . . .	5200.	5,200.	
Quartier-maître.	. . . .	1700.	1,700.	22,832.
Porte-Enſeigne.	. . . .	1200.	1,200.	
Adjudant.	. . . .	800 × 3.	2,400.	
Trompette-major.	1 liv. 4 ſ. . .	432.	432.	
Chirurgien-major.	. . . .	1400.	1,400.	2,200.
Aumônier.	. . . .	800.	800.	
				L. 223,150.

Supplémens fixes d'Appointemens.

A chaque Capitaine de Bataillon ou d'Eſcadron Liv. 300. { Liv. 600. Pour l'Infanterie.
900. Pour la Cavalerie.

A chaque Commandant préſent au Corps. . . . . . 600. . . 600.

Le décompte de cette derniere somme seroit toujours fait par jour à l'Officier présent, elle est destinée à subvenir aux charges de sa place, & lorsque les Régimens seroient divisés, cette somme le seroit aussi en parties proportionnelles entre les Commandans des différentes parties des Troupes.

Je motiverai les raisons qui ont déterminé ce tableau, soit au Chapitre de la comptabilité, où je parlerai des masses & retenues faites sur la paye du Soldat, soit au Chapitre où je proposerai l'établissement d'une banque Militaire pour les retraites des Officiers.

CHAPITRE IX.

De l'habillement des Troupes.

DAns un pays où l'habillement suit les modes & où les modes varient sans cesse, parce que le goût du moment les détermine, sans qu'on puisse définir les principes de ce goût, le costume qui ne se rapproche pas de la mode emporte avec lui le ridicule. C'est peut-être la raison pour laquelle le costume Militaire a varié autant que les différentes coupes des habits de nos petits maîtres. Tour à tour larges & amples, courts & serrés, nos vêtemens ont été trouvés agréables & ridicules.

Depuis cinq ans surtout on ne s'est pas borné à changer les coupes d'habits, habit-vestes, redingottes, gilets, manteaux &c., on a même varié continuellement les couleurs, & ce n'eſt que notre inexactitude à ſuivre les Ordonnances qui nous a garanti de la bigarrure complette que l'on trouveroit aujourd'hui dans tous les Régimens, & que l'on ne remarque que dans quelques-uns.

Rien ne ceſſera de changer lorſque le joli ſera notre ſeul guide. Il faut donner au Militaire un coſtume déterminé par l'utilité & la commodité; alors ce coſtume raiſonnable, ne variera pas plus que les cauſes qui l'auront décidé & les yeux s'y accoutumeront. L'expérience démontre qu'ils s'accoutument à tout.

Coëffure.

L'homme de Guerre a la tête expoſée à tous les frimats; s'il a été quelque tems à la pluye, ſon habit eſt ſec que ſes cheveux ſont encore mouillés; accablé de fatigue, il s'endort dans cet état & ſe réveille malade; le ſuif, la poudre, le blanc même délayé dans la cole, ſont les ingrédiens dont le Soldat ſe ſert pour arranger ſes cheveux, ingrédiens qui ſont ſur ſa tête des placards auſſi ſales que malſains, & dont l'achat joint à celui des *mandrins*, des *rubans de queue*, des *roſettes* ou des *crapauds*, ſe prélevent ſur ſa ſolde. Cette dépenſe eſt en elle-même très-modique ſans-doute, mais elle eſt conſidérable relativement à la paye & aux autres beſoins du Soldat. (1)

Je

[a] Le ſoldat a 6 ſ. 4 den. par jour.

Je crois bien que la frifure que l'on exige du Soldat peut fe foutenir dans un Camp de plaifance ; mais cette toilette, qui pour être uniforme & telle qu'on le défire, demande plus de tems que celle de l'Officier même, eft-elle praticable à la Guerre? Là on exigera envain que le Soldat entretienne fes cheveux proprement. Croit-on qu'accablé de laffitude & de fommeil, il s'occupera à lever l'appareil de fa frifure avant de s'endormir? Non & on le verra toujours rongé par la gale & la vermine : fi l'on vient à battre la Générale à minuit, chacun alors ne fe coifera-t-il pas de la maniere la plus promte? L'un oubliera fon ruban de queue, celui-ci fa rofette, un autre fon peigne &c. & pourroit-on raifonnablement attendre autre chofe du Soldat au milieu des ténêbres & dans le tumulte d'une alerte.

Pour couvrir cette belle frifure nous avons eu alternativement grands & petits chapeaux, chapeaux à quatre cornes, cafques de cuir bouilli, bonnets de peau d'ours, cafques de cuivre. Toutes ces coëffures ont été trouvées belles ou laides fuivant la différente maniere de voir,

---

On lui retient. Pour linge & chauffure.	— 8 d.	
Pour le pain.	2 f.	
Blanchiffage & frater.	— 4 d.	4 f. 2.
Il faut qu'il s'entretienne encore de tabac, poudre, fuif, graiffe, noir ou cirage, peignes & broffes, j'eftime tous ces objets. . . .	1 —	
Prefque partout d'un chapeau. . .	— 2.	

Il ne refte donc net à plufieurs foldats que 2 f. 2 d. à mettre au pret.

mais peut-on dire qu'aucune ait rempli l'objet désiré? Les chapeaux auxquels on semble être revenu exigent une retapure difficile pour ne pas dire impossible à entretenir ; si les cornes des côtés sont trop grandes, elles gênent le Soldat dans le port d'Armes & dans l'exercice des feux, si elles sont trop courtes elles ne deviennent plus d'aucune utilité. La matiere qui entre dans la composition des chapeaux, étant d'une mauvaise qualité & très-spongieuse, reçoit & conserve long-tems une quantité d'eau considérable (1); de là une humidité continuelle sur la tête de l'homme, dont une partie des cheveux reste toujours à découvert.

Le Soldat ne peut dormir avec son chapeau, la retapure l'en empêche, & d'ailleurs il ne tient pas sur sa tête. La position verticale du chapeau permet à l'adversaire d'assener un coup de sabre d'à-plomb, par conséquent avec toute la force possible & de la maniere la plus meurtriere; la calotte que reclament les partisans des chapeaux n'évite point cet inconvénient & occasionne un contre-coup furieux, souvent plus dangereux que la blessure. Voilà les inconvéniens généralement reconnus qu'emportent les cheveux & la coifure de nos troupes en ce moment.

Trouver une toilette de tête premiérement qui ne coute rien au Soldat, qui ne coute pas plus au Roi que le chapeau, troisiémement qui préserve le Soldat de la vermine, quatriéme-

(1) Le chapeau à 4 cornes étant sec pesoit 18 onces. Exposé à la pluie il prenoit & portoit 7 onces d'eau. J'en ai fait l'expérience.

ment qui garantiſſe ſa tête de l'eau, de l'humidité & du froid, cinquiémement qu'elle ſoit d'une tenue facile & aiſément uniforme, ſixiémement que le Soldat ſoit parfaitement coifé en une ſeconde & ſans miroir, ſeptiémement qu'il puiſſe ſe coucher & dormir, ſoit ſur un lit de camp, ſoit ſur la paille ſans crainte de la perdre ni de la déformer, huitiémement que par ſa forme & ſa poſition ſur la tête il ſoit difficile d'y aſſener un coup de ſabre, neuviémement enfin qu'elle grandiſſe l'homme & ſoit facile à remplacer.

Pour réſoudre ce problême il ne faut s'attacher qu'à la recherche des neuf qualités demandées, ſans égard aux mots *beau* & *laid* dont le ſens n'eſt pas encore ſuffiſamment déterminé en fait de coifures. Un Officier Général en 1766 propoſa peut-être le ſyſtême le plus raiſonnable, mais pour s'y être mal pris il fut hué, & perſonne depuis n'a oſé parler de couper les cheveux (1). La coifure que je vais

(1) M. Le Marquis de Boufflers arriva à Metz ayant les cheveux des faces & de la queue coupés, & engagea pluſieurs officiers à ſuivre ſon exemple ; comme il n'avoit que peu de partiſans, il n'eut que peu d'imitateurs, leur complaiſance devint un ridicule qu'ils n'oſerent ou ne purent ſoutenir, il fallut reprendre ſes cheveux. Puiſſe cet exemple ſervir à jamais de leçon à ceux qui ſont deſtinés à commander. Si une choſe eſt juſte & néceſſaire, il faut que le chef *l'ordonne*, c'eſt ſa maniere de parler. Si l'innovation eſt injuſte ou inutile, il vaut mieux qu'il ſe taiſe que d'y inviter. Le Maréchal de Saxe a écrit. *Les cheveux ſont un ornement très-ſale pour le ſoldat, & quand la ſaiſon pluvieuſe eſt une fois arrivée ſa tête ne ſéche plus.*

propofer n'oblige point à ce facrifice, mais les couvrant abfolument je doute qu'on voulut les garder pour en avoir l'embarras.

Nouveau cafque.

Ce cafque eft de cuir noir & fort fans aprêt, fait en forme de cône tronqué, ayant huit pouces & demi de hauteur, emboitant la tête à la maniere des turbans; fa partie inférieure eft garnie d'un bourrelet de cuir moëleux qui la tapiffe en dedans & d'un retrouffis au dehors en peau d'animal à poil raz, il eft un peu élevé par la matelaffure. Ce bourrelet prend exactement le contour de la tête & eft fufceptible de fe refferrer, & de fe relâcher au moyen d'une petite boucle par derriere. L'intérieur eft garni d'une coife de toile forte, qui fe refferre au moyen d'un cordon, elle doit porter entierement fur la tête, de maniere qu'il fe trouve environ quatre pouces entre le fommet de la tête de l'homme & le fommet du cafque, qui eft fermé par un ovale du même cuir, portant environ cinq pouces & demi dans fon plus grand diametre. Sur la partie antérieure du cafque au-deffus du retrouffis, qui diminue de largeur en cet endroit, eft appliqué folidement & à demeure un écuffon en cuivre, portant trois fleurs de lys, & le numero du Régiment. Autour du bourrelet font fixés trois crochets ou agraffes pour pouvoir y ajufter une vifière en cuir, mais cette vifière, inutile les trois quarts & demi de l'année, refteroit dans le porte-cartouche, & on lui pratiqueroit un compartiment pour le recevoir. Ce casque est porté obliquement sur la tête, dont il suit la forme naturelle.

Conjointement avec ce casque, le Soldat auroit un capuchon de camelot gris, portant une espèce de fraise ou ruban, qui couvriroit le col & les épaules. Ce capuchon se mettroit toutes les fois qu'on seroit exposé long-tems à la pluye.

L'homme de guerre ne quitteroit jamais son casque que lorsqu'il seroit assuré de dormir, auquel cas il auroit un petit bonnet de laine, qui avec le capuchon dont je viens de parler se rouleroit sur la traverse du porte-giberne, & n'embarrasseroit nullement.

L'officier, qui n'a pas toujours le costume militaire, ne porteroit son casque que sous les armes, mais le Soldat n'auroit jamais d'autre coiffure, & pour cette raison auroit les cheveux absolument coupés.

Le casque que je viens de décrire grandit l'homme, & est d'une fabrication fort simple; les Régimens ont toujours avec eux des cordonniers, & les moins habiles de ces ouvriers sauroient le construire, une caisse de vingt pouces de large sur vingt-six de long & vingt-huit de hauteur, peut contenir cent casques coupés, & prêts à être montés.

Pour l'entretien de cette coiffure, il ne faut qu'un morceau de cire noire, & de la même espèce de celle dont on se sert aujourd'hui pour les porte-cartouches.

Outre les conditions énoncées au problême, que cette coiffure me paroît remplir; elle a un avantage qui feroit fuffifant pour la faire préférer à toute autre ; elle deviendroit un obftacle à la défertion, puifque l'homme fe trouveroit décélé par la perte de fes cheveux, & deviendroit fufpect partout où il pafferoit.

Capuchon.

Par deffus le cafque fe mettroit, dans l'arriere faifon & en tems de pluye, un capuchon de camelot qui emboiteroit le cafque, & auquel feroit attaché un colet en forme de rabat qui boutonneroit fous le menton, & s'étendroit fur le col & les deux épaules, pour les garantir de l'eau. Ce capuchon, ne formant qu'un très-petit volume, fe rouleroit à la traverfe de la banderole de la giberne, avec un autre petit bonnet de laine dit pokalem, tel que l'ordonnance de 1776 en donne aujourd'hui à la cavalerie : il ferviroit au foldat, lorfqu'il peut quitter fon cafque en fe couchant.

Col.

Le col feroit de crin noir monté fur un cuir.

Habit.

Le meilleur habillement de l'homme de guerre, eft celui qui, le préfervant des injures des faifons, laiffe à fon corps le plus d'agilité pour fes exercices militaires. Tout ce qui ne peut le couvrir & le garantir du froid doit donc être rejetté, de même que ce qui ferre & ce qui gêne les muſcles & la circulation ; il faut auſſi que l'habillement du ſoldat ſoit d'un entretien facile. Celui qu'il porte aujourd'hui n'offre aucun de ces avantages ; il conſume beaucoup d'étoffe, il a une longueur qui devient inutile, puiſqu'elle ne peut ſe boutonner au-deſſous des revers, & quand on le feroit boutonner, les baſques ne rempliroient pas encore leur objet ; elles ſeroient inſuffiſantes pour couvrir les cuiſſes & les genoux ; & elles ne ſerviroient qu'à gèner l'homme dans ſa marche. Cet habit eſt très-incommode pour les exercices ; le ſoldat ne peut pas le ſupporter l'été : auſſi avons nous vu tous les régimens ſe mettre en veſte ſix mois de l'année, & ménager leurs habits qui, ſans cette économie, ſe trouvent en peu de tems percés entre les épaules & aux coutures des coudes. L'homme n'eſt point habillé de la maniere la plus ſaine, ayant l'été & l'hiver le même vêtement.

Veſte.

Au lieu d'habit, le ſoldat auroit une veſte de drap blanc coupée à la maniere hongroiſe, c'eſt-à-dire à taille, ſe boutonnant avec aiſance dans toute ſa longueur qui auroit pour meſure de deſcendre, étant boutonnée, à deux pouces au-deſſous de la ceinture de la culotte ; cette veſte auroit un collet montant, des revers & paremens de couleur, pour marque diſtinctive des régimens ; le parement feroit fermé par deux petits boutons ; il y auroit ſur toutes les coutures de la veſte & des manches, une gance en poil de chevre blanc, de la largeur de trois lignes ;

on pratiqueroit aux coins des basques de chaque devant, une petite poche suffisamment grande pour contenir un mouchoir seulement. Cette veste auroit deux épaulettes de drap de la couleur distinctive ; elle seroit doublée de cadis blanc, & garnie de boutons de métal jaune au numéro du régiment. Je la préfere à l'habit-veste, en ce qu'il y a un tiers à gagner sur la consommation de l'étoffe ; que les basques de cette derniere sont absolument inutiles, ainsi que les retroussis de couleur, dont la tenue est difficile, puisque cette partie de la doublure porte sur une culotte qui doit être blanchie. Les gances sur les coutures conservent infiniment l'habit. Je préfere les boutons jaunes, parce que les blancs sont toujours d'un métal trop tendre, qu'ils durent peu, & noircissent très-promtement. Le grenadier auroit pour marque distinctive, deux épaulettes de laine de la couleur tranchante de l'uniforme; les soldats auroient aussi des épaulettes, mais sans houpe au bout ; ces épaulettes auroient en dessous trois chaînettes de fer appliquées sur un cuir ; leur objet est de garantir les épaules du soldat. Cette idée est de l'auteur de l'essai; elle doit être adoptée, parce qu'elle ne peut avoir qu'une utilité sans inconvéniens.

Gilet.

Chaque soldat auroit un gilet d'estamette blanche façonné, sans poches & sans manches, & descendant jusqu'à la couture de la ceinture de la culotte.

Culotte.

La culotte de drap blanc, faite en pantalon, coupée à la hongroise, sans couture en dedans, bridée sous le pied par une bretelle de drap à boucle. Il n'y auroit d'autres boutons que trois à la ceinture, & trois au pont-levis, deux boucles derriere pour la serrer, la ceinture fort large & montant au-dessus des hanches. La grande couture recouverte comme la veste d'une tresse blanche en poil de chevre, & de trois lignes de largeur. Cette culotte seroit doublée jusqu'à quatre doigts au-dessous des genoux d'une toile douce. C'est toujours entre les cuisses que le frottement use d'abord les culottes : en y supprimant les coutures, on en prolongera nécessairement la durée; mais lorsqu'elles perceront en cet endroit, on les répareroit par des entre-cuisses & peau, ainsi que cela se pratique dans quelques Régimens de Hussards.

Chaussure.

La chaussure seroit une paire de bottines à l'Anglaise, c'est-à-dire à retroussis abaissé, sans cirage. Ces bottines seroient d'un cuir liant, montant au-dessus du molet, à-peu-près à deux pouces de la pointe de la rotule. Lorsque ces bottes sont bien faites, elles tiennent d'elles-mêmes, mais on pourroit les fixer à la maniere anglaise, par une boucle derriere la genouillere, & une courroie à la culotte. Le soldat chausseroit ordinairement ces bottines à cru. L'expérience ayant appris que tous les marcheurs en usent ainſi : mais pour l'hiver ſeulement, il auroit une paire de chauſſettes ou demi bas de laine, qui monteroient juſqu'au milieu de la jambe. Par la maniere d'entretenir ces bottines, en ſubſtituant un cirage à la graiſſe, (1) qui détériore tous les cuirs, il eſt démontré que cette chauſſure entretiendroit le pied de l'homme ſec, malgré l'eau & la boue dans leſquelles il eſt ſouvent obligé de marcher des journées entieres.

Cette maniere de chauſſer le fantaſſin, plus ſimple que celle d'aujourd'hui, évite les bas, les guêtres, les jarretieres de culotte, jarretieres de guêtres, 48 boutons au moins à oter & à mettre toutes les fois que le ſoldat ſe chauſſe, les boucles des ſouliers, les deux paires de ſouliers, &c. car on doit chercher à diminuer le poids de toutes ces hardes que le ſoldat porte dans le havre-ſac, comme on doit chercher à économiſer les fraix de leur achat, qui ſont toujours prélevés ſur une ſolde modique. Si les bottes étoient reconnues gênantes, par la difficulté de ſe procurer des cuirs très-doux, on pourroit y ſubſtituer le brodequin.

Surtout.

Le ſoldat auroit pour l'hiver un ample ſurtout de drap blanc, qui ſe fermeroit par deux rangs

(1) C'eſt par habitude & par pareſſe que l'on graiſſe toujours les cuirs au lieu de les cirer, la liberté que le cavalier a d'acheter où il veut les ingrédiens néceſſaires à ce graiſſage, fait qu'il ſe détermine toujours pour le meilleur marché. Il achette à vil prix de mauvaiſes huiles & des graiſſes rancies dans leſquelles l'acide eſt développé, ce qui corrode le cuir, entretient une humidité continuelle & le pourrit bientôt.

de boutons, qui defcendroit au-deffous du genou, & auroit les mêmes marques diftinctives que la vefte.

Ceinture.

Sur la jonction du gilet & de la culotte feroit une ceinture de drap bleu, de 5 pouces de large, qui fe ferreroit par derriere au moyen de deux boucles. Cette ceinture, commode à l'homme, auroit d'ailleurs l'avantage de garantir la partie la plus faliffante du gilet.

Havre-fac.

Chaque foldat feroit pourvu d'un havre-fac à deux poches, fuffifantes pour contenir fans plus les effets fuivans; favoir, dans l'une le furtout d'hiver, & dans l'autre deux chemifes de flanelle ou trois de toile, 3 mouchoirs, 2 paires de chauffettes, 1 paire de bottines ou brodequins, 1 tire-boure, une broffe, 1 décrotoir, 1 bâton de cire, 1 fac à pain, 1 rafoir & une pierre à détacher.

Chevaux de Compagnie.

Il y auroit par compagnie des chevaux pour porter les tentes, les uftenfiles du campement & les marmites; ces mêmes chevaux porteroient auffi les couvertures de laine qui feroient diftribuées aux foldats de fix en fix, ainfi qu'en ufe le Roi de Pruffe.

Armement.

L'armement feroit femblable à celui qu'a aujourd'hui l'Infanterie. Le fufil auroit 50 pouces depuis le talon de la crosse jufqu'au bout du canon, & la bayonnette 20 pouces en y comprenant la douille. Le foldat auroit un ceinturon & un fourreau, pour porter toujours la bayonnette en guife d'épée ou fabre, qui feroit fupprimé dans toute l'infanterie, même aux grenadiers (1), auxquels ils font auffi inutiles qu'aux autres. Le fabre deviendroit la marque diftinctive des Officiers & bas-officiers. Les foldats & grenadiers n'auroient jamais la bayonnette au bout du canon qu'en faction, au moment d'une charge, ou pour une infpection & défilés en parade, dans tout autre tems elle eft inutile, & fon poids eft nuifible lorfque le foldat tire.

Les Officiers & bas-officiers auroient toujours & dans tous les cas la bayonnette au bout du canon, & ne la porteroient jamais au côté. Ce feroit une diftinction qui n'a nul inconvénient pour eux.

HABILLEMENT, EQUIPEMENT ET ARMEMENT DU CUIRASSIER.

Vefte.

Les Cuiraffiers auroient une vefte femblable pour la forme & la taille à celle de l'Infanterie;

(1) A moins que l'on ne jugeât que ces fabres leur font utiles pour couper des haies, faire des facines, &c.

elle feroit de drap bleu, doublée de ferge, ample dans toutes fes parties, afin de recevoir pendant l'hiver une doublure en peau de mouton, que le Cuiraffier porteroit toujours avec lui, & qui feroit difpofée pour être mife & ôtée avec beaucoup de facilité : le Cavalier n'ayant point de furtout comme le fantaffin, il eft néceffaire que fa vefte puiffe y fuppléer en le préfervant du froid. Tout le monde fait ce que nos troupes ont cruellement fouffert pendant la guerre derniere, où l'on étoit encore en campagne au mois de février. La Cavalerie eft fi mal vétue aujourd'hui, que pendant les deux tiers de l'année, on ne peut la faire fortir à caufe du froid : la doublure que je propofe, peu chere, & d'un entretien aifé, remédie à cet inconvénient. (*a*) La vefte des Cuiraffiers n'auroit point de revers, mais elle auroit environ un pouce de croifure; elle fe fermeroit au moyen d'un rang de boutons & de gances de chaque côté; ces boutons, coufus à trois pouces du bord de la vefte, feroient de métal jaune, larges & extrêmement plats & minces, portant le numero du Régiment. Il eft néceffaire qu'ils foient très plats & très-minces, afin de ne point bleffer par la preffion de la cuiraffe, qui doit fe porter fur la vefte, & non deffous. Le parement feroit en pointe à la polonoife, fermé par trois petits boutons de côté; fa couleur feroit tranchante & diftinctive. Le colet feroit renverfé & taillé

(*a*) Lorfque Guftave prévoyoit que fon armée pafferoit l'hiver fous la toile, il faifoit diftribuer à chaque foldat un jufte au corps doublé de peau de mouton.

en pointe, il feroit d'une couleur tranchante. Pour aider à la diftinction des Régimens, les Cuiraffiers auroient de plus fur l'épaule gauche une aiguillette de couleur différenciée.

Gilet.

Le gilet fans poche & fans manche feroit façonné à la maniere de celui de l'Infanterie; mais il feroit de drap blanc, doublé de ferge blanche; la raifon eft toujours que le Cuiraffier n'ayant point de furtout, doit avoir une vefte & un gilet plus chauds que celui du fantaffin. Les boutons de ce gilet feroient unis & plats, de même métal que ceux de la vefte.

Culotte.

La culotte feroit de drap blanc ou de peau blanche, femblable en tout à celle de l'Infanterie. C'eft pour les hommes à cheval fur-tout que cette forme de culotte eft commode: puifqu'elle évite les manchettes de botte, les boutons de culotte & les boucles de jarretieres. Les boutons & les boucles font des corps durs qui bleffent les genoux du Cavalier dans l'Efcadron, & lui rendent la preffion douloureufe & infupportable: avec l'accoutrement d'aujourd'hui, qu'une troupe manœuvre un peu vivement pendant une heure ou deux, le frottement des genoux dans l'Efcadron déchire les manchettes de bottes, arrache les boutons, caffe les boucles; c'eft ce qu'on remarquera toutes les fois qu'on voudra y faire attention.

Bottes.

Nos bottes ne ſont pas ſujettes à moins d'inconvéniens. Pour remédier aux ſouffrances des génoux & aux déchiremens des culottes dans cette partie, on a imaginé des genouilleres rapportées, d'un cuir très-fort, & montant très-haut, mais ces genouilleres, à raiſon de leur dureté, bleſſent le cavalier, & coupent ſouvent la manchette de botte, la culotte & le bas. Si le cavalier met pied à terre, elles le gênent prodigieuſement dans ſa marche ; noircies juſques en haut, les culottes blanches ſont ſur le champ graiſſées, & chaque fois qu'un homme monte à cheval, il faut que ſa culotte ſoit blanchie à neuf. Toutes ces raiſons me font donner la préférence à la botte à l'angloiſe, montant juſqu'au pli du jarrêt. L'expérience nous apprend que les genoux des hommes ſouffrent moins de leur preſſion réciproque, que lorſqu'il ſe rencontre des corps durs entr'eux. La genouillere de la botte étant rabattue ſans être noircie, n'aura point l'inconvenient de graiſſer les culottes & l'équipage du cheval, que nous verrons diſpoſé auſſi d'une maniere relative à la chauſſure.

Ces bottes auroient des éperons de fer, adaptés à demeure au talon de la botte, par le moyen d'une broche qui le traverſe, & qui eſt rivée aux deux bouts, ce qui eſt beaucoup plus ſolide que les courroies & la boucle dont on ſe ſert aujourd'hui, qui ne peut réſiſter au frottement continuel de l'Eſcadron.

Le Cuiraſſier chauſſeroit ſes bottes à cru, excepté dans l'arriere saison, où il auroit des chaussettes de laine comme dans l'Infanterie.

Ceinture.

La ceinture pareille à celle de l'Infanterie.

Coëffure.

La coifure des Cuirassiers seroit comme celle de l'Infanterie un casque de cuir emboitant toute la tête, ayant douze pouces de haut au lieu de dix.

Capuchon.

Le Capuchon & le Pokalem seroient parfaitement semblables à ceux de l'Infanterie.

Manteau.

Le Cuirassier auroit un manteau de drap pareil à ceux qu'a aujourd'hui la Cavalerie Françoise.

Surtout de Culotte.

Il auroit aussi un surtout de culotte de treillis écru & une chemisette de toile pour couvrir sa veste lors du pansement des Chevaux & en général pour le service des Ecuries. Je préfére infiniment ces dernieres aux surtouts de tricots qu'ont aujourd'hui les troupes à cheval, en ce qu'elles sont moins embarassantes, moins

moins couteuſes & rempliſſent mieux l'objet, garantiſſant non-ſeulement la veſte mais encore le gilet du Cuiraſſier, qui ne peut en tems de Guerre porter deux habits avec lui & d'ailleurs doit toujours être en uniforme.

Gants.

Chaque Cuiraſſier auroit une paire de gants de peau de Mouton fabriqués de maniere à couvrir le parement.

Porte-Manteau.

Le Porte-Manteau ſeroit fait de maniere à ne contenir que les effets néceſſaires au Cuiraſſier. Ce Porte-Manteau auroit dans ſon milieu & ſa longueur une ſéparation avec deux ouvertures oppoſées. Dans l'un des côtés ſeroient trois chemiſes, une paire de chauſſons de bottes, trois mouchoirs, une broſſe à habit, dans l'autre les deux ſacs à avoine, les cordes à fourrage, le baton de cire, la broſſe à poliſſoire, l'étrille, broſſe, peigne à criniere, éponge, boête à graiſſe, tire-botte & une paire de bottes de rechange. Entre la patte du Porte-Manteau & le Porte-Manteau, on mettroit la chemiſette & la grande culotte.

Armement.

Tous les Officiers, bas-Officiers & Cuiraſſiers porteroient la cuiraſſe quand ils ſeroient ſous les armes, parce que nous voyons qu'elles embarraſſent à la Guerre les hommes qui n'y ont pas été habitués à la paix. Les Romains ne s'apperçurent du poids de leur casque & de leur cuirasse que quand ils perdirent l'esprit Militaire & que la molesse gagna leurs armées; ce fut sous l'Empereur Gratien qu'ils eurent la permission de s'en défaire (1).

La giberne pareille à celle qui existe aujourd'hui, ainsi que le ceinturon destiné à porter l'épée.

Le mot sabre seroit supprimé pour être remplacé par celui d'épée; elles ne sauroient être trop bien choisies tant pour la forme que pour la qualité; on peut déterminer la maniere de faire combattre le Cuirassier par l'arme qu'on lui donne. Les épées d'aujourd'hui lui conviennent fort. Destinés à combattre en ligne, il est essentiel qu'ils pointent, & les lames droites & longues ne lui laissent pas l'option sur la maniere de s'en servir; je désirerois seulement que la monture différente mit le poignet un peu plus à couvert, rendit l'épée plus légere, & comme l'on dit vulgairement mieux à la main, parce qu'il faut qu'elle puisse être maniée pour aller à la parade & se défendre. La monture seroit en cuivre.

---

(1) L'auteur de l'essai conseille de reformer les cuirasses comme inutiles & embarrassantes. Je ne puis être ici de son avis, je les regarde comme très-utiles en ce qu'elles sauvent la vie à beaucoup d'hommes, peu embarrassantes lorsqu'on habituera le cavalier à les porter en tems de paix & un grand avantage que je lui crois encore, c'est d'augmenter la hardiesse de l'homme par la confiance.

Le Mousqueton seroit semblable à celui que la Cavalerie a actuellement ainsi que le pistolet.

Des Chevaux des Cuirassiers & de leur équipement.

Les Cuirassiers ne doivent jamais être montés plus bas que sur des chevaux de onze pouces sous la potence, la Cavalerie Françoise est aujourd'hui ridiculement basse en comparaison de celle des autres nations, c'est un désavantage énorme, [voyez le chapitre sur l'espèce des Chevaux propres aux différentes troupes à cheval].

Selle.

La Selle ne sauroit être assez simple & assez légere, je ne la choisirois pas du modele qui vient d'être adressé aux Régimens de Cavalerie & de Dragons, il ne faut que la peser & la démontrer pour la condamner à jamais : je n'en ferai point ici le détail, tous les Officiers de Cavalerie la connoissent, quelque bien ferrée, nervée & conditionnée qu'elle puisse être, elle est sujette à des réparations infinies & plusieurs dégradations inévitables à la Guerre mettent le Cavalier à pied. Il faut une boutique de sellier à la suite d'un Régiment : qu'un cheval se couche & casse un arçon, il faut trente-six heures au moins pour le changer, à supposer encore qu'on a avec soi des arçons, ainsi que des ferrures &c. Malgré que cette selle soit bien faite, mesurée sur le dos du Cheval, elle le blesse pourtant, si l'on ne met une couverte dessous; enfin pour terminer l'éloge de cette selle, elle pese trente deux livres poids de marc & coute quarante-cinq livres; l'expérience devroit pourtant nous apprendre combien le poids dont on charge un Cheval influe sur le service qu'on en retire; voyez ces courses où les Chevaux se disputent le prix de la vîtesse, ces courses dont la rapidité semble égaler celle des vents, avec quels soins ne pese-t-on pas ce que doivent porter les Jouteurs; si l'un a la supériorité sur l'autre, on compense son avantage en lui donnant du poids; & une livre de plus a un effet aussi sensible sur un de ces Chevaux qu'elle en auroit sur le plateau d'une balance qui les peseroit.

Encore une fois adopter des Selles de trente deux livres, c'est renoncer à tirer tout l'avantage qu'on peut attendre de la Cavalerie : celle que je propose pourvue de tous les attirails nécessaires au Cavalier ne pése que dix à douze livres, ne coute que quinze livres, & a l'avantage de ne point casser même lorsque le Cheval se couche, & de pouvoir être remplacée sur le champ par la facilité qu'on a d'en porter avec soi une certaine quantité en relai.

Cette Selle est composée de quatre pieces de bois, savoir, deux bandes, un pommeau & une pelle artistement emboités de maniere qu'il n'y a aucune ferrure : Les deux bandes larges & épaisses accompagnent le dos du Cheval & ont vingt-deux pouces de longueur, le pommeau & la pelle s'emboitent sur ces bandes & entre les points de leur jonction il y a dix pouces de diſtance. Les deux voutes du pommeau & de la pelle ont entr'elles quatorze pouces. Le pommeau eſt élevé perpendiculairement de dix pouces ſur la ligne horizontale de la baze de la Selle poſée ſur ſes bandes. La pelle n'eſt élevée que de huit pouces ſur cette même baze.

Les deux bandes ſont réunies pour former ſiege, par un fort lacet en cuir ſur lequel repoſe un petit couſſinet fixé par quatre points, les étrivieres ſont attachées par des trous faits aux bandes & très-en-avant, de maniere que les étriers tombent perpendiculairement entre l'épaule & le ventre du Cheval.

La fonte eſt attachée à la partie antérieure de la bande droite, & le porte-bout du mouſqueton à la bande gauche ainſi que l'outil. Deux courroies ſont attachées aux côtés de l'arcade du pommeau pour ſerrer le manteau, qui ſe trouve porter ſur le milieu des fontes ſans en cacher l'embouchure & emboité ſous le pommeau de la Selle.

A la voute du Trouſſequin ou pelle eſt attaché un couſſinet large & long pour ſupporter le porte-manteau, caché ſous la pelle & retenu par deux courroies fixées aux côtés de l'arcade.

Sous cette Selle on met une couverte pliée en douze & arrêtée aux deux arcades par deux petits cordons, il y a des ſangles de cordes à deux courroies réunies au même paſſant. Cette ſangle eſt attachée à la bande, il y a une fonte à droite portant un piſtolet & un outil à gauche garni de ſon étui. Sur la fonte & ſur l'étui il y a une petite ſacoche pour le pain & la viande & un fer dans le fonds. La totalité de l'équipage est recouverte d'une chabraque assez longue pour couvrir entiérement le pistolet, l'outil devant, & le porte-manteau derriere ; on voit qu'il n'y a besoin ni de housse ni de chaperons, un surfait de corde & non de cuir serre & fixe la chabraque par le milieu. Cette chabraque est en tapisserie, mais la partie qui se trouve sous l'assiette de l'homme est en veau afin d'éviter les incommodités de l'échauffement. Il y a à cette Selle poitrail & croupiere.

Bride.

Les Chevaux seroient embouchés avec de simples canons (voyez traité d'équitation), la monture de bride faite de maniere à servir de licol, au moyen d'une courroye qui figure la martingale lorsque le Cheval est bridé & sert de longe pour l'attacher. Le mords se défait par deux boucles & se remet de même, le filet se défait aussi par le moyen de deux boucles & se remet de même, il n'y a par conséquent ni licol ni bridon d'écurie, la monture de bride remplit tous ces objets.

Il est aisé de voir qu'au moyen de cette bride le Cheval est infiniment plutôt bridé & débridé.

L'équipage des Officiers doit être semblable à celui des Cuirassiers, la qualité de la chabraque & sa garniture serviront seules de distinction.

De l'Habillement, Equipement & Armement du Dragon.

Choqué de voir les Dragons habillés & équipés comme la Cavalerie ; c'est en m'occupant de les alléger que je fis faire l'équipage que je viens de décrire & que j'ai indiqué même pour les Cuiraſſiers, n'ayant trouvé qu'un très-grand avantage à diminuer du poids au Cheval, qui porte quelquefois ſon Cavalier douze ou quinze heures de ſuite.

Veſte.

La veſte des Dragons ne différeroit de celle des Cuiraſſiers qu'en ce qu'elle ſeroit de drap vert foncé, & ſuſceptible de recevoir l'hiver la doublure de peau de Mouton. Le colet, le parement & l'éguillette ſerviroient de diſtinction.

Gilet, Culotte & Surtout.

Le gilet, la culotte, les bottes, la ceinture, les chauſſettes comme dans les Cuiraſſiers, ainſi que le ſurtout de culotte & la chemiſette pour le panſage des Chevaux, le manteau de même.

Caſque.

Le caſque conſtruit dans les mêmes proportions que celui des Cuiraſſiers auroit de plus pour diſtinction une criniere ſans être friſée, le coqueluchon, le pokalem, les gants, le porte-manteau & tout ce qu'il contient ſemblable aux Cuiraſſiers.

Armement.

La giberne ſemblable à celle que les Dragons ont aujourd'hui. Le ceinturon du ſabre ſeroit fait de maniere à pouvoir se mettre en baudrier lors du service à pied. Le sabre d'un modele différent des épées de la Cavalerie, parce que nos Dragons sans cesse aux prises & combattant individuellement avec cet essain d'Hussards ennemis qui ont des sabres, doivent avoir des armes qu'ils puissent manier aisément pour parer & riposter : Ceux que je préférerois auroient trente quatre pouces de lame, seroient renversés dans la poignée & légérement courbés à dix pouces de la pointe éfilée des deux côtés, le reste de la lame étant à dos depuis la poignée jusqu'à la courbure ; la poignée courte, quarrée & garnie de deux branches. Cette arme est parfaitement en main & peut servir à pointer avec autant d'aisance qu'une lame droite ; les fusils des Dragons seroient supprimés comme très-embarassans à cheval, & d'une utilité à pied qui peut être remplacée par des mousquetons semblables à ceux de la Cavalerie, mais armés d'une bayonnette forte & longue de maniere à égaler les fusils ordinaires armés de leur bayonnette ; cette bayonnette seroit portée au même ceinturon que le sabre étant à cheval, & mise au bout du canon lorsqu'on voudroit charger à pied.

Des Chevaux des Dragons & de leur équipement.

Les Dragons doivent avoir des Chevaux qui ayent au moins neuf pouces sous la potence & d'une tournure leste & nerveuse [voyez le chapitre ſur l'eſpece de Chevaux propre aux différentes troupes à cheval].

Selle.

Si j'ai préféré une eſpece de batine pour la ſelle de la Cavalerie, à combien plus forte raiſon l'adopterai-je pour les Dragons, troupe qui doit être eſſentiellement légere & faite pour obtenir de ſes Chevaux un ſervice étonnant par la longueur & la vivacité de ſes marches. La ſelle dont j'ai donné les proportions ſeroit donc la ſelle de toutes les troupes à cheval, étant la plus ſimple, la plus légere, la moins couteuſe, la moins caſſante & la plus aiſée à réparer. Par les proportions fixées entre les arçons on eſt parfaitement aſſis & à ſon aiſe deſſus, on eſt près du corps du cheval. La maniere de placer l'équipage eſt la plus commode, ne gênant point le Cavalier pour monter comme nos charges actuelles que l'on ne peut enjamber ſans être un coloſſe : Tout mon équipage ne ſe trouve pas plus élevé que les arçons de ma ſelle ; ainſi le Cheval à la Guerre n'eſt pas plus difficile à monter qu'au manège. Le manteau placé en avant eſt à la ſeule place qui lui convienne, puiſqu'il doit être plié & déplié ſouvent & ſans arrêter dans quelque allure que l'on ſoit, il a de plus l'avantage dans cette poſition de faire point d'appui aux genoux & cuiſſes du Cavalier, qui pour lors peut s'élever ſur ſes étriers, choſe qu'il lui eſt impoſſible de faire quoiqu'on en puiſſe dire avec nos ſelles françoiſes.

Habillement, Equipement & Armement des Huſſards.

Ces troupes d'origine Hongroiſe ſont diſtinguées par un habillement & un équipement qui leur eſt propre & auquel elles ſont attachées : quoiqu'il ne ſoit pas ſans inconvénient, & que je lui préféraſſe l'uniformité avec le reſte de la Cavalerie, je conſeille de laiſſer les Huſſards ce qu'ils ſont, ne fut-ce que par la ſeule raiſon qu'ils tiennent à leurs uſages, & que les changemens ne doivent jamais être que la ſuite d'une néceſſité bien démontrée.

CHAPITRE X.

Tenue en général des hommes & des chevaux, moyens de tenue des différentes parties de l'habillement, armement & équipement.

Tenue dans l'homme eſt propreté. *Tenue* dans l'habillement eſt propreté & entretien. D'après ces définitions il eſt aiſé de voir combien on a abuſé de ce mot. On s'eſt peu embaraſſé de cette propreté néceſſaire à la ſanté du Soldat [1] ; au contraire, les ingrédiens & les matieres adoptées pour la tenue ſont toutes malſaines ;

(1) Dans ce chapitre pour ne pas répéter toujours les mots ſoldats, Cuiraſſiers, Dragons, Huſſards, lorſqu'il n'y aura point d'exceptions, je me ſervirai ſeulement du mot générique *ſoldat* qui les renferme tous.

tels d'abord les côles & les plâtres qui maſtiquent les cheveux, les coifures de cuivre qui, en concentrant la chaleur, forment des alambics dont le moindre inconvénient eſt d'occaſionner de violens maux de tête; les cols dont la hauteur & la dureté gênent la circulation, compriment les glandes & ont ſouvent occaſionné des accidens. On fait peu d'attention en tems de paix à la gène de cet accoutrement, mais lorſque l'homme à la Guerre ſera obligé de marcher & travailler pendant les plus violentes chaleurs, on ſentira alors combien il eſt important de lui donner un vêtement qui ne le gêne point. Le Soldat doit avoir trois chemiſes, mais veille-t-on à ce qu'il en change au moins tous les huit jours? J'en ai vû garder la même chemiſe un mois ſur leur corps. L'ocre & le blanc qu'il employe pour ſon gilet & ſa culotte ne tardent pas à les tamiſer, forment ſur tout ſon corps un enduit auſſi ſâle que mal ſain, & il en réſulte des furoncles & une gâle toujours exiſtante dans toute l'armée & dans tous les tems.

Les effets du Roi ne ſont pas plus ménagés; on uſe & on détériore tout par un frotement continuel, mais comme il faut malgré cela que chaque partie arrive au terme fixé pour ſon remplacement, c'eſt par un ſecond abus qu'on remédie au premier : par exemple, en mettant ſix mois de l'année le Soldat en veſte & le Cavalier dans un ſarot qui ne devroit lui ſervir que pour le panſement de ſon Cheval. La tenue d'une troupe miſe en parade peut en impoſer aux femmes & à ceux qui ne ſont pas du métier, mais on a droit d'être étonné des éloges par lesquels les Officiers Généraux ont encouragé des maquignonages si ridicules & si nuisibles au bien du service. Les excès où ces encouragemens ont porté, montrent combien il seroit facile aux Inspecteurs de remettre toutes choses dans l'ordre, & dans le vrai ils ont été les premieres causes de tous ces abus; ils seront quand ils voudront les restaurateurs du Militaire, mais cette tenue fausse & minutieuse est une suite presque inévitable du désœuvrement d'une longue paix: la Prusse même si vantée n'a point été exempte de ces manies. Le Philosophe de Sans-souci nous en parle, & dit: „ au commencement du règne de Fréderic „ Guillaume, on avoit raffiné sur l'ordre des „ Régimens & sur la discipline; mais comme il „ n'y avoit plus rien à faire de ce côté-là, les „ spéculations s'étoient tournées sur ces sortes „ de choses qui ne donnent que dans la vue. „ Le Soldat vernissoit son fusil & sa fourni- „ ture, le Cavalier sa bride, sa selle & même „ ses bottes; les crins de Chevaux étoient tres- „ sés avec des rubans, & à la fin la propreté „ qui est utile dégénéra en abus ridicule. Si la „ paix avoit duré au delà de 1740 il est à croire „ que nous en serions à présent au fard & aux „ mouches, mais ce qui étoit le plus déplora- „ ble encore, c'est que les grandes parties de la „ guerre étoient négligées, & que notre génie „ se rétrécissoit de jour en jour par de petits „ détails „. Ces choses étoient pourtant imprimées lorsque nous avons donné nous-mêmes dans de pareilles misères, & ce tableau de la

Pruſſe avant 1740 eſt exactement celui de la France après la paix de 1762. Car c'eſt à cette époque où nous commençames à disloquer nos fuſils pour rendre [a] le maniement des armes plus bruyant, & à employer l'émeri & le poliſſoir pour brillanter nos canons, genre de tenue qui coutera un armement neuf à la France lorſque ſes troupes entreront en campagne. L'expérience qui nous a déja fait abandonner pluſieurs de ces miſérables moyens d'en impoſer aux yeux, nous autoriſe à les dévoiler tous & à propoſer de les bannir ſans reſtriction pour ſubſtituer une tenue ſaine, ſimple & économique.

Bains.

Les premiers moyens de propreté ſont les bains [b]. Le Soldat doit y être mené en ordre dans tous les tems de l'année où les bains de riviere ſont reconnus ſalutaires. Il n'y a point de Régiment à portée des rivieres qui chaque année ne perde des hommes que l'imprudence

---

(a) On relachoit les vis, les tenons, on donnoit du jeu à la baguette, afin qu'en frappant le fuſil à chaque tems il raiſonnât davantage. Les frappemens de pieds accompagnoient ſouvent celui des mains, ces bruſqueries de tems ont fait renouveller preſque tous les bois des fuſils.

(b) Les Romains, nos maîtres ſans-contredit pour l'éducation militaire, avoient placé le champ de mars près du tibre, afin que les jeunes-gens couverts de ſueur & de pouſſiere après leurs exercices puſſent ſe laver & ſe délaſſer en nageant.

conduit & qui reſtent ſans ſecours. L'ordre que les Régimens mettroient à cet exercice préviendroit les accidens, & le Soldat s'accoutumeroit à ne point craindre l'eau.

Cheveux.

Les cheveux du Soldat ſeroient coupés & le dedans de ſon caſque garni d'une toile en forme de coëfe.

Mouſtaches.

La mouſtache donne l'air martial & terrible à l'homme de Guerre. Il n'y a pas plus de cent trente ans que tout le monde portoit la mouſtache en France, les Tartares, les Chinois & tous les Orientaux la portent encore. Caton vouloit, *que l'homme de Guerre fut non-ſeulement rude & âpre aux coups-de main, mais auſſi effroyable au ſon de la voix & au regard, terrible à l'ennemi.*

Les Sauvages de la partie Septentrionale de l'Amérique ſe colorent le viſage quand ils vont à la Guerre, ils appellent cela ſe *mattacher*, & ils donnent pour raiſon que n'étant pas toujours maîtres des premiers mouvemens de la nature, leurs ennemis pourroient appercevoir ſur leur viſage, lorſqu'ils vont au combat, quelqu'air de pâleur & de crainte; ils ſe ſentent par-là fortifiés & ſe battent avec une intrépidité ſurprenante. Mais ſi j'adopte la mouſtache comme donnant un air très-Militaire au Soldat, je blâme infiniment l'uniformité qu'on a voulu leur donner dans la Cavalerie. Par quelle bizarrerie veut-on que celui qui a les ſourcils & les cheveux blonds ait la mouſtache noire ? Cela eſt auſſi ridicule que de vouloir que tous les hommes ſe reſſemblent ; on a pourtant tiranniſé les Cavaliers & les Grenadiers pour ſe ſatisfaire ſur cet article, en leur faiſant poiſſer la lévre ſupérieure avec des cirages deſtinés aux bottes. Chacun doit porter la mouſtache telle que la nature la lui donne.

Chemiſes.

Les chemiſes des Soldats doivent être ſans manchettes, ornement très-inutile & fort ſale lorſqu'on ne change de chemiſe qu'une fois tous les huit jours. Le Soldat auroit la liberté d'avoir, au lieu de linge, des chemiſettes de flanelle ; il eſt démontré que cet uſage éviteroit une infinité de fluxions de poitrine & d'intranſpirations, maladies les plus familieres au Soldat. L'expérience que quelques - uns en feroient accréditeroit bientôt cet uſage.

Cols.

Les cols ne doivent & ne peuvent être uniformes pour la hauteur non plus que pour la longueur, ils doivent être pour les cols & les cols ne ſont point égaux ; il faut que les hommes n'en ſoient point incommodés.

Veſtes, Gilets, Culottes de drap blanc.

Les veſtes, gilets & culottes de drap blanc doivent être entretenues ſans taches & blanchies au son chaud & un peu de blanc, on ne doit pas exiger que le blanc soit toujours frais, parce qu'on ne peut entretenir cette blancheur que par un frottement très-répété, ce qui détériore l'étoffe & la râpe promtement : il doit suffire que ces parties de l'habillement ne soient ni sales ni percées.

Vestes bleues & vertes.

Ces vestes de couleur, ainsi que les différens revers & paremens seront détachées & jamais lavées comme cela se pratique dans presque toute l'armée, faute de connoître un moyen plus simple. Toutes les taches qui se font sur les habits des Soldats sont de graisse ou d'huile ; il ne s'agit que de réduire ces corps gras dans l'état savoneux, & de leur présenter un absorbant pour les enlever. Pour cet effet il faut humecter la tache avec de l'eau chaude, puis étendre dessus une couche légére de la terre à détacher faite avec partie égale *d'argile bleuatre connue sous le nom de terre à foulon* & blanc de troye ; sur chaque livre de ce mêlange ajoutez deux gros de sel de tartre & une once d'essence de thérébentine, on fait du tout une pâte, que l'on divise en boules de la grosseur d'un œuf ; chacune de ces boules pourra couter environ deux sols, & une seule suffit à une chambrée pour fort longtems.

Bottes.

Les bottes de la Cavalerie doivent leur peu de durée à la maniere dont on les entretient, la la plus grande partie prennent l'eau parce que les coutures sont pourries par l'excès des graisses dont elles sont imprégnées & noircies, pourvu que les bottes du Cavalier soient noires, on ne fait pas attention aux moyens qu'il employe, les fournisseurs ainsi que les ouvriers chargés de les réparer se gardent bien d'avertir des causes du mal. On graissoit autrefois & par habitude on continue à graisser. Pour conserver les bottes il s'agit de maintenir la souplesse du cuir & le rendre impénétrable à l'eau, c'est à quoi l'on parviendra en faisant usage d'une cire forte qui fait l'effet d'un vernis : on la composera avec de la cire commune mêlée simplement avec un peu de noir de pêches. Je sais que cette méthode nécessite à remplir la botte pour la nettoyer, & que l'on pourra faire naître delà un obstacle à adopter le cirage que je propose, mais je répondrai 1°. que ce n'est point des embóchoirs qui sont nécessaires, mais seulement des buches grossierement arrondies sans aucuns fraix par les Cavaliers mêmes, qui d'ailleurs peuvent s'en passer les trois quarts du tems, lorsque les bottes ont déjà un fonds de cirage qui n'exige plus qu'on l'étende à force de bras ; au reste, nécessité n'a point de loi, voilà pourquoi je me préserve de tout systême exclusif, je veux prouver qu'il vaut mieux se servir de cire que de graisse, mais lorsque les circonstances ne laissent pas la liberté de ce choix, elles le décideront.

Casque.

J'ai indiqué à l'article de la coifure, la maniere dont le casque doit être remplacé; quant à son entretien, il ne faut qu'un morceau de cire noire, la même que celle qui sert à l'entretien du porte-cartouche & des bottes.

Fusils, Mousquetons, Pistolets.

Les canons des fusils, mousquetons & pistolets seroient bronzés & noircis au feu & à la corne. Je ne m'arrêterai pas à la description de ce procédé connu de toutes les troupes, mais dont malheureusement elles n'ont pas toujours fait usage, aussi le frottement continuel du polissoir a-t-il usé l'armement entier de nos troupes, qui ne pourroient entrer en campagne sans le renouveller. Les montures comme capucines, grenadieres seroient aussi en fer & brunies pour éviter tout ce qui donne de l'éclat & fait voir de très-loin des troupes que l'on veut cacher, & qui deviennent par cet éclat des points de mire pour l'Artillerie, la baguette & platines seroient entretenues polies avec l'émeri & le polissoir.

Chevaux.

Après la tenue des hommes, celle des chevaux mérite sans doute le plus d'attention, puisque la force & la vigueur de cet animal en dépendant, les services que nous en retirons à la guerre sont toujours en raison de ces qualités. Dans tous les chapitres relatifs à la Cavalerie, & surtout dans le traité de l'art de monter à cheval, j'espère y avoir démontré des principes ſurs. Je ne parlerai donc dans celui-ci que de quelques préceptes qui n'ont pas dû trouver place ailleurs, & qui ſont plus particulièrement du reſſort de ce qu'on appelle vulgairement tenue. Tels que ſur la nourriture, la ferrure, les précautions contre les maladies & les accidens les plus communs.

Age.

Pour obtenir de vrais ſervices du Cheval ſans le ruiner, il faut attendre *que ſa bouche ſoit faite*, ou qu'il ait au moins cinq ans, non qu'avant ce tems on n'en puiſſe faire aucun uſage; à trois ans & demi, quatre ans, on doit le monter, l'accoutumer au poids de l'homme & à l'obéiſſance, mais tout doit être inſtruction plutôt que ſervice (1).

Nourriture.

La Cavalerie a l'ancien uſage de mettre tous les ans un tiers de ſes chevaux au verd, méthode

---

(1) Si quelques-uns de mes lecteurs étoient étonnés du tems que je laiſſe le cheval à l'école, je les prie de ſe ſouvenir que tous mes raiſonnemens ſont toujours ſubordonnés à la néceſſité, à la guerre, par exemple, où les remplacemens ſont trop conſidérables & trop fréquens, où l'on a beſoin de tous les chevaux, je dis; faites des remontes de 5 ans ſi vous le pouvez, de 4 ans ſi cela eſt néceſſaire, & même de 3 ſi vous ne pouvez faire mieux; vous uſerez le douple & le tridle de chevaux, mais il faut de la cavalerie à quel prix que ce ſoit (voyez le chapitre ſur l'eſpece de chevaux propres aux différentes troupes à cheval).

pernicieuse, ou pour le moins inutile au cheval qui a cinq ans faits & qui n'est pas malade. Ce régime lui fait toujours tort; il ne convient qu'aux très-jeunes chevaux; j'entends parler ici du verd pris à l'écurie, car je suis très-partisan de celui que l'on fait prendre en rendant le cheval à la nature & à la liberté des prairies; c'est même un des plus grands remedes & le seul efficace dans nombre de maladies, & particuliérement dans celles des jambes.

Dix livres de foin, dix livres de paille & les deux tiers du boisseau de Paris en avoine, suffisent pour la nourriture de tous les chevaux, c'est la ration fixée par l'Ordonnance du 9 Mars 1778. Les supplemens sont absolument inutiles, lorsque les Officiers de Cavalerie apporteront l'intelligence & l'activité nécessaires pour que chaque cheval mange exactement sa ration; mais il faut pour cela, autant que faire se peut, mettre ensemble les chevaux qui mangent lentement. Les soins que donne au cheval celui qui le panse contribuent particuliérement à la santé de cet animal, & il n'y a point de Régiment où l'on ne fasse la remarque que tel Cavalier a toujours son cheval dans le meilleur état possible. Je n'entrerai point ici dans les différens soins de l'écurie; ils sont connus de tout le monde, & la Cavalerie a des moyens d'ordre & de discipline qui sont sûrs pour les faire prendre & exécuter : je me bornerai à quelques remarques qu'une attention longue & suivie m'a mis dans le cas de faire. Je conseille, par exemple, à la Cavalerie de ne pas faire un usage continuel de l'abreuvoir, il faut profiter de toutes les occaſions que l'on peut avoir de faire boire les chevaux aux auges, l'hiver ſurtout. Il ſuffit de mener les chevaux à la riviere deux ou trois fois par ſemaine l'été ; alors il ſeroit à deſirer qu'on eût des abreuvoirs aſſez commodes pour faire nager ſans danger les chevaux & les hommes. Il faut ſurtout interdire abſolument l'eau aux chevaux qui auroient des diſpoſitions à avoir des crevaſſes, des ſolandres, des malandres, &c. Les pieds, je veux dire, les ſabots du cheval, ſe deſſéchent, la corne devient caſſante & ſujette à s'écailler par le trop fréquent uſage de l'abreuvoir. Il faut au contraire l'entretenir liante en mettant tous les huit jours ſur la couronne à la naiſſance du ſabot, l'onguent de pied fait avec la graiſſe de mouton, la cire jaune, de chacune une livre, ajoutez huile d'olive & miel de chacun 4. onces & deux onces de thérebentine, faites fondre le tout enſemble & bouillir légérement. Le camboui & le vieux oing ſuffiſent quand on ne peut pas faire mieux.

Pied.

Le pied du cheval eſt ſujet à une infinité de maladies qui le font boiter & qui nous privent de ſes ſervices. Le maréchal ſouvent ignorant ne découvre point le ſiége du mal & va chercher dans la jambe, l'épaule ou le jarret une cauſe qui provient la plûpart du tems de la ferrure. J'engage ici les amateurs de chevaux à prendre une connoiſſance particuliere du pied ; car ce n'eſt qu'après cette connoiſſance qu'on peut raiſonnablement parler de la ferrure, & ſe précautionner contre la ſoule d'accidens qui en proviennent. En effet, comment adopter une méthode, comment ſe faire un ſyſtême excluſif? lorſque les plus célèbres hypiatres différent entiérement dans leurs opinions. L'expérience, utile ſans doute en tout, eſt ici inſuffiſante, vû la quantité d'exceptions; on paſſeroit ſa vie à en faire, ſans être plus avancé, ſi elles n'étoient précédées de ces vérités de raiſonnement auxquelles l'homme ſenſé ne peut ſe refuſer. Le fer eſt deſtiné à préſerver & garantir la muraille de l'uſure qu'occaſionneroit la marche, ſur-tout ſur un terrein dur & pierreux; on doit donc ſe borner à lui faire remplir cet objet. D'après ce raiſonnement, il doit être le plus léger & le plus court poſſible, jamais plus épais ni plus large dans une partie que dans une autre, à moins que le cheval marchant d'une maniere deffectueuſe uſe plus d'un côté. Je fixe la peſanteur du fer à 7 onces pour le cheval de monture. Le boutoir ne doit enlever que la partie morte de la muraille qui ſe trouve garantie ſous le fer; il faut abattre très-légérement & très-également les talons que le fer ne doit jamais preſſer, mais accompagner, de maniere qu'ils poſent légérement à terre dans les terreins gras, & point du tout dans les terreins pierreux & les longues marches. Quant à la ſole & à la fourchette il n'eſt aucun cas où le boutoir doive parer ces parties, que la nature deſtine à toucher terre, augmenter la baſe & faire la ſolidité de la marche du cheval. Lorſque la fourchette eſt élevée de terre il peut en réſulter des accidens très-fâcheux, parce qu'elle doit ſervir d'appui, & pour ainsi dire, de coussin aux tendons, appui qui ne peut être assûré qu'autant que le terrein lui servira de base. Laissant porter les talons on augmente la solidité du cheval, il marche plus d'à-plomb, & posant moins de fer il est moins sujet à glisser; mais quoique la nature ait fait le talon d'une partie spongieuse propre à se renouveller, si le frottement étoit excessif, la marche trop longue, le terrein trop pierreux, je conseillerois d'allonger les éponges pour les préserver; c'est ainsi que je l'ai toujours pratiqué avec succès. D'après l'étude que j'ai fait du systême de Mr. La Fosse, je conseille encore à la Cavalerie de legers crampons aux pieds de derriere, ils aident & retiennent les chevaux dans les descentes.

Maladies des chevaux.

Malgré les sages précautions prises par le gouvernement pour former des maréchaux dans les écoles vétérinaires, la Cavalerie perd beaucoup de chevaux. La pulmonie, le mal de feu, le rhumatisme dans les épaules, le farcin & la morve, la perte de la vue & les écarts sont les maladies & les accidens les plus fréquens que l'art de nos hypiatres ne guérissent point. Les Etudians du Château d'Arfort prennent sur leurs bancs le même esprit systématique & exclusif que nos jeunes Médecins prennent à Montpellier. Les opérations & les médicamens les plus simples autrefois entre les mains de nos maréchaux praticiens, sont devenus des traitemens longs, compliqués & très-couteux par l'emploi d'une pharmacie très-recherchée. C'est le défaut de tous les arts dans leur naiſſance de s'envelopper d'un voile ſcientifique. Si nos docteurs de chevaux ne parlent pas latin, ils ſuppléent à cet idiôme par un langage encore plus énigmatique. Je ne prétends point déclamer contre les écoles, mais dire ſeulement qu'à l'anatomie près nos docteurs de chevaux n'y apprennent rien, il faut en être convaincu malgré ſoi, en voyant aujourd'hui la totalité des maladies grâves & incurables. Je laiſſe à nos docteurs à chercher des remedes & des panſemens qu'ils n'ont point encore trouvés, ce travail n'entre point dans mon plan, mais je dois parler ici de quelques précautions pour conſerver nos chevaux & diminuer des dépenſes inutiles.

La médecine des hommes & celle des chevaux différent en ce point, que l'une ne doit jamais être arrêtée par la prévoyance d'un traitement long & couteux, parce qu'il n'y a rien de trop cher pour ſauver la vie à un homme; au lieu que l'autre doit combiner le tems & les fraix du traitement avec l'importance de la conſervation de l'animal. L'une peut être ſatisfaite d'obtenir une demi cure, un ſoulagement même; tandis que l'autre ne doit entreprendre qu'une cure complette. Prolonger la vie quoique chancelante d'un de nos ſemblables, peut être dans certains cas un chef-d'œuvre de médecine. Mais conſerver avec beaucoup de ſoins, d'embarras & d'argent la vie d'un animal qu'une imparfaite guériſon privera de ſes forces & de la faculté de nous rendre les mêmes ſervices que nous en obtenions avant, c'eſt faire un faux calcul, c'eſt ce que la maréchalerie ne devroit jamais entreprendre.

Si les Compagnies fussent restées aux Capitaines, chacun auroit eu son maréchal médecin, chacun auroit fait ses observations, chacun auroit eû ses recettes, & dans les cas ordinaires on auroit consulté l'expérience de douze praticiens, & dans ces occasions là, les plus heureux en cure, sont ceux dans lesquels on place le plus volontiers sa confiance. Mais le Capitaine intéressé à combiner ses dépenses avec leur utilité, n'auroit point laissé entreprendre ces traitemens longs & dispendieux, si contraires à l'économie. Il est plus d'un cas où il vaut mieux sacrifier le cheval que d'entreprendre de le guérir, car la privation des services de l'animal, les fraix de sa nourriture, ceux de son pansement, s'il est hors d'âge surtout, tout cela doit déterminer à le remplacer plutôt qu'à le traiter. Mais dans la régie actuelle d'autres principes déterminent. Il n'y a dans chaque régiment qu'un maréchal médecin. Il est instruit dans les écoles royales, il est envoyé par le Roi; il faut le croire & s'en rapporter à lui. S'il n'est que peu instruit, il s'égare sans cesse, mais tant qu'il est maréchal expert, il faut l'en croire. S'il aime son art, s'il est confiant, présomptueux & travailleur, il est plus dangereux encore, car il ne condamnera le cheval que lorsqu'il sera las de le soumettre aux expériences; voilà ce qui est, & que l'on peut vérifier dans tous les corps, en examinant ce qu'il en coûte à la masse générale en mémoires d'apothicaires, & en pertes réelles. C'est pourquoi dans ma formation, je ne reconnois point de maréchal expert, mais un maréchal particulier à chaque compagnie, & l'intérêt du Capitaine me répond qu'il prendra tous les moyens en son pouvoir pour se procurer un homme capable.

Précautions générales.

Toutes les maladies des poumons se manifestent par l'altération du flanc du cheval ; elles sont ordinairement produites par une grande sécheresse, un appauvrissement du sang, ou à la suite de quelques maladies par un dépôt. Dès qu'on s'apperçoit de l'altération il faut humecter beaucoup, donner la fleur de soufre dans l'avoine & faire usage de l'eau de goudron. Si l'on juge que c'est une humeur refluée, il faut passer quelques sétons. Si le cheval jette, il faut le séparer & s'en défaire, c'est le meilleur parti. Les fourages trop desséchés & remplis de poussière font tousser les chevaux & finissent par leur attaquer le poumon. Il faut donc toujours les secouer avant de les jeter dans le ratelier, & quelquefois les humecter avec un peu d'eau que l'on jette légérement dessus avec la main. Il faut aussi autant qu'on le peut secouer l'avoine, la vanner seroit encore meilleur avant de la donner au cheval.

La maladie appelée mal de feu, différemment définie par beaucoup d'hypiatres, a des symptômes très-variés, elle est produite par une grande chaleur qu'une violente fievre accompagne. Prise dans son principe on la guérit quelquefois par des saignées fréquentes, des lavemens & des sétons à la tête, au poitrail & au plat des cuisses: comme cette maladie est violente elle est bientôt déterminée. Il ne faut point employer les médicamens en breuvages, qui généralement détruisent plus de chevaux que les maladies mêmes. Le cinquieme jour de ces maladies le cheval est ordinairement mort ou hors de danger. Une nourriture trop séche, un travail forcé, une écurie privée d'air, telles en sont communément les causes.

Le rhumatisme dans les épaules est quelquefois naturel, c'est-à-dire, héréditaire dans les poulains provenus d'étalons ayant cette maladie. Les chevaux Anglois y sont plus sujets que d'autres; j'ignore pourquoi, mais c'est un fait, & l'on ne sauroit être trop délicat sur le choix de ces chevaux, qui peuplent presque seuls à présent nos haras de Normandie & du Poitou. J'ai vû des poulains pris dans les épaules deux mois après avoir quitté les herbages & avant d'avoir été montés. Comme cette maladie passe par divers périodes avant d'être à son plus grand dégré d'accroissement, on la confond souvent dans le jeune cheval avec la roideur & la maladresse dans le mouvement de ses épaules & de ses jambes; j'avoue qu'il est même très-difficile de n'y être pas pris. Il faut beaucoup d'usage pour former l'œil du connoisseur, mais il lui faut absolument en sus un tact que l'on n'acquiert qu'en montant beaucoup à cheval. Les épaules du cheval s'embarrassent aussi accidentellement, & communément par les intranspirations ou le passage subit du chaud au froid & de la grande action au grand repos. Il ne faudroit jamais rentrer à l'écurie des chevaux trop échauffés, mais les tenir en action en les promenant au pas jusqu'à ce que cette grande transpiration soit essuyée.

Les Anglois ſont fidèles obſervateurs de ce principe, ils couvrent même exceſſivement leurs chevaux.

Le farcin eſt une maladie dont les ſymptômes ne ſont pas équivoques, mais dont la cauſe eſt inconnue. Les maréchaux varient dans la méthode du traitement; j'en ai vu ſuivre de différens; j'ai vu le mal pallié, les ſymptômes diſparoître, mais rarement une guériſon parfaite. Preſque toujours les cordes reviennent, ou l'humeur forme un dépôt interne qui cauſe la mort ou la pulmonie. Très-ſouvent auſſi le cheval devient morveux avant l'année révolue.

De toutes les maladies des chevaux la morve eſt ſans contredit la plus communicative, la plus incurable, & par conſéquent la plus à craindre. Il y a par-tout des exemples terribles des ravages occaſionnés par cette peſte. On a été obligé ſouvent de faire tuer des compagnies entieres & quelquefois même tous les chevaux d'un régiment. Les plus célèbres hypiatres ont ſur cette maladie des opinions diamétralement oppoſées. Mr. La Foſſe prétend qu'elle eſt locale, & que ſon ſiége eſt dans la membrane pituitaire. Mr. Bourgelat prétend qu'elle eſt interne, & que le virus qui la produit eſt dans la lymphe & le ſang. Le premier a fait des expériences, préſenté des mémoires à l'Académie, il a obtenu les ſuffrages des Commiſſaires nommés pour ſuivre ſes démonſtrations. Le ſecond, dans ſes leçons publiques de Charenton, a réfuté le Sr. La Foſſe en préſence des hommes les plus inſtruits dans la médecine & dans la chirurgie. Le Sr. La Foſſe en a appelé à l'expérience, prétendant guérir la morve par les topiques, les injections & le trépan. Le Sr. Bourgelat a prétendu la guérir aussi par les remedes internes, & en travaillant la masse du sang : qu'a produit le choc de ces deux opinions ? Des rivalités, des disputes, des injures ; mais ils ne nous ont donné l'un & l'autre ni une théorie certaine, ni un spécifique assuré. Une fâcheuse expérience nous porte à tuer tous les chevaux atteints de ce mal redoutable. Mais comme ce parti est violent, il est bien essentiel de ne s'y déterminer qu'avec connoissance de cause, c'est-à-dire, que quand on est physiquement assuré que le cheval a réellement la maladie appelée morve. Il n'est point de maréchal qui ne sache que le cheval jette par les naseaux dans les maladies appelées gourme, fausse gourme, morfondure, pousse & pulmonie. C'est ce qu'il faut prendre garde de confondre, & nous avons heureusement des remarques sûres qui doivent nous garantir de l'erreur. Je dois prévenir que quelle que soit la cause de l'écoulement, la précaution la plus sage & la plus généralement recommandée est de séparer sur le champ le cheval qui jette. Quand les glandes de dessous la ganache sont dures, squirreuses, insensibles, adhérentes soit d'un côté de la ganache soit des deux à la fois ; lorsque l'écoulement est séreux, verd & sanguinolent, que le cheval a la membrane pituitaire chancrée, il est indubitablement morveux. C'est perdre de l'argent & risquer une contagion universelle que d'essayer de le guérir. Il faut le tuer.

Il est très-possible que dès les premiers momens où un cheval est atteint de cette maladie, on ne s'en apperçoive pas ; alors on doit avoir de justes craintes sur la contagion, & ne rien épargner pour en préserver les chevaux qui avoient communication avec le malade.

Nous devons à Mr. le Baron de Zind un électuaire préservatif contre cette maladie. J'en ai vu les plus grands succès. Mr. D'Auvergne, Lieutenant-Colonel de Cavalerie, commandant l'équitation de l'Ecole-Royale militaire, a été dans le cas d'en faire plusieurs fois des épreuves en grand & en détail ; elles lui ont toujours réussi. J'ai eu la curiosité & la satisfaction de faire avec succès celle dont je vais rendre compte.

Après avoir traité pendant plusieurs mois un cheval farcineux, le maréchal expert parvint à faire disparoître les symptômes de cette maladie, mais, de bonne foi sur cette cure, il me dit que le cheval deviendroit vraisemblablement morveux dans peu de tems, parce qu'il avoit constamment remarqué que, soit par la quantité de remedes qu'on étoit obligé d'administrer dans cette maladie, soit parce qu'il reste toujours un levain du virus farcineux ; les chevaux, quoique guéris en apparence, périssoient communément de la morve, qui ne tardoit pas à se manifester. Dès-lors je regardai ce cheval comme perdu. J'en avois un autre bien reconnu morveux & fortement chancré. Je profitai de l'occasion pour essayer le préservatif sur ce cheval qui avoit déja toutes les dispositions à la morve. J'enfermai donc le farcineux avec le morveux dans une très-petite écurie, les faisant manger & boire dans la même auge & dans le même seau, & j'ordonnai de leur donner deux fois par jour à l'un & à l'autre l'électuaire de Mr. De Zind. Le cheval morveux jeta considérablement, la matière fut moins sanguinolente ; au bout de quelques jours elle finit par devenir blanche ; les glandes diminuerent. Un mois après les glandes étoient presque dans leur état naturel, les chancres se cicatriserent, l'écoulement devint limpide & se réduisit à très-peu de chose. On continua le préservatif encore pendant trois semaines & en plus petite dose. Tous les signes de morve disparurent enfin, à un petit écoulement près, dont la matière ressembloit parfaitement à celle qu'on appelle vulgairement des fraîcheurs. Le cheval farcineux ne jeta point & n'eût aucun signe de la maladie, dont je ne doute pas que l'électuaire le préserva. Cette expérience fut faite en Mai & Juin 1778, & le cheval est encore aujourd'hui en 1780, sain, bien portant & dans toute sa vigueur. Il n'en est pas de même du cheval morveux ; soit qu'il n'ait pas été parfaitement guéri, soit qu'il ait repris la morve depuis, après avoir joui en apparence d'une parfaite santé & avoir servi pendant un an avec sa vigueur ordinaire, la morve au bout de ce tems s'est manifestée par les plus violens symptômes & on l'a fait tuer sur le champ.

Le détail que je viens de donner peut être attesté par plusieurs personnes. Il seroit sans doute à désirer que Mr. le Baron de Zind eut bien voulu rendre publique la composition de son électuaire. Quoique j'en aye obtenu la décomposition faite par feu Mr. Rouelle, je ne crois pas pouvoir me permettre de la donner ici sans être autorisé par la permission de son inventeur.

Il résulte de ces réflexions sur la morve, premiérement, qu'il faut avoir grand soin d'examiner souvent les naseaux & la ganache des chevaux. Secondement, qu'il faut séparer très-promtement tout cheval qui jette & dont les glandes de dessous la ganache deviennent sensibles & s'abscèdent. Troisiémement, qu'il faut tuer tout cheval chancré. Quatriémement, qu'il faut faire prendre l'électuaire préservatif à tous les chevaux sains que l'on soupçonneroit avoir eu quelque communication avec les morveux. Cinquiémement, que toute écurie dans laquelle il y a eu des chevaux morveux doit être lavée & blanchie avec l'eau de chaux-vive.

CHAPITRE XI.

Des Drapeaux, Etendarts, Guidons, Enseignes & Porte-Enseignes de l'Infanterie & de la Cavalerie.

POUR ne rien négliger & tendre toujours à l'unanimité du langage, je substituerai aux mots *Drapeaux*, *Etendards* & *Guidons*, celui d'*Enseigne*, qui devroit être général pour les différentes armes & les différens corps.

Les Enseignes sont de la plus grande utilité à la guerre & dans les combats, toutes les nations en ont dans leur armée ; elles sont & doivent être respectées & précieuses : l'honneur d'un corps y est attaché, & comme le dit le Maréchal

Maréchal de Saxe, *le soldat doit se faire une religion de ne jamais les abandonner.*

Plus on attache d'honneur à ses Enseignes, plus il est essentiel de les assurer & de les défendre : je les voudrois donc moins nombreuses, très-apparentes & plus portatives. A quoi servent par exemple ces énormes drapeaux qu'a aujourd'hui l'Infanterie ; ils sont si incommodes & l'air les rend si difficiles à porter, qu'on les tient presque toujours roulés ; dès cet instant ils deviennent inutiles. S'ils sont déployés, ils empêchent cinq ou six files à droite & à gauche de tirer, & en donnant dans le visage des soldats les embarrassent dans leur marche. Dans l'Ordonnance d'aujourd'hui, il y a douze bas-officiers employés à la garde de chaque drapeau : c'est 24 bas-officiers occupés inutilement.

Je propose de n'avoir qu'une enseigne par régiment, elle suffit. Cette enseigne doit être confiée à un ancien militaire, comme adjudant par exemple, auquel cet honneur seroit donné pour récompense. Le Porte-enseigne doit surveiller les adjudans rélativement au service, à la discipline & en toutes les fonctions qui peuvent s'accorder avec sa place, qui lui donneroit rang de Sous-Lieutenant.

Pour qu'une enseigne soit visible, il faut qu'elle soit montée sur une lance de huit pieds. Cette lance doit être d'un bois léger, garnie de lames de fer. L'Enseigne doit être de deux doubles de taffetas ou de satin d'environ trois pieds quarrés. Il seroit utile, sans doute, de différencier chaque enseigne d'une maniere assez distinctive pour qu'on pût reconnoître de loin le corps auquel elles appartiennent.

Sur le coin de chaque enſeigne ſeroit le numero du Régiment. Toutes les broderies & les déviſes actuelles ſeroient ſupprimées ; une ſeule frange légère d'or ou d'argent, afin de n'en pas empêcher le déploiement à l'air, en orneroit le tour. Les Régimens qui ſe diſtingueroient à la guerre, par quelqu'action éclatante, ſeroient ſeuls autoriſés, par un brévet du Roi, à mettre ſur leur enſeigne une déviſe qui rappelleroit cette action ; ceux qui en auroient le plus ſeroient les plus diſtingués. *Il doit y avoir une maſſe de gloire pour le Corps qui ſe diſtingue : car la gloire n'eſt pas l'objet de chaque ſoldat en particulier, elle eſt l'objet de la multitude réunie ; un Légionnaire penſe en homme, mais une Légion penſe toujours en héros, & ce qu'on appelle eſprit de corps ne peut avoir d'autre aliment, d'autre mobile que la gloire.* [Marmontel.]

Lorſqu'une enſeigne ſeroit priſe à la guerre, il ne ſeroit plus permis de remettre les anciennes déviſes ſur la nouvelle, il faudroit acquérir & avoir de nouveaux droits. Cette marque de diſtinction ſeroit toujours demandée par le Général & à l'iſſue même de l'action.

Au-deſſus de l'enſeigne ſeroit une flamme en taffetas d'environ 6 pieds.

La couleur de la lance & celle de la flamme ſeroit toujours la couleur des armes du Colonel, qui auroit encore la prérogative de faire mettre ſon écuſſon à côté de la déviſe qui auroit été gagnée ſous ſon commandement. Cette marque de diſtinction ſeroit bien auſſi flatteuſe que le placard de leurs armes relevé en boſſe aujourd'hui ſur tous ces guidons, qui n'en ſont pas plus parés.

L'enſeigne ſeroit toujours dépoſée chez le Commandant; dont elle ne ſortiroit qu'avec l'eſcorte indiquée : on ne ſauroit, je le répéte, y attacher trop d'honneur & de diſtinction; Mr. De Montécuculi, & après lui, le Maréchal de Saxe, parlant des enſeignes, ont dit : qu'il falloit que le Général en eut toujours une devant lui comme une marque de ſa dignité ; & afin que dans les batailles on ſut où le trouver lorſqu'on a beſoin de lui. Nous n'adopterons pas abſolument cette idée, comme pouvant avoir de grands inconvéniens, mais elle peut être employée momentanément, & dans telle circonſtance où le Général le jugeroit néceſſaire. Les enſeignes des Cuiraſſiers & des Dragons feroient la même choſe que celles de l'Infanterie.

Des Recrues & de leur choix.

DANS un militaire conſtitué ſelon le principe que nous avons expoſé au Chap. III, il n'y auroit jamais beſoin de faire de nouvelles levées. Toute la prévoyance de l'adminiſtration ſe borneroit à entretenir les Corps & les Régimens complets; mais l'examen des moyens à employer pour cet objet eſt bien digne de toute l'attention de nos lecteurs. Ceux dont on ſe ſert aujourd'hui paroîtront auſſi faux qu'inſuffiſans, ſi l'on veut remarquer les difficultés que nous trouvons à nous completter dans ce moment de paix malgré la réduction des compagnies [1]. On voit d'un côté la lie de la nation remplacer de braves soldats qui, excédés d'innovations, désertent de toutes parts, ou réfusent de se rengager. De l'autre, le paysan abandonner la campagne pour venir prendre à la ville une livrée qui l'exempte de la milice. L'éloignement que le François montre en ce moment pour la profession des armes, est la suite inévitable d'une mauvaise constitution militaire. Quand l'état de l'homme est arbitraire il croit n'en plus avoir, & malheureusement dix-huit années de paix n'ont que trop démontré la défiance qu'on doit avoir des promesses ministérielles. Le soldat a vû successivement détruire & les Ordonnances de 1762 qui lui assuroient la moitié de sa paye après 16 ans de services, & les Ordonnances de 1762, qui lui assuroient sa paye entiere après 24 ans. Il a vû en 1776 renvoyer un tiers des invalides auxquels leur âge & leurs infirmités avoient donné droit à un asyle dans cet hôtel. Enfin le soldat sait que la raison ou le prétexte économique fait rompre aujourd'hui tous les engagemens ministériels. Comment donc parler des moyens de recruter les armées, avant de prouver la nécessité de faire renaître une confiance que les ministres ont détruite, par le mépris qu'ils ont toujours eû pour les loix de leurs prédécesseurs, & souvent encore pour celles qu'ils avoient eux-mêmes rédigées.

---

(1) Que seroit-ce, si nous devions être portés au numérique indiqué par les ordonnances de 1776. Il faudroit lever 179413 hommes; ce projet seroit une monstruosité, s'il n'étoit pas une chimere.

Qu'eſt-ce qui peut faire renaître la confiance générale ? ce n'eſt qu'un code permanent, dans lequel la premiere loi à inſtaller eſt la garantie d'un Etat dont il faut que chaque particulier s'honore. A meſure que la difficulté de faire des recrues s'eſt augmentée, on eſt devenu moins délicat ſur le choix des hommes. *Il en faut*, a-t-on dit, *& quand la néceſſité commande, on n'y regarde pas de ſi près.* Mais qu'attendre de ces ramaſſis des grandes villes, de ces rebuts des familles & de la ſociété ? que des baſſeſſes & des vices. Après les avoir fait chaſſer de partout, ce ſont ces mêmes vices qui les obligent à venir ſe réfugier ſous nos drapeaux. On a oſé dire qu'il étoit égal d'avoir pour ſoldat l'honnête citoyen ou l'homme le plus vil, des Colonels ont avoués qu'ils préféroient cette derniere eſpece. Et comment craindroit-on de ſe montrer ſectaire d'un pareil principe, lorſqu'un Miniſtre en donne l'exemple ! Tout le militaire ne ſait-il pas que des malheureux voués à l'infamie & déclarés indignes de ſervir le Roi, ont été tirés de leur cachot & débarraſſés de leurs chaînes pour marcher de pair avec nos Grenadiers [1] ? Ah ! puiſque nos Ordonnances nous citent les Romains ſi célebres, qu'il me ſoit permis de rappeler un principe dont ils ne s'écarterent jamais dans les beaux jours de la république. *C'eſt au choix ſcrupuleux de nos ſoldats*, dit Vegece, *que nous dûmes nos conquêtes & la gloire du nom Ro-*

(1) En 1778, M. Le Prince de Naſſau obtint l'agrément de lever une Légion ; on lui permit de prendre 150 forçats de la chaîne établie en 1775.

main. Rappelons la réponse du Sénat à Marcellus, lorsqu'il proposa de récruter son armée de tous les malheureux qui avoient pris la fuite à la bataille de Cannes. *Rome n'a pas besoin d'hommes lâches pour la défense de ses drapeaux, si Marcellus veut en employer il le peut, mais à condition qu'ils n'auront aucune part aux récompenses de la valeur, quoiqu'ils puissent faire pour l'obtenir.* Jamais il ne se départit de ce principe. Le soldat Romain, dit Montesquieu, tiré du sein d'un peuple si fier, si orgueilleux, si sûr de commander aux autres, ne pouvoit gueres penser à s'avilir jusqu'à cesser d'être Romain. Il faut donc, par-tout où l'on veut avoir un militaire, fixer & améliorer l'état du soldat. En élevant l'âme de celui-ci, *on l'accoutume à estimer sa profession & à se croire annobli par elle* [1]. Quelle chimère! va-t-on dire; les revenus de l'Etat seroient insuffisans pour donner à l'homme de guerre une solde proportionnée à ses services. Eh! Messieurs, c'est cette impossibilité même qui nous oblige à payer en considérations ce que nous sommes hors d'état de payer en argent; eh! quelle nation se contente plus facilement de cette monnoie que la mienne. Rien de moins douteux que la facilité de récruter les armées ne dépende des institutions militaires plus ou moins faites pour attirer ou éloigner l'homme du métier de la guerre, *car il faut être bien fou, bien misérable pour faire un métier que l'on n'aime pas.* C'est donc dans le plan général de cet ouvrage que l'on trouvera l'intime liaison des prin-

(1) L'essai de tactique.

cipes qui faciliteront la levée & l'entretien d'une armée nombreuse & choisie. Ce chapitre particulier ne peut que se borner à quelques remarques générales à cet égard.

De toutes les manieres d'enrôler, l'engagement libre & volontaire est préférable & l'emporte indubitablement par la solidité du fondement qu'il établit; car quel fondement plus sûr peut avoir l'obligation parmi les hommes, que le libre engagement de celui qui s'oblige. *On peut disputer tout autre principe*, dit Rousseau, *mais on ne peut disputer celui-là.* Toute supercherie doit donc être bannie & réputée odieuse, non-seulement parce qu'elle expose injustement celui qui est lèzé à la rigueur des loix; mais encore parce qu'elle inspire une défiance faite pour éloigner les hommes d'un métier dans lequel il craint toujours d'être surpris ou violenté. Il n'est pas moins injuste de méconnoître les conditions réciproques de l'engagement. Celui qui vend sa liberté, met un terme à son esclavage, ce terme une fois expiré, le contrat est anéanti; nulle puissance ne peut empêcher que le soldat redevienne essentiellement libre. La nécessité, cette vaine excuse dont on veut souvent couvrir les injustices, ne suffira jamais pour légitimer aux yeux de l'humanité & de la raison, l'abus d'autorité qui faisoit autrefois condamner à mort celui qui vouloit rentrer dans les droits d'une liberté qui n'étoit plus aliénée.

Il est reconnu de tout tems que pour avoir les meilleurs soldats, il faut charger les Capitaines de recruter leurs compagnies; ceux-ci sont les plus intéressés au choix scrupuleux des hommes qu'ils commandent & dont leur réputation dépend ſouvent. Je renvoie au chapitre de la comptabilité, les conditions du Roi avec les Capitaines de ſes troupes ; mon objet principal eſt ici l'eſpece des hommes & leur taille la plus convenable au ſervice de chaque arme.

Tout homme de guerre, à quelque genre de ſervice qu'il ſoit deſtiné, doit être d'une taille proportionnée & d'une complexion forte & vigoureuſe. Les bons militaires ont toujours préféré les laboureurs aux artiſans, parce que ces premiers plus ſobres, plus forts, plus accoutumés au travail, ſont auſſi plus attachés à leur patrie par les propriétés qu'ils y conſervent, tandis que les ſeconds, amolis par une vie ſédentaire, courant de ville en ville & de boutique en boutique, ne contractent d'attachement pour aucun lieu, aſſurés par-tout de leur ſubſiſtance ils ſe regardent comme les citoyens du monde?

Mais dans les tems de paix, où l'on ſemble ſi ſouvent oublier ſa véritable deſtination, dans ces tems où l'on ne s'occupe que d'exercices & de tenue, on préfere la taille mince & la jolie figure à l'air martial & à la tournure mâle. On ne dit plus, ce Régiment a *une excellente eſpece d'hommes*, mais ce Régiment a *de jolis ſoldats*. On ne ſonge pas que ces jolis ſoldats ne ſont que des libertins amolis & efféminés dans nos villes. Auſſi les fiévres & les maladies détruiſent-elles plus de François dans une campagne que le fer & le feu de l'ennemi dans deux.

Si nous nous occupions au moins à rémedier à la néceſſité de prendre de tels ſoldats ! Si nos travaux de paix étoient des ſimulacres de guerre, nos jambes & nos corps feroient plus vigoureux lorfqu'il s'agiroit de faire des marches forcées, foutenir des fatigues & refifter à l'intempérie des faifons.

Comme il n'y a point de loix qui déterminent la taille des recrues, on s'attache indiftinctement dans toutes les armes à l'élévation des hommes, chofe ridicule. N'eft-ce pas un contrefens de vouloir des géants pour Dragons & Huffards ? Les Colonels d'Infanterie difputent à prix de rufe & d'argent ces hommes grands & vigoureux qu'ils enlèvent à l'Artillerie & à la Cavalerie, où ils feroient vraiment néceffaires. L'homme de fix pieds & celui de cinq font également reçus dans nos Régimens d'Infanterie ; ce feroit même une vraie difparate, fi les chefs, faifant toujours leur premiere occupation du coup-d'œil, ne cachoient pas cette inégalité en mettant les plus petits hommes dans le rang du milieu. Ce placement eft abfolument contraire à la raifon, car comment un homme de cinq pieds un pouce peut-il ajufter & tirer fur l'épaule d'un Chef de file qui a cinq pieds fept à huit pouces ? Comment peut-il fe fervir des mêmes armes, faire les memes pas ? Voilà ce que les Colonels diffimulent, mais lorfqu'on voudra férieufement s'occuper de rendre plus meurtrier le feu de notre Infanterie, que l'on confulte l'Artillerie, ce corps vraiment inftruit, & le feul qui depuis la paix fe foit préfervé des colifichets & des inutilités.

La taille du fantaffin François doit être de 5 pieds 1 à cinq pieds 4 pouces. C'eft cette claffe d'hommes qui fe trouve en général la mieux proportionnée & la plus propre à soutenir les fatigues de la marche. C'est d'ailleurs la taille commune de la nation, & encore une fois quelle est l'utilité d'un grand homme dans l'Infanterie ? Nulle : on en fait des Grenadiers, on en pare son premier rang, qui sont deux choses également vicieuses, parce que ces places d'honneur doivent appartenir à la bravoure, aux services & à l'ancienneté. Autrefois les Grenadiers avoient le droit de choisir leurs camarades. Eh ! qui nous juge mieux que nos semblables ! Alors il étoit impossible d'être élu sans cette délicatesse d'honneur, & cette bravoure qui caractérisent l'élite de la nation : choix bien essentiel, puisque c'est de ces compagnies rassemblées dont un Général se sert pour ces coups extraordinaires d'audace, de vigueur & de partis. Combien de fois nos Généraux n'ont-ils pas éprouvé qu'avec de tels hommes on peut tout entreprendre. Pourquoi donc priver du bonnet ce soldat qui saute le premier dans le chemin couvert ? Sa taille médiocre figureroit mal dans votre brillante compagnie. Amour du coup-d'œil, que ne nous fais-tu pas faire ! Nos compagnies de Grenadiers, belles il est vrai, sont presque par-tout des compagnies de recrues.

C'est en nous écartant des premieres loix de nos institutions, bonnes dans leur origine, que nous parvenons à n'en plus tirer aucun avantage. Qui est-ce qui ne convient pas que le corps des Carabiniers, en 1694 [1], ne fut d'une composition plus militaire qu'en 1780.

---

(1) Les Carabiniers étoient d'anciens cavaliers connus par leur valeur, ils portoient une marque de dif-

Je ſais que l'on objectera la difficulté d'aſſigner des loix ſur la taille pour les différentes armes, parce qu'en engageant des enfans, ſouvent après leur enrôlement, ils ſe trouvent avoir une taille bien au-deſſus de celle qu'ils avoient lorſqu'on les a engagés. Mais ſi la loi eſt utile, rien de ſi aiſé que de la faire ſuivre. Voici l'idée d'un réglement que l'on pourroit étendre & perfectionner ſur cet objet.

ARTICLE PREMIER.

On n'engageroit jamais une recrue avant l'âge de 18 ans, parce qu'avant cette époque un homme eſt rarement aſſez fort pour ſoutenir les fatigues de la guerre.

ART. II.

Les Officiers-généraux lors de leurs revues réformeroient exactement tout Cavalier qui n'auroit pas 5 pieds 5 pouces ½, pieds-nuds.

ART. III.

Réformeroient tout Dragon & Huſſards qui n'auroit pas 5 pieds 4 pouces.

---

tinction. C'eſt parmi eux qu'étoient choiſis les bas Officiers. En 1660 on les réunit dans chaque corps, pour en former une compagnie ; & en 1694, de toutes ces compagnies, on en forma un ſeul corps qui, quoique différemment compoſé, en porte encore aujourd'hui le nom. L'ordonnance de 1776 ſupprime ceux qui étoient reſtés dans les compagnies ; de Cavalerie. C'étoit un grade qui faiſoit un objet d'émulation. Tous les militaires l'ont vu ſupprimer avec chagrin.

Art. IV.

Réformeroient tout Fantassin qui n'auroit pas 5 pieds 1 pouce.

Art. V.

Donneroient une cartouche de passe pour les Dragons, Hussards ou la Cavalerie à tout Fantassin ayant plus de 5 pieds 5 pouces.

Art. VI.

Donneroient une cartouche de passe pour la Cavalerie à tous Dragons & Hussards, au-dessus de 5 pieds 6 pouces.

Art. VII.

Tout Soldat, Cavalier, Hussard & Dragon, ayant une cartoucbe de passe, choisiroit le Régiment où il doit finir son congé, & prendroit son rang d'ancienneté dans la compagnie où on le mettroit.

Art. VIII.

Les Régimens qui recevroient des Soldats, Dragons ou Hussards avec des cartouches de passe rembourseroient aux Régimens d'où ces Soldats, Dragons ou Hussards sortiroient la somme de 13 liv. par chaque année de service qui leur resteroit à faire.

Art. IX.

Les Cavaliers, Huſſards & Dragons qui n'auroient pas la taille preſcrite par les articles ci-deſſus ſeroient de même renvoyés avec des cartouches de paſſé, & payés ſur le même taux par les Régimens qui les recevroient.

Ce réglement eſſuyera bien des critiques, & paroîtra dur aux Chefs qui ont l'ambition d'avoir une troupe élevée, mais il en réſulteroit pour le bien du ſervice des avantages qui doivent faire paſſer ſur ces clameurs particulieres. Le militaire gagneroit plus qu'on ne penſe à l'établiſſement de ces loix. On ne verroit plus dans l'Infanterie ces parades & ces gardes choiſies que l'on peut appeler des maquignonages ridicules. Le petit ſoldat qui eſt en plus grand nombre ne ſeroit plus humilié par les préférences que l'on donne ſans ceſſe à la taille. On ne verroit plus des Huſſards & des Dragons gigantesques montés ſur de petits chevaux qu'ils écraſent par leur poids, & ruinent en peu de tems par la diſproportion de la force au fardeau. L'Artillerie & la Cavalerie enfin, d'une taille ſi médiocre à préſent, recouvreroient l'avantage de ſe recruter & de ſe completter en hommes grands & forts ſi utiles dans ces deux armes.

Je ne dois point terminer cet intéreſſant chapitre ſans indiquer toutes les ſources qui peuvent contribuer à entretenir un militaire nombreux & complet. Le Roi prend ſoin des enfans de ſoldats, il ſeroit facile de créer des établiſſemens peu couteux pour leur donner une éducation rélative à la profeſſion des armes, à laquelle leur naiſſance les deſtine. Cette pépiniere pourroit être augmentée par un choix d'enfans de 14 ans, pris dans ces maiſons d'orphelins, entretenus dans nos grandes villes. Ces établiſſemens indiqués par l'humanité & la raiſon feroient tout à la fois avantageux au militaire, à l'agriculture & à la population. Mais comme toutes les parties de la conſtitution que j'offre ſont relatives & concourent à la parfaite organiſation de la machine, on ne peut ſaiſir la facilité de différens projets que lorſqu'on connoîtra tous les chapitres de cet ouvrage.

De la comptabilité des Régimens.

Il n'y a que deux manières d'établir toutes les opérations de finance quelconques, ſavoir, par entrepriſe ou par régie. On s'eſt ſervi de ces moyens pour l'entretien de l'armée du Roi. Par le premier, les Capitaines ſont les entrepreneurs de leur compagnie. Par le ſecond, le Roi fait régir toutes les dépenſes par l'Etat-Major de ſes régimens.

Pour avoir toujours pris un de ces ſyſtêmes excluſivement à l'autre, on eſt tombé dans des inconvéniens dont on auroit pû ſe garantir, en joignant des modifications aux principes. L'ordre ſuit ſouvent les notions ſimples auxquelles nous voudrions l'amener, & pour l'établir il faut par fois des exceptions.

Préfere-t-on l'entrepriſe? Il ne ſuffit pas comme on l'a fait autrefois de paſſer avec le Capitaine un marché vague, dont l'incertitude allarmant ſes intérêts le porte néceſſairement à y ſacrifier le bien du ſervice. C'eſt avec raiſon que l'on a vivement remontré les abus de l'ancienne comptabilité. Préfere-t-on la régie des Etats-Majors ? Les inconvéniens qui s'enſuivent ne ſont pas moindres, car alors le détail devient d'autant plus obſcur qu'il eſt immenſe. Il n'y a ordinairement qu'un Officier initié dans les opérations myſtérieuſes de cette comptabilité. Le Chef en ſouſtrait aiſément la connoiſſance à l'Inſpecteur, en ſubſtituant des états menſongers aux états réels. Dans chaque régiment il y a toujours deux tableaux de la dépenſe, le premier factice, produit de l'adreſſe du Chef & du Quartier-maître. Le ſecond réel connu ſeulement de l'Etat-Major. Ce dernier ne paroît jamais, la Cour l'ignore, c'eſt celui qui dirige les recrues, les remontes, l'habillement, les achats de toute eſpece, la vente frauduleuſe & vexatoire des congés ; celui enfin qui produiſant toujours un argent & une maſſe cachée, fournit aux dépenſes de beſoin ou de fantaiſie auxquelles les Ordonnances s'oppoſent & que les Inſpecteurs ne pourroient autoriſer. C'eſt cette différence entre le tableau factice & le tableau réel que nous nommons *revirement des parties*. Le Quartier-maître qui a le plus d'art eſt celui qui ſouſtrait les ſommes les plus fortes des objets auxquels elles étoient deſtinées ; celui enfin qui trompe le plus le Roi afin de le mieux ſervir.

Ce ſyſtème eſt pourtant préféré, il eſt ſoutenu par les cris infatigables des Etats-Majors, qui ne ceſſent de mettre en avant les difficultés qu'ils rencontreroient à ſoumettre les Capitaines à leurs devoirs. Ces raiſonnemens bons autrefois, décèlent aujourd'hui, ou bien peu de connoiſſance ſur cette partie de la conſtitution militaire, ou un ardent deſir de conſerver une liberté ſans bornes pour enfreindre toutes les Ordonnances, & tromper les Inſpecteurs, qui avouent eux-mêmes, ne voir que ce que le Chef veut bien leur montrer.

L'obſcurité qui réſulte néceſſairement de la comptabilité actuelle n'eſt pas le ſeul défaut qu'elle offre à nos regards; elle rompt encore cette chaîne qui ſert à lier les hommes dans tous les pays, cette chaîne qui uniſſant l'intérêt particulier à l'intérêt général attachoit plus particuliérement le Capitaine à ſa compagnie. Autrefois l'intérêt du ſoldat étoit le ſien propre & l'avantage de ce puiſſant motif eſt incomparable. Aujourd'hui le Capitaine eſt abſolument étranger aux hommes qu'il commande, il n'a avec ſa compagnie que le même rapport que le Lieutenant & le ſous-Lieutenant : amovible comme eux (1), il paſſe à chaque mutation d'une compagnie à une autre; n'ayant rien à régir, ſon autorité eſt réduite à avoir ſans-ceſſe la verge à la main, & ſa bouche ne peut prononcer que des arrêts de condamnation. S'il y a un congé de grace à donner, c'eſt l'Etat-Major qui le marchande

(1) Dans les variations des Capitaines, on les fait paſſer d'une compagnie à une autre. C'eſt toujours les deux derniers qui commandent les compagnies colonelles & lieutenant-colonelles.

chande & le vend. S'il y a une place de bas-Officier vacante, c'eſt encore l'Etat-Major qui y nomme. Que reſte-t-il donc au Capitaine ? A peine l'autorité qu'un Maréchal-des-Logis avoit autrefois. Tous ces raiſonnemens ſeront, comme ils l'ont déja été, traités de paradoxe par ceux qui ont intérêt de ne les pas recevoir, mais la néceſſité commandera ce qu'ils n'auront pû perſuader. C'eſt à la guerre où l'on verra tous les défauts des régies d'Etat-Major, & les moyens frayeux qu'elles ſeront obligées d'employer pour entretenir les Régimens.

Pour régir avec économie il faut de l'argent & du crédit, & l'expérience n'a que trop prouvé la perte inévitable des effets royaux, ſur-tout en tems de guerre. Il faudra donc que ce négociant, ce marchand de chevaux, pour ſpéculer raiſonnablement, ſurvende ſes fournitures afin de réparer la perte que lui occaſionne le retard, & ſouvent la diminution du paiement de ſa créance.

Le crédit diminuera à meſure que les caiſſes ſe vuideront, parce que l'on ſait qu'avec le Roi il n'y a point d'hypothèques ſûres. C'eſt alors que, manquant d'argent & de moyen, on voudra, mais trop tard, changer d'adminiſtration; après avoir ruiné les créanciers on ruinera les Capitaines, en les forçant à reprendre des compagnies incomplettes & délabrées, & dans un tems où l'on aura le moins de facilité pour les refaire. Je ſuis trop convaincu de l'infaillibilité de ces prédictions, pour ne pas me déterminer en faveur de l'entrepriſe. Ce genre de comptabilité ſe préſente d'ailleurs ſous un point de vue infiniment plus ſimple que l'autre, car le Roi ayant une fois fait son marché avec les Capitaines, il n'entre dans aucun des détails d'exécution. Les Préposés, Officiers-généraux, Inspecteurs, chefs de Corps ne sont plus chargés que de voir les résultats, tenir la main à ce qu'ils ayent lieu & en rendre compte. Tandis que par la régie il s'établit une correspondance d'écritures indéfinies avec les bureaux de la guerre; les sous-ordres s'y multiplient, & les chefs de ces bureaux, toujours intéressés à se rendre nécessaires au ministre, s'entourent d'un cahos d'écritures dans lequel ils se perdent souvent eux-mêmes. Que l'on ne répéte plus cette objection usée, ce lieu commun sur l'ancienne discipline des Capitaines, parce que tout le monde sait aujourd'hui, qu'il y a plus de moyens qu'il n'en faut pour obliger le subalterne à son devoir, au lieu qu'il est réellement très-difficile de contenir le chef dans le sien.

Ce n'est cependant point les anciens usages que je veux rétablir; c'est un système excellent dans ses principes & dans ses conséquences que je propose de modifier, de corriger & de reprendre.

La formation que j'ai indiquée (1) comme la plus favorable à la discipline, me semble aussi la plus avantageuse pour l'administration qui suit.

---

(1) Pour ne pas m'appésantir sur une infinité de détails que l'on peut aisément supposer, il ne sera question ici que des compagnies à cheval. L'administration des compagnies à pied sera déduite des mêmes principes, & sera bien plus facile, puisqu'elle n'aura pour objet que l'entretien des hommes.

Les douze Capitaines sont douze entrepreneurs qui traitent séparément avec le Roi, & prennent chacun en particulier l'engagement de completter & entretenir leur compagnie en hommes, chevaux, habillement & équipement. L'armement seul reste au compte de Sa Majesté, parce qu'il est nécessaire qu'il se fabrique dans ses arsenaux.

Les Capitaines doivent prendre leurs compagnies complettes, montées & équipées en tout point.

Le Roi accorderoit à chaque Capitaine 2 s. 6 d. par homme & 4 s. par cheval, ce qui formeroit pour chaque compagnie une masse de 21 liv. 2. s. 6. d. par jour, & 7605 liv. par an; masse sur laquelle se préleveroit les 4. d. pour livre de la solde générale de la compagnie. Ladite masse seroit remise tous les mois aux quartiers-maîtres des régimens avec les appointemens & solde, pour être repartie par lui, savoir, la masse à chaque Officier ou chef de chambrée. Il est intéressant de distinguer la masse de 2 s. 6 d. affectée à l'homme, & celle de 4 s. affectée au cheval, parce que dans le cas d'incomplet, la retenue seroit toujours faite sur ce tarif (1).

Afin que les Capitaines eussent toutes les facilités nécessaires pour se completter, & pourvoir aux accidens qui leur font perdre des hommes & des chevaux, on leur passeroit la solde & la

(1) L'Infanterie auroit une masse de 2 sous 2 d. Je l'établis moindre de 4 d. que celle de la Cavalerie, parce que dans cette derniere arme, l'espece d'homme plus élevée & par conséquent plus rare doit coûter davantage.

maſſe de deux ſurnuméraires lorſqu'ils exiſteroient. Les Capitaines s'arrangeroient entr'eux pour ſe céder mutuellement un homme ou un cheval dont ils auroient un beſoin preſſé. Au moyen de ce, les variations ne pourroient donc jamais rouler que ſur les 24 ſurnuméraires, & elles n'occaſionneroient qu'un détail infiniment ſimple. En tems de guerre ces 24 hommes formeroient le fonds d'une compagnie auxiliaire que l'on augmenteroit ſuivant les beſoins. Elle ſeroit régie en commun au compte des Capitaines, mais le décompte de chacun ſeroit toujours proportionnel à ce qu'il en auroit tiré. Cette compagnie reſteroit toujours au quartier du régiment.

Pour s'aſſurer de la plus grande exactitude dans les états de ſituation, chaque Capitaine rendroit à la parade ſon compte journalier par écrit au Major. Chaque Adjudant rendroit auſſi au quartier-maître le compte de ſon eſcadron. Ces deux états ſeroient toujours confrontés, & le Major, après les avoir vérifiés, les ſigneroit pour en répondre en ſon nom (1). Il les remettroit au Commandant du corps, qui les ſigneroit après lui.

Il eſt clair que d'après ces redditions de comptes journaliers, & par écrit, le contrôle du mois ſe trouveroit fait. Le remettre au net, ſeroit la ſeule préparation aux revues.

(B) En Pruſſe le Colonel eſt reſponſable que tout ſon Régiment ſoit complet; ſous peine d'être caſſé, (ordonnance pour la Cavalerie Pruſſienne 1744).

Les places vacantes feroient toujours retenues au compte du Roi, tant la folde que la maffe.

La paye des hommes envoyés aux hôpitaux feroit non-feulement retenue en fon entier, mais encore la maffe de 2 f. 6 d. par jour, pour être donnée aux mêmes hôpitaux, en fupplément de la paye, parce qu'il faut que le Capitaine foit porté par fes intérêts à la confervation de la fanté des hommes qu'il commande.

Au moyen de cette maffe de 6 f. 6 d. par jour, le Capitaine feroit chargé, comme nous l'avons dit, de recruter, remonter & entretenir fa compagnie en tout point. C'eft ce qu'il s'agit de déterminer de la maniere la plus précife.

Le nombre de chevaux à reformer tous les ans en tems de paix feroit fixé au 10e.; le Roi fuppléeroit aux cas extraordinaires.

Que l'on ne foit pas étonné de cette fixation, il eft plufieurs raifons qui la déterminent. La premiere eft de fubftituer par-tout la précifion à l'arbitraire, qui occafionne toujours le foupçon de l'injuftice. La feconde eft d'établir une comptabilité fimple, qui n'éprouve que le moins de variations poffible dans fes dépenfes annuelles. La troifieme eft d'être certain d'avance de la confommation qui fe fait, du nombre des remplacemens qu'il doit y avoir, afin d'employer plus de tems & de moyens à fe pourvoir. Laiffer la liberté à l'Infpecteur de réformer autant & auffi peu de chevaux qu'il le jugera à-propos; c'eft s'expofer à une incertitude continuelle, qui fait que les régimens font toujours incomplets; mais un plus grand abus encore peut en réfulter : c'eſt qu'une compagnie ou un régimen n'ayant eû, pendant pluſieurs années, qu'ui très-petit nombre de chevaux reformés, il doi néceſſairement arriver un terme auquel il ſ trouvera une très-grande quantité de chevaux, que leur vieilleſſe & leurs défauts obligeroient de remplacer ; alors le régiment eſt pendant deux ou trois ans affoibli par ces remontes, qui ne peuvent fournir le ſervice des chevaux faits. Nous avons vu pluſieurs fois depuis la paix l'exemple de cet inconvénient, dont je propoſe de ſe garantir par la nouvelle loi. On remarquera encore, que ſi la maſſe peut être plus ou moins chargée par un objet auſſi conſidérable que celui des remontes, le Capitaine ſera ſans ceſſe effrayé ſur ſes intérêts par le plus ou le moins de travail que l'on voudra exiger de ſes chevaux, au lieu qu'aſſuré qu'il ne peut avoir chaque année que ſix chevaux à remettre, on ne pourra jamais le ſoupçonner d'avoir un intérêt à s'oppoſer à l'inſtruction & au bien du ſervice. Qu'importe pour le Roi que dans cette reforme annuelle de 72 chevaux par régiment, il perde quelques-uns de ces chevaux encore en état de ſervir deux ou trois ans ! Ce n'eſt pas le réſultat particulier qu'il faut voir, c'eſt le réſultat général ; & rien de plus à ſouhaiter, ſans doute, pour la Cavalerie, que de la voir aſſujettie à la conſtante loi du complet en neuf dixiemes de chevaux faits, de l'âge de la plus grande vigueur & en un dixieme de chevaux neufs bien choiſis. Qu'importe encore au Capitaine qu'on lui reforme de bons chevaux ! qu'y perdra-t-il ? rien, puiſqu'il aura l'aſſurance de ne jamais fournir que le même remplacement.

J'ai choisi le dixieme pour le lot de la reforme, parce que je suppose que chaque cheval l'un dans l'autre donne environ dix ans de service. Si cette précaution n'étoit pas juste, sans rien changer au traitement désigné pour les Capitaines, on pourroit prendre le huitieme au lieu du dixiéme, parce qu'alors, comme il se réformeroit nécessairement de meilleurs chevaux, leur vente hausseroit aussi. Je parlerai ailleurs des remontes & des loix qui pourroient les faciliter.

Nous avons déja dit que les compagnies seroient recrutées par les Capitaines, parce qu'il n'y a point de ces Officiers qui n'ait plus de moyens & de ressources qu'il ne lui en faut pour composer sa troupe d'hommes sûrs, lorsque cette troupe lui appartiendra, & sur-tout, lorsqu'il conservera sur l'homme qu'il aura engagé le pouvoir d'annuller son engagement. Il n'est question que d'empêcher cette liberté de devenir abusive, & cela est facile en lui donnant des bornes. Chaque Capitaine pourroit donner quatre congés de grace par an, & il seroit libre sur le prix du dégagement comme sur celui de l'engagement. Il n'y a pas de doute que les Capitaines entrepreneurs ne fissent une bien moins grande consommation d'hommes que les Etats-Majors; l'intérêt multiplieroit les soins. Les hôpitaux seroient aussi moins peuplés & moins couteux au Roi.

Il est de même nécessaire pour l'ordre, que la durée des principaux effets à l'usage des Cavaliers soit exactement déterminée; & que nulle raiſon ne puiſſe en retarder ni en dévancer le remplacement.

La veſte, le gilet, la ceinture, la culotte & les botes feroient fournies neuves tous les deux ans ; c'eſt-à-dire, que chaque année le Capitaine habilleroit à neuf la moitié de ſa compagnie (1).

Le Manteau feroit fourni à neuf tous les 4 ans ; c'eſt-à-dire, que chaque année le Capitaine en metroit un quart de neufs dans ſa compagnie.

La couverture qui doit être pliée ſous la ſelle feroit auſſi fournie par le Capitaine, mais tous les huit ans ſeulement.

Pour s'aſſurer de la tenue & des ſoins particuliers de chaque Cavalier à la conſervation de ſes effets, le plus ſûr moyen eſt de les laiſſer à ſon entretien. Pour ce, la maſſe de linge & chauſſure feroit augmentée & s'appelleroit maſſe d'entretien. On continueroit à la retenir ſur la ſolde ; cette maſſe reſteroit entre les mains du quartier-maître-tréſorier ; le Major & les Capitaines, chacun pour leur compagnie, veilleroient à ſon emploi.

La retenue ſe feroit dans les proportions ſuivantes. A chaque Maréchal-des-Logis ayant 1 liv. 4 ſ. il feroit retenu 10 ſ. par jour, à chaque Cavalier ayant 8 ſ. 4 d. par jour, il feroit retenu 20 den.

La demi-ſolde de tous les hommes abſens par congé ou ſemeſtre feroit réunie à cette maſſe

(1) Toutes les troupes de Pruſſe Infanterie & Cavalerie ſont vêtues tous les ans, c'eſt peut-être un abus, mais il eſt encore plus grand de ne les vêtir en France que tous les ſix ans.

fixée à 20 liv., qui resteroient toujours en caisse; & le décompte de l'excédent seroit fait tous les quatre mois, ainsi que cela se pratique aujourd'hui.

Sur cette masse seroit pris l'achat du linge, du surtout d'écurie, du surtout de culote, du pokalem ou bonnet pour la nuit, & l'entretien de tout l'habillement; celui de la couverture d'équipage, de la monture de bride & ressemelage des botes.

Au terme prescrit pour la durée de chacun de ces effets, il appartiendroit au Cavalier; mais en lui permettant d'en tirer parti, on prendroit les précautions nécessaires pour que ce même effet ne put être remis à la place d'un neuf.

Les chevaux reformés seroient abandonnés au Capitaine pour en tirer tel parti qu'il jugeroit à-propos. L'Inspecteur seulement qui en auroit ordonné la reforme leur feroit couper la queue devant lui.

Des loix fixes détermineroient la taille des hommes & des chevaux, ainsi que l'âge auquel on pourroit les recevoir; il ne pourroit y avoir rien d'arbitraire à cet égard.

Chaque partie de l'habillement & de l'équipement auroit un modele cacheté déposé à l'Etat-Major de chaque régiment, & les Capitaines seroient obligés de s'y conformer scrupuleusement.

Les effets d'équipement dont nous n'avons pas parlé ne nous paroissent pas d'une nature à devoir être invariablement fixés dans leur durée. L'Inspecteur seroit juge sur ces derniers objets.

Les Capitaines étant absolument responsables

de tout entretien, ils feroient libres dans tous leurs moyens pour fe fournir. L'État-Major & les Infpecteurs ne prendroient connoiffance que des réfultats.

Si quelque Capitaine inexact dans fes paiemens faifoit porter des plaintes contre lui; le Commandant du corps feroit autorifé à lui demander la reddition de fes comptes & de fa conduite. S'il la jugeoit mauvaife ou inexacte, il s'empareroit de tous les papiers, argent, effets de ladite compagnie; l'inventaire en feroit fait par le Major qui en donneroit la décharge au Capitaine, & celui-ci feroit fur le champ envoyé aux arrêts pour les garder jufqu'à ce que l'Infpecteur, inftruit par la plainte du Colonel, eut pris lui-même connoiffance de la fituation de cette compagnie; alors l'Infpecteur ordonneroit qu'elle fut adminiftrée jufqu'à nouvel ordre par les foins de l'État-Major.

On voit combien ce genre de comptabilité eft favorable à l'ordre, & avec quelle facilité il fe prête aux circonftances. Le jour où un Infpecteur juge d'un dérangement, le jour où il fe trouve mécontent de la tenue d'une compagnie, il en remet le détail à l'Etat-Major pour le tems qu'il juge à-propos; cela ne complique rien, cela ne change rien au fyftême, qui eft toujours effentiellement le même.

En tems de guerre, la comptabilité feroit toujours la même rélativement à tous les détails de confommation ordinaire; mais pour indemnifer les Capitaines de la perte que leur occafionneroient les hommes & les chevaux tués, & pour détruire le foupçon d'un trop grand ménagement à cet égard, Sa Majesté remplaceroit à ses fraix tous les hommes & les chevaux tués seulement, sans égard à leurs équipages. Nous avons vu que la constitution que j'ai proposée pour la milice a directement cet objet. Ces bataillons seroient ou ne seroient pas assemblés, mais ils fourniroient toujours les remplacemens, soit aux régimens auxquels ils seroient assignés, soit à la compagnie auxiliaire de Cavalerie qui seroit déterminée. Le Roi payeroit si l'occasion le rendoit préférable 120 liv. par homme, & les chevaux sur le pied de 300 liv.

Récapitulation de la comptabilité.

Tous les mois les Trésoriers remettroient aux Quartiers-maîtres sur le contrôle de revue

1°. Les appointemens.
2°. La solde.
3°. La masse générale pour le Capitaine.

Les Trésoriers auroient gardé les retenues de capitation & des 4 d. pour livre. Plus, la retenue des soldes & masse de l'incomplet du dernier mois.

Les Quartiers-maîtres-Trésoriers 1°. distribueroient sur le champ les appointemens des Officiers. 2°. Ils remettroient aux Capitaines la masse générale. 3°. Ils feroient le prêt & l'enverroient chez le Capitaine tous les cinq jours. 4°. Ils retiendroient 20 d. par jour sur la paye de chaque bas-Officier ou Cavalier, conserveroient en caisse la masse complette de 20 liv., & tous les quatre mois leur feroient le décompte du revenant bon.

Chaque bas-Officier & Cavalier auroit sa feuille de dépense chez le Quartier-maître, où seroit inscrit l'argent qui lui seroit avancé pour l'achat ou réparation des effets à la charge de ladite masse, & chaque Cavalier auroit aussi le double de ce compte, afin que la plus grande évidence régnât toujours dans cet emploi.

Montant de la masse générale pour l'entretien.

Pied de guerre, surnuméraires y compris.

	jour.	an.	Cgnie.	Régim.	Total.
Pour chaque bas-Officier, Grenadier, Chasseur ou Soldat.	2 f. 2 d.	39 l.	3042 l.	54,756 l.	6,570,720 l.
Pour chaque bas-Officier, Cuirassier, Dragon, Hussard.	6 6	117	7605	91,260	4,106,700
Total pour l'Infanterie & la Cavalerie,					10,677,420 l.

Nous verrons au chapitre de la discipline & des revues, les moyens que je propose pour l'exactitude & le maintien de cet ordre invariable. La maniere d'établir un cautionnement pour les Capitaines sera aussi traitée au chapitre de la banque militaire; mais avant d'y passer, il nous reste à parler de deux objets essentiels. Les remontes & la nourriture des chevaux.

CHAPITRE XII.

Des remontes. De l'espece de chevaux la plus propre au service de la Cavalerie.

REFLEXIONS SUR LES HARAS.

LES avantages de la Cavalerie consistant principalement dans sa vîtesse, dans sa force & dans son élévation ; c'est du choix des chevaux que ces qualités dépendent primitivement, & on ne doit rien négliger pour se les procurer de la meilleure espece ; mais on sera privé de ce choix 1°. Si la consommation faite dans le Royaume excede la production. 2°. Si le prix haussant tous les jours par la rareté de l'espece ne permet plus à nos moyens militaires que le rebut des autres consommateurs. C'est à-peu-près la position où nous nous trouvons en France dans le moment où j'écris. Nulles loix, nuls moyens pour entretenir la balance entre les prix accordés par le Roi, & ceux fixés par le vendeur. Point ou presque point d'encouragemens donnés pour élever des chevaux dans le Royaume où l'on en consomme le plus, & où le sol est le plus généralement susceptible d'en produire. Que doit-il arriver de là ? que nous faisons avec l'étranger le commerce le plus désavantageux, en lui portant notre argent pour ses chevaux. L'Angleterre, & particuliérement l'Allemagne, fait un grand profit sur cet échange. Quelque énorme que soit la consommation des chevaux, comparée à al quantité que le Royaume en produit, cette disproportion n'est pas frappante dans ce moment, par la facilité que nous avons à en trouver chez nos voisins; mais que la guerre se déclare en Allemagne, que nous la fassions nous-mêmes, cette ressource nous sera enlevée, & dans cet instant où nos besoins venant à augmenter, nous manquerons absolument de ressources; cela est aisé à prévoir. La Cavalerie Françoise, composée aujourd'hui d'environ 16,000 chevaux, a au moins 8000 chevaux Allemands; si la guerre se déclare, il faut que notre Cavalerie soit portée de 35 à 40 mille. Les équipages de l'armée, l'Artillerie & les vivres exigent au-moins 40 mille chevaux; je demande où on les prendra? quels fonds & quels moyens pourront suffire à la consommation de la guerre? Il sera trop tard alors de s'appercevoir que la quantité & la qualité de l'espece nous manquera; commandés par la nécessité, le choix ne nous sera plus permis : il faudra tout faire servir, & la consommation se multipliera en raison de la foiblesse des chevaux que nous employerons. (1) Il seroit

(1) J'ai eû entre les mains un mémoire, fait par un Colonel de Dragons, qui, prévoyant comme moi que nous manquerions de ressources pour augmenter notre Cavalerie si la guerre se déclaroit, proposoit de charger chaque maître de poste du royaume de l'entretien d'un Cavalier & d'un cheval. L'auteur ne m'a pas permis de le nommer, mais il ne peut s'opposer à ce que je cite ici cette idée comme très-avantageuse; & le jour sous lequel il la présente, m'a persuadé de l'utilité que l'on trouveroit à la mettre en pratique. Le Roi de Prusse se sert d'un moyen à-peu-près semblable

donc sage de faire des loix sur les haras ; & de s'occuper du rétablissement de l'espece, qui diminue tous les jours. Une seule Province (la Normandie) semble jusqu'à présent, avoir attiré l'attention du gouvernement. C'est, sans doute, par l'immensité de ses herbages & la qualité reproductive de son sol, qu'elle a été regardée comme la plus propre à élever des chevaux. Mais n'a-t-on point pris la quantité pour la qualité ? c'est ce dont on sera persuadé, quand, au lieu de répéter sans connoissance de cause que le cheval normand est le meilleur cheval françois, on voudra examiner avec soin les haras & les productions de cette Province. Un sol gras & fécond donne abondamment des fourrages, mais la qualité se ressent du terroir qui les produit ; l'herbe, très-abondante en sucs, fournit une nourriture propre à engraisser en peu de tems tous les herbivores. Les chevaux nourris dans ces fonds se reconnoissent par les formes arrondies de leurs muscles ; le tissu en est plus lâche que tendineux, plus mou que compact. Tous les chevaux normands sont chargés de chairs & d'épaules ; ils ont rarement les articulations séches & déliées, & presque toujours la vue grasse. Ces chevaux ne sont ni vites ni courageux. Ils sont beaucoup plus propres au trait qu'à la monture. Malgré les soins des préposés, les extraits ressemblent rarement à ces superbes animaux tirés de tous les pays du monde, rassem-

---

pour ses attelages d'Artillerie. Des laboureurs s'en chargent en tems de paix, & les lui fournissent en tems de guerre.

blés à grands fraix au haras du Roi. La qualité trop nourrissante des pâturages de Normandie n'est pas la seule cause de la médiocrité des chevaux de cette province. Quelques amateurs qui ont mis l'expérience à profit, parent même à cet inconvénient, en faisant choix d'herbages situés sur des terreins élevés & secs, pour y placer les poulains de trois ans, ce qui s'appelle dans ce pays les affiner; & ceux-là, en effet, réussissent mieux que les autres. Mais un soin généralement négligé dans cette province, c'est le choix des meres. De quinze mille jumens, couvertes chaque année, on peut attester qu'il n'y en à pas deux cent qui méritent l'accouplement de ces superbes étalons. Non-seulement elles manquent de figure, mais encore de taille; j'affirme cette vérité, parce qu'ayant habité long-tems cette province, je me suis trouvé deux années de suite au haras dans le tems de la monte, & j'ai été frappé, comme tout le monde, d'un abus contre lequel on ne prend aucun moyen; on diroit qu'il est sans remede. Ce n'est point ici le lieu d'en proposer, ni de parler d'une nouvelle administration des fonds destinés aux haras. On sait que ceux qui sont assignés à la province de Normandie sont énormes; il me suffit de démontrer que le découragement du Fermier & la diminution de l'espece sont une suite inévitable de l'administration du jour, & que passé certain terme, c'est un argent mal dépensé que celui que l'on employe à vouloir inutilement augmenter une production, au-delà de la mesure prescrite pour l'intérêt de cette Province. En effet, tant que le propriétaire

priétaire aura un profit plus sûr & plus démontré à faire le commerce des bœufs que celui des chevaux, il seroit absurde de se flater de lui faire préférer la spéculation la plus dangereuse à la plus certaine & la plus lucrative. La Normandie élèvera toujours une certaine quantité de chevaux; ce n'est point à multiplier ce nombre qu'il faut donner ses soins. Je le répéte, ces efforts seroient inutiles, l'intérêt y tiendra toujours la balance, qu'on ne peut faire pancher que par un intérêt plus grand: le commerce du monde entier est fondé sur cet axiome. Que la quantité varie donc, cela est inévitable, mais l'amélioration est aussi inévitablement soumise aux moyens que l'on employera. Que l'on substitue des jumens de race & de taille à ces bringues qui ne peuvent produire que leur image; que des étalons sains, libres dans leurs membres & surtout dans un autre régime que celui du haras, couvrent ces nouvelles poulinieres, on aura indubitablement de meilleurs chevaux. Mais que de préjugés s'opposent encore à nos succès! si l'on reproche aux Inspecteurs des Haras de conserver des étalons communs & mal faits, ils vous répondent qu'il faut des chevaux de toutes les espèces, pour les proportionner aux jumens & fournir à tous les consommateurs : comme si le bon, l'excellent n'étoit pas toujours préférable lorsqu'on peut se le procurer. *C'est ces chevaux manqués*, me disoit un jour un de ces préposés, *qui servent à remonter vos Dragons, il en faut comme cela.* Eh! Messieurs, où seroit donc l'inconvénient que nous fussions tous montés ſur des chevaux ſemblables à *Kingpepin* (*a*) & à ſa progéniture ! en coute-t-il davantage pour élever un bon cheval qu'un mauvais, & le bon n'eſt-il pas bon pour la Guerre comme pour la chaſſe ? D'après ce principe, l'expérience a eu beau démontrer que pluſieurs étalons [*b*] ne faiſoient que de mauvais chevaux, ils ont été conſervés auſſi long-tems que les meilleurs. Si l'on commet des fautes ſi eſſentielles dans l'adminiſtration des Haras de Normandie, c'eſt bien pis dans les autres Provinces du Royaume, où cette partie eſt abſolument négligée faute de Loix & d'encouragemens, car nous ne pouvons douter que le Limouzin, l'Auvergne, le Berry, le Dauphiné, la Lorraine, l'Alſace, la Bourgogne &c. ne puiſſent nous fournir d'excellens chevaux lorſqu'on le voudra. La Province du Poitou montre l'exemple aux autres, c'eſt par les ſoins & l'activité de quelques Amateurs que ſes Haras s'augmentent chaque jour, & quand nous le voudrons, les rives de la Saone, de la Loire & de la Garonne ſeront couvertes de chevaux ; mais que faut-il pour cela ? des ſoins & une adminiſtration différente que celle des Intendans de Province. Il faut que ces MM. renoncent à choiſir les étalons, & qu'ils ſe bornent à régir la comptabilité ; qu'on élève dans chaque diſtrict des établiſſemens pour raſſembler des étalons, que ces étalons y ſoient maintenus dans un régime & un exercice propres à

(*a*) Fameux étalon anglois, donné au haras du Roi par M. Le Comte d'Artois.

(*b*) L'allerion & l'accompli.

entretenir leur vigueur, qu'on supprime les garde-étalons, les droits de monte, & par conséquent tous les abus qu'entretiennent aujourd'hui l'intérêt. Après s'être occupé de la reproduction de l'espèce, qu'on établisse des loix sur la consommation, qu'elles ayent pour objet de réléguer les jumens chez le cultivateur, comme cela est exactement suivi en Espagne ; que ces loix fixent de plus le tems de la castration, qu'elles l'ordonnent pour les chevaux au-dessous de huit pouces, & l'assujettissent à un impôt pour ceux au-dessus de cette taille. Alors la France deviendra la partie de l'Europe la plus peuplée en chevaux, le consommateur ne sortira pas son argent du Royaume, la Cavalerie trouvera à se remonter, elle doublera ses avantages & acquerra une supériorité décisive sur celle des autres Puissances. Les Cuirassiers monteront des Chevaux de cinq pieds, les Hussards & les Dragons des chevaux de neuf à dix pouces. Le François, plus familiarisé avec les chevaux, les aimera davantage, sera plus entreprenant & en tirera plus de parti. On verroit des Régimens montés sur des chevaux entiers bien choisis & bien exercés faire des marches étonnantes par leur longueur & leur difficulté. Toutes ces choses arriveront un jour puisqu'elles sont possibles, alors on sera surpris de la maniere dont nous nous servons aujourd'hui de notre Cavalerie. Je prédis qu'il en viendra une tellement choisie, montée, équipée & exercée, qu'elle fera en six heures le chemin que nous faisons en six jours ; mais cette révolution sera longue, parce que pour l'opérer il faut vaincre les préjugés qui s'y oppofent. Dans le traité de l'art de monter & de dreffer les chevaux, que je placerai à la fuite de cet ouvrage, je m'étendrai fur les principes & les moyens de tirer les plus grands fervices des chevaux que nous avons entre les mains, mais une opération antérieure à celle-la eft de les bien choifir. Nous venons de voir les précautions qui font du reffort du Gouvernement pour augmenter & améliorer l'efpèce, il faut après laiffer à chaque Capitaine le foin de choifir & de pourvoir fa Compagnie. Son intérêt répond de fon activité à cet égard. La taille des chevaux feulement feroit déterminée comme nous l'avons dit ci-deffus, & Mrs. les Infpecteurs feroient juges de la figure convenable. Dans les pertes confidérables de la Guerre, le Roi indemnife-roit les Capitaines par des recrues & remontes effectives. Nous avons fait voir que les milices fourniroient les hommes fans augmentation de charge pour les fonds de la Guerre. La levée des chevaux pour cette occafion feulement fe feroit par entreprife, elle feroit peu chere au Roi, & ferviroit d'encouragement pour les Haras du Royaume, duquel ces fonds ne devroient jamais fortir. On les jetteroit de préférence dans les Provinces qui en auroient le plus de befoin. Je ne m'arrèterai point ici à parler du choix des chevaux, & à donner des préceptes fur les fignes caractériftiques de la force & de la bonté de cet animal. Affez d'autres ont traité amplement cette matiere. J'y renvoye mes lecteurs, non pour s'y inftruire en adoptant aveuglément les fyftèmes & les principes qu'ils trouveront dans ces livres tous calqués les uns sur les autres, mais je les y renvoye pour mettre ces principes sans cesse en parallèle avec ce que l'expérience leur apprendra chaque jour. Ce n'est que l'expérience qui nous dévoile les jeux bizarres de la nature, que nous voulons envain soumettre à un ordre classique & à une division à laquelle sa variété se réfuse. Nous rencontrons sans cesse d'excellens chevaux construits dans des proportions différentes de celles que nous avons imaginé être les seules qui dussent produire l'accord parfait des forces, & par conséquent, donner la plus grande bonté, & nous trouvons aussi dans ces belles proportions, des animaux hors d'état de rendre les services qu'on sembloit avoir droit d'en attendre [1]. L'hypiatrique, sans doute, deviendra un art utile, mais ses progrès seront lents parce que les conjectures en tracent les principes, & que l'expérience seule peut les asseoir. Les qualités du cheval ne se dévoilent pas à l'expérience avec l'évidence que tous les auteurs nous annoncent; mais celui qui achette n'a que deux manieres

(1) L'accompli, étalon du haras du Roi, a servi de modele à un hypiatre qui l'a fait graver avec soin, pour que ses proportions servissent de regle. Ce cheval avoit tous les défauts qu'on doit reprocher au cheval normand. Il étoit chargé de chair, les os gros, la tête grasse, les articulations rondes; il ne démentoit point ces signes qui annoncent un cheval mou, une de ses productions est encore au haras. Ce cheval ressemble à son pere & ne produit que de mauvais poulains; mais le préjugé des Normands même est si favorable aux grosses jambes, qu'ils préferent donner leurs jumens à des chevaux de cette structure.

de juger; la premiere par l'inſpection de l'extérieur, qui eſt le ſeul moyen pour le poulain juſqu'à l'age de trois ans; la ſeconde par le tact fin de l'eſſai qu'il peut mettre en uſage pour le poulain de quatre ans; ici il faut plus que des connoiſſances d'hypiatrique. L'Ecuyer voit & ſent dans l'action des muſcles des choſes inconnues au reſte des hommes; c'eſt par l'effet qu'il remonte aux cauſes, au lieu que l'hypiatre plus incertain eſſaye de prédire l'effet par la cauſe. Sans connoître les allures du cheval & leur mécaniſme, comment oſe-t-on donner des régles ſur la *bonté*? Ce mot n'eſt-il pas l'expreſſion qui qualifie la perfection du ſervice qu'on en attend? Meffiez-vous de ces connoiſſeurs qui tâtent les jarrets au lieu de voir marcher & de monter le cheval. Je n'entreprendrai pas de développer une nouvelle doctrine ſur la connoiſſance des chevaux, il faut que vingt années d'expérience confirment encore les idées neuves que je puis avoir ſur cet objet. Les Officiers de Cavalerie accoutumés aux achats, & les marchands qu'on aura l'adreſſe d'intéreſſer à une fourniture honnête, ſont les hommes dans leſquels on doit mettre ſa confiance. Ce qui n'eſt ni problématique ni indéterminé, c'eſt l'avantage que la Cavalerie tire de ſon élévation, & les Dragons & Huſſards de leur légéreté. Les chevaux au-deſſous de quatre pieds neuf pouces à la toiſe devroient être rejettés de la Cavalerie Françoiſe. Je terminerai donc cet article en recommandant l'attention la plus ſcrupuleuſe, ſoit dans les achats, ſoit dans les réformes. L'incertitude des principes à cet égard doit inſpirer une juſte défiance à ceux qui ſont chargés de recevoir ou de prohiber ; car l'homme de cheval un peu expérimenté ne s'accoutume point à voir un Inſpecteur décider à la premiere vue, & prononcer un arrêt de condamnation ſans un examen récidivé.

CHAPITRE XV.

Nourriture des Chevaux de Cavalerie. Adminiſtration des fourrages.

SI l'on conſidére que la plus grande dépenſe de la Cavalerie eſt la nourriture des chevaux, & que de la qualité de cette nourriture dépend la force ou la ruine de cette Cavalerie, on regardera l'adminiſtration des fourrages comme un objet qui mérite l'attention la plus ſérieuſe. On en eſt actuellement ſur cet article au même point que ſur preſque tous les autres. On a eſſayé de tous les moyens, il ne s'agit que de les comparer, pour adopter définitivement celui qui eſt le plus avantageux aux intérêts du Roi, & réſoudre enfin ce problême, s'il vaut mieux adminiſtrer les fourrages des armées par entrepriſe que par régie. Nous avons toujours vu la premiere de ces adminiſtrations excéder de beaucoup les dépenſes de l'autre. Il faut que les traitans gagnent, & leur gain eſt toujours proportionnel à la maniere dont ils rempliſſent leur marché. Ici leur intérêt perſonnel eſt ſans ceſſe en oppoſition avec le bien du ſervice ;

plus ils ſont exacts ſur le poids & la qualité, moins ils font de profit. Leur bénéfice au contraire augmente toujours dans la raiſon inverſe.

Le gain de l'entrepreneur eſt ſi conſidérable, & les moyens de l'augmenter ſont ſi multipliés, que dans tous les tems le Miniſtre a été perſécuté par les Financiers, les Intrigans & les Uſuriers. Que d'intéreſſés à le tromper! Tout ce qui l'approche lui tend des pieges. Ses commis même, corrompus par les cadeaux ou les parts, abuſent de ſa confiance, qui eſt toujours d'autant plus grande, que le Miniſtre eſt moins éclairé ſur les immenſes détails de ſon département (1). Les corps ont beau faire des repréſentations, le Commis les ſouſtrait ou ſe charge d'y répondre; le Miniſtre cède enfin, le marché ſe paſſe & l'intérêt du Roi en eſt toujours le prétexte. Ce n'eſt point avec cet Entrepreneur ou cette Compagnie que les troupes ont à faire, ſouvent même elles ne le connoiſſent pas; le premier traitant ſe réſerve deux ou trois ſols par ration, & abandonne ſon privilege à un ſous-traitant, qui ſe contente d'un profit plus modeſte, & met un troiſieme Entrepreneur en ſon lieu & place; quelquefois la caſcade va encore

(1) M. Le Comte de St. Germain a avoué lui-même que lorſqu'il rompit le marché des fourrages, qui étoit très-onéreux au Roi, les entrepreneurs, qui faiſoient des profits immenſes, avoient fait jouer tous les reſſorts imaginables pour le faire renoncer à ce projet, & qu'ils ont cherché long-tems à ſéduire par des intérêts & de l'argent tout ce qui l'environnoit (Mémoires page 34.)

plus loin. Les Juifs qui fourniſſoient les troupes de Lorraine en 1775 étoient les quatriemes Fermiers, & offrirent aux Régimens de leur abandonner leur entrepriſe, moyennant un bénéfice net de ſix deniers par place. Il n'y a pas de Régiment à cheval qui ne puiſſe fournir des exemples de pareils monopoles, & qui n'ait ſouffert de la néceſſité où ſont toujours ces derniers traitans, de ne s'approviſionner que du rebut des pailles, foins & avoines.

Indépendamment de ces voleries indécentes en tems de paix, nous avons vu plus d'une fois nos armées, pendant la derniere guerre, ſe trouver dans les ſituations les plus critiques par la diſette des fourrages; les entrepreneurs gêner ſans ceſſe les opérations des généraux, & ceux-ci ſouffrir patiemment toutes les contrariétés que pouvoit ſuſciter l'avidité des commettans. En voici un exemple : à la fin de la campagne de 1760, M. le maréchal de Broglie, voulant garder la Heſſe pour en faire la tête de ſes quartiers-d'hiver, fut obligé de changer cette diſpoſition, ou du moins de s'étendre beaucoup plus qu'il ne l'avoit compté, par les difficultés que lui firent éprouver les entrepreneurs des fourrages, intéreſſés, ſans doute, à ce que M. le maréchal prît une poſition qui leur fût plus commode ou plus avantageuſe. Le roi de Pruſſe faillit tirer avantage de cette circonſtance, & ſans les plus habiles diſpoſitions de la part de M. le maréchal, le prince Ferdinand & lui pénétroient dans l'intérieur de nos quartiers. Mais il ne ſuffiſoit pas d'avoir chaſſé les ennemis de la Heſſe, il falloit, pour s'y ſoutenir, y établir de nouveau un corps de troupe, & s'assurer de sa subsistance. Voilà le moment favorable aux entreprises; quelques magasins avoient été brûlés, la Hesse étoit dépourvue, on ne pouvoit tirer des fourrages que de la Thuringe & de la Saxe, il y avoit des risques à courir; les difficultés augmentant, les entrepreneurs virent qu'on ne pouvoit se passer d'eux, & demanderent que la ration leur fût payée 50 sols, sans y comprendre les fraix de manutention, & les accidens toujours fréquens entre les mains de ces messieurs. On a évalué que la ration seroit revenue au roi à 3 livres au moins, tandis que, par les nouveaux moyens pris par le maréchal, tous les fraix compris, elle ne revint au roi qu'à 19 sols 6 deniers. La quittance en forme des régisseurs en fait foi (1).

M. le maréchal de Broglie, convaincu du peu de confiance qu'un général d'armée doit avoir dans les entrepreneurs, s'occupa d'un nouvel arrangement, qui fut une administration militaire des fourrages, à laquelle il joignit celle des voitures. Ce général & M. le comte de Broglie, son frere, travaillerent conjointement à ce plan, qui fut exécuté avec toute l'intelligence, la facilité & l'économie possibles, puisque l'approvisionnement fait, il y eut plus de 200 mille rations de reste pour l'hiver suivant. Ces généraux donnerent par-là un exemple sans replique

(1) Le même exemple d'économie s'est montré, lorsque M. de St. Germain rompit le marché des fourrages. La premiere année, le bénéfice pour le Roi fut de près d'un million. (Mémoire du Comte de St. Germain, page 34).

ſur les avantages de ce genre d'adminiſtration, préférable à tous égards aux entrepriſes, toujours ruineuſes pour l'État, & fâcheuſes pour le général.

J'ai été bien aiſe de citer cet exemple, pris des dernieres campagnes, par la facilité qu'on a toujours d'apporter en oppoſition le tems de guerre à celui de paix, qui, dit-on, exige des moyens bien différens. Combien de gens ſe laiſſent ſéduire par ce langage (1).

Si nos maîtres nous ont démontré non-ſeulement poſſible, mais même le plus utile de mettre les fourrages ſous une régie militaire, il ne reſte plus à celui qui travaille & cherche à démontrer le bien, qu'à ſaiſir des moyens ſûrs, & les adapter au plus grand nombre de circonſtances poſſibles.

On a toujours droit de ſe méfier d'un ſyſtême

---

(1) Je conſeille à tous les militaires de lire tout ce qu'ils pourront recueillir des inſtructions manuſcrites, ou autres de M. Le Maréchal de Broglie & particuliérement :

Le mémoire ſur l'adminiſtration militaire des fourrages & des voitures, & ſur les avantages qui en réſulterent depuis leur inſtitution juſqu'à la fin de la derniere guerre.

Inſtructions ſur les fourrages d'une armée.

Inſtructions pour les troupes légeres.

Inſtructions pour les commandans des corps d'avant-garde, des corps détachés de l'armée, & des corps en réſerve.

Inſtruction pour la veille & le jour d'une affaire.

Inſtruction pour les commandans des détachemens & eſcortes du convoi.

Inſtructions générales pour les cantonnemens.

présenté exclusivement; & le meilleur est, sans doute, celui qui est susceptible de se modifier, pour se prêter à toutes les circonstances, qui varient souvent plus qu'on n'a pu le prévoir.

La régie militaire des fourrages, substituée à l'entreprise financiere, se montre sous différentes formes, & en change facilement pour les adapter aux besoins. Dans le calme de la paix, la cavalerie, dispersée dans les différentes provinces de France, a suffisamment de moyens pour s'approvisionner, sans que le ministere s'en occupe. L'objet intéressant est l'économie pour le roi, & elle est sûre, lorsqu'il payera les denrées aux prix marchands de tous les consommateurs de son royaume. Les entreprises ont toujours été au-dessus de ce taux, cela seroit aisé à prouver.

Nous avons vu, par la constitution & la comptabilité proposée pour les troupes, que le traitement des capitaines est absolument séparé & indépendant de la nourriture des chevaux: le roi peut donc, sans leur faire aucun tort ni rien changer à leur état, leur accorder cette entreprise, & la leur ôter suivant les circonstances. En chargeant les capitaines du soin de nourrir leurs chevaux à la ration fixée, on multiplie les agens, on augmente par conséquent les moyens de se mieux pourvoir. Et qui est-ce qui peut & qui doit apporter plus de soins à la qualité des fourrages, que les capitaines auxquels les chevaux appartiennent? Le roi, en faisant fixer le prix des rations sur la valeur relative des denrées dans chacune de ses provinces, & étant, pour ainsi dire, maître de ces prix, en augmentant ou en diminuant la consommation, est assuré de ne payer cette subsistance, que selon la valeur réelle qu'elle doit avoir dans le royaume; on sent par-là que la répartition des quartiers de cavalerie doit être faite sur ces principes.

Cette maniere de régir les fourrages en tems de paix & dans ces quartiers, me paroît donc la plus simple, la plus propre au bien de la chose & la plus économique; elle offre encore un avantage inappréciable, qui est d'exercer le militaire à se pourvoir & à régir ce genre de subsistance. De sorte que les troupes se réunissant, soit pour les camps de paix, soit pour faire la guerre, on trouveroit la plus grande facilité (par le grand nombre d'officiers exercés à ce genre d'administration) à former une régie générale semblable à celle que Mrs. de Broglie employerent avec tant de succès pour les intérêts du roi en 1761 & 1762. Cette administration a été si parfaitement traitée par ces généraux, qu'il ne nous reste qu'à admirer, étudier leurs instructions, & nous taire.

CHAPITRE XVI.

De l'établissement des quartiers pour les troupes dans le royaume.

QUELLE que soit la forme de la constitution & de la comptabilité militaire, l'entretien de l'armée demande un remplacement successif & continuel d'hommes, de chevaux, d'habillement &

d'équipement. L'instruction demande aussi dans chaque régiment une école perpétuelle, pour former la recrue & le cheval de remonte; il faut donc des magasins & des boutiques continuellement ouvertes pour la fabrication des différens effets, des maneges & des hangars pour les différens exercices. Or, il est peu d'usages aussi contraires au bien du service, que celui que nous conservons en France, de faire voyager sans cesse les troupes d'un bout du royaume à l'autre, sans autre objet que celui de les changer de garnison & de quartiers. L'instruction en souffre, le soldat s'endette. Il use non-seulement ses effets, mais encore ceux qui sont au compte du roi. Le transport des équipages, celui des magasins ne se font jamais sans perte & sans des fraix considérables. L'officier est accablé par les dépenses que lui occasionnent ces déplacemens, pour lesquels le roi, loin de lui faire un traitement particulier, le prive encore des secours nécessaires pour le transport de ses équipages & de ses valets. Ces mutations continuelles font que l'officier ne peut vivre nulle part avec l'économie qu'exigeroit sa modique paye: par-tout il est traité comme un étranger, & se trouve comme tel, réduit aux cheres ressources de l'auberge. Le peuple est foulé par le passage continuel des troupes qu'il a la charge de loger. Les étapes, qui sont une très-grosse charge aussi pour les provinces, augmentent d'environ deux millions les dépenses de la guerre. En fixant l'établissement des troupes, il en résulteroit une grande économie pour le roi, pour les officiers & pour le soldat. Les villes destinées à devenir quartiers, feroient bientôt conftruire des cazernes plus faines, plus commodes & plus favorables à la difcipline. On auroit des hangars, des maneges qui faciliteroient l'inftruction qu'on ne peut donner dans la plupart de nos quartiers actuels. Des magafins vaftes nous permettroient d'être toujours munis des attirails de guerre, dont on ne peut fe pourvoir à préfent, par l'embarras de les traîner avec foi. L'officier, enfin, jouiroit des mêmes reffources que le citoyen, il pourroit vivre à auffi bon marché, en faifant dans les tems les plus favorables toutes les provifions de fa confommation. C'eft ainfi que cela fe pratique en Allemagne, en Pruffe; mais, malgré l'évidence de l'avantage qu'il y auroit à imiter ces deux Etats, vraiment militaires dans cette fage politique, je trouverai, fans doute, le plus grand nombre des anciens officiers contraires à ce principe. Ils réclament fur cet objet, comme fur tant d'autres, l'antique ufage de ces promenades devenues néceffaires à la diverfion de leur oifiveté & de leur ennui. Les uns diront que ces changemens fervent à éviter le dégoût que le foldat François eft fi fujet à prendre pour une vie que la difcipline rend déjà fi uniforme. Les autres diront que le foldat, étant fédentaire, formeroit des liaifons trop folides, qui le diftrairoient des devoirs de fon métier. Mais, que l'on réfléchiffe férieufement fur la futilité de ces objections communes, qui paffent de bouche en bouche, & que l'on répette machinalement. Si le foldat defire quelquefois fortir du quartier ou de la garnifon qu'il occupe, c'eft que fon établiffement y eft mauvais, c'eft que les vivres y ſont chers, c'eſt qu'il y eſt trop fatigué par le ſervice (1). Quand eſt-ce qu'un régiment ſe plaint de ſon quartier ou de ſa garniſon? C'eſt preſque toujours dans les premiers mois de ſon arrivée, parce qu'alors il a moins de moyens & moins de reſſources, parce qu'il eſt reçu avec humeur par le bourgeois qu'il gêne, & auquel il eſt à charge. Si le régiment eſt diſcipliné, au bout de quelques mois l'humeur & les plaintes s'appaiſent, la ville s'habitue à la garniſon, & la garniſon à la ville. J'ai toujours vu, qu'à moins qu'il n'y eût des cauſes ſemblables à celles que j'ai cité ci-deſſus, lorſque l'ordre routinier du changement arrivoit, le bourgeois étoit fâché de perdre le ſoldat qu'il connoiſſoit, & le ſoldat fâché de perdre l'hôte dont il avoit à ſe louer. De ce que le ſoldat s'accoutume & ſe plaît dans ſon quartier, en conclure qu'il perdra le goût de ſon métier, & ſe diſtraira de ſes devoirs, c'eſt préciſément déduire une conſéquence inverſe de celle que je crois raiſonnable d'en tirer.

Chaque miniſtre a d'autant plus volontiers maintenu cet uſage de faire voyager les troupes, qu'il devient une reſſource pour tirer du tréſor-royal deux millions, en excedant des fonds aſſignés pour le département de la guerre. Ceci eſt une de ces ruſes d'adminiſtration, un de ces reviremens

(1) Dans nombre de garniſons, en effet, ne fait-on pas, au mépris des ordonnances, monter deux ou trois gardes au même homme en 8 jours. (Il faut vérifier cette note ſur les ordonnances du ſervice des places).

reviremens de parties qui se pratiquent en grand, mais dont le résultat est comme celui de la comptabilité actuelle de nos régimens, je veux dire, de tromper le roi, afin de le mieux servir.

Lorsqu'un bureau de l'hôtel de la guerre calcule mal, lorsque la dépense excede la recette, lorsqu'il y a quelques gratifications extraordinaires à accorder, ou quelques dépenses tacites à faire, le commis chargé du mouvement des troupes, présente le tableau d'un changement de quartiers & de garnisons, qui met trente ou quarante mille hommes en route pendant un mois, donne un bénéfice net de la retenue totale des appointemens & de la solde de ces troupes, car alors elles sont défrayées par l'étape. Les contrôleurs-généraux, choqués d'une charge que le ministre de la guerre rejette à volonté sur le trésor-royal & sur les provinces, auroient voulu remédier à cet abus, mais ils n'ont osé élever la voix contre un usage dont l'origine est aussi ancienne, & que le bourdonnement de l'hôtel de la guerre certifie être aussi nécessaire. M. Necker fit pourtant, en 1777, une nouvelle tentative pour mettre fin à ce désordre. Il fit proposer à M. le comte de St. Germain de supprimer les étapes, & lui offrit en indemnité une augmentation de six cent mille livres pour les fonds de la guerre. Un officier général fut chargé de traiter cette affaire entre les deux ministres; mais les bureaux détournerent bientôt le principe d'ordre & de justice qui rendoit le ministre de la guerre attentif à la proposition: on décida celui-ci à demander un million cinq cent mille livres. On ne tomba point d'accord. M. de St.

Germain quitta en ce moment. Le directeur des finances, occupé d'opérations plus vastes & plus essentielles, semble au moins avoir suspendu le projet d'une réforme aussi intéressante, mais ne pourroit-on pas réveiller son attention, en entrant dans des détails qui serviront de plus en plus à le convaincre de l'inutilité des étapes. Il est assez bien prouvé qu'il est avantageux au roi, au militaire & aux provinces, de donner aux troupes des établissemens permanens dans le royaume, parce qu'alors, si un régiment marche pour cause de guerre, il n'emmene jamais que ce qui est en état de la faire, il ne déplace point ses magasins, son quartier est toujours son dépôt, il y renvoye ce qui lui est à charge, & en fait venir ce qui lui est utile : purgé de tout ce qu'il y a d'infirmes & d'esclopés, il sémera moins de malades dans les hôpitaux, & occasionnera moins de charges aux provinces pour les corvées de voitures & de chevaux.

Que l'on ne soit point étonné de la proposition que je fais de réformer les étapes. Avant Louis XIV, les troupes voyageoient, & n'en avoient pas ; mais, comme le militaire étoit alors sans discipline, le soldat pilloit pour économiser sa paye ; ce fut la raison qui détermina Louis XIV à faire fournir aux gens de guerre la subsistance en pain, vin & viande. En 1718, le marché des étapes fut sans doute trouvé ruineux : le roi le supprima, en accordant aux troupes une augmentation de paye, lorsqu'elles seroient en route. En 1727, il y avoit sans doute comme aujourd'hui beaucoup d'intéressés au désordre, ils parvinrent à persuader de la nécessité de faire rétablir un marché qui les enrichissoit, & ce marché tient encore. Il faut le supprimer une seconde fois, parce qu'il est pour le moins aussi coûteux au roi en ce moment, qu'il l'étoit il y a soixante-deux ans.

Le marché des étapes est véxatoire pour les officiers, & il favorise la mauvaise foi & l'usure de l'entrepreneur. Les ordonnances de 1727 & de 1737, qui accordent un certain nombre de places de bouche & de fourrages aux officiers, leur défendent en même tems d'en disposer, & laissent à l'étapier seul la liberté du rachat. Celui-ci les évalue donc toujours au plus vil prix; car on ne peut pas plus le forcer à les payer plus, qu'on ne peut les vendre à d'autres. C'est être indécemment à sa disposition.

Une ordonnance de 1763 prévoit le cas où des troupes viendroient à marcher sur des routes où les étapes ne seront pas établies, elle accorde un sol par jour à chaque soldat, 3 sols pour chaque appointé, 4 sols pour chaque caporal, & 8 sols pour chaque sergent. Que l'on se serve de cette loi générale, en changeant pourtant le tarif. Que l'on accorde 2 sols d'augmentation au soldat, cavalier, appointé, caporal & brigadier, & 4 sols au sergent & maréchal-des-logis. Je réponds que les chambrées, vivant dans l'ordre prescrit, se procureront une nourriture aussi ample que celle qui est distribuée en nature par l'étapier.

Pour accroître encore ce bien-être, pendant les jours de route, il ne seroit fait aucune retenue pour la masse de linge & chaussure. Le soldat & le cavalier mettroient au prêt leur paye entiere, ſavoir, l'un 9 ſols, & l'autre, 10 ſols 4 deniers.

Lorſqu'un régiment devroit voyager, ſon arrivée ſeroit annoncée dans tous les lieux de ſon logement, afin que le maire ou ſyndic principal avertît les bouchers, boulangers, marchands de foin, pailles & avoines. L'attention de cet officier municipal, ſeroit ſeulement de s'aſſurer que la quantité néceſſaire des denrées eſt à vendre, & d'en maintenir le prix égal aux calcabots des marchés précédens.

Un capitaine, un lieutenant & un maréchal-des-logis précéderoient de deux jours la marche du régiment, pour s'aſſurer des proviſions de toute eſpece; enſorte qu'à l'arrivée du régiment, la diſtribution en ſeroit auſſi promte que celle qui ſe fait aujourd'hui.

Dans la diſtribution des logemens, on ne ſépareroit jamais les chambrées, & pour éviter les déſordres qui pourroient réſulter des diſtributions ou des achats individuels, le chef de chambre & deux ſoldats ou cavaliers, iroient ſeuls chercher les proviſions.

En ajoutant à ce projet quelques loix que les circonſtances rendroient peut-être néceſſaires, j'oſe affirmer que les troupes voyageroient tout auſſi commodément que par la méthode actuelle. Je laiſſe apprécier aux calculateurs l'économie qui en réſulteroit.

Plus on méditera le ſyſtême de permanence que je propoſe, plus je me flatte qu'on le trouvera avantageux; le vieux ſoldat trouvera un azyle dans ſon quartier, on pourra l'y occuper utilement. Le mariage ne ſera plus proſcrit, comme il l'eſt aujourd'hui, dans les troupes françoiſes, par l'embarras réel qu'il donne dans un régiment. A une certaine époque de ſervice, il ſera, au contraire, encouragé, parce que le roi donnera du pain à ceux qui en naîtront.

Nous avons acquis un ordre civil & une diſcipline militaire ſuffiſante pour nous garantir du brigandage, de la maraude & du vol, prétexte qui fut celui du rétabliſſement des étapes, & qui ne peut plus s'oppoſer à leur ſuppreſſion.

Voici le ſyſtême ſur la permanence des quartiers & le mouvement des troupes, que je propoſe de ſubſtituer à notre méthode arbitraire & ruineuſe.

Les 120 régimens d'infanterie ſeroient répartis dans 120 quartiers différens. Leurs choix ſeroient relatifs à la proximité des frontieres, à la richeſſe de la province, au prix de ſes denrées, à leurs débouchés, aux aiſances enfin du local. Les 45 régimens de troupes à cheval ſeroient auſſi répartis dans 45 quartiers; on choiſiroit les provinces qui donnent le plus de fourrages. Il n'y a pas une de ces provinces qui ne fît volontiers les fraix de ces établiſſemens, parce qu'alors les troupes, au lieu de leur être à charge, vivifieroient le commerce, en y verſant beaucoup d'argent.

Les principales villes de guerre, comme Lille, Metz, Strasbourg, Beſançon, & encore quelques autres, ne ſeroient plus que des garniſons filieres, où tous les régimens de l'armée paſſeroient à leur tour. Le ſervice n'y ſeroit jamais que de ſix mois; mais comme ces troupes ſeroient peu nombreuſes, elles feroient le ſervice avec une rigueur & une exactitude que l'on n'obſerve pas aujourd'hui. La cavalerie paſſeroit auſſi dans ces garniſons, pour y apprendre le métier qu'elle doit faire à la guerre.

Voilà un mouvement dans les troupes néceſſairement établi, mais les marches ſeroient courtes, parce que chaque régiment ſeroit toujours deſtiné pour la garniſon la plus voiſine. Il ſeroit fait un tableau exact & invariable ſur cet objet.

Tous les étés, les quartiers ſeroient raſſemblés en différens points pour ſe former en diviſion, camper & manœuvrer. Voilà encore des marches, mais elles s'exécuteroient toutes ſans étape. Il ſeroit fait un nouveau tableau pour déterminer les journées des troupes en route, car ſi l'échelle qui meſure à préſent nos journées d'étape, eſt aſſez grande pour l'infanterie, on ne peut nier qu'elle ne ſoit ridiculement trop courte pour la cavalerie, qui ne fait ſouvent que quatre ou cinq lieues, & qui ſéjourne tous les quatre ou cinq jours. En appréciant mieux les forces de cette arme, en la dépouillant de tout ce qui l'écraſe, on peut lui faire faire huit lieues par jour, lorſqu'on n'eſt pas preſſé, & dix à douze lieues, ſi la néceſſité l'exige.

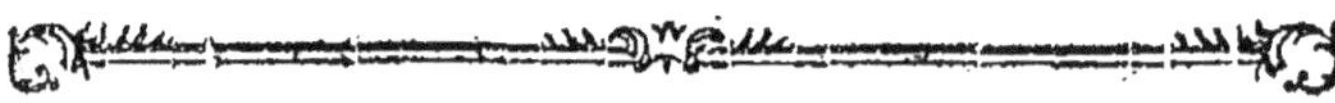

CHAPITRE XVII.

Le département de la guerre doit être dirigé par un conseil, & non par un sécretaire d'Etat.

C'EST peu de former un plan, de le calculer, d'en montrer les avantages, d'obtenir même en sa faveur l'approbation des militaires éclairés; tout ce travail reste sans fruit ou disparoît avec son auteur, s'il est successivement abandonné aux mains toutes-puissantes de chacun des ministres appelés pour régir le département de la guerre. C'est ce que M. le comte de St. Germain avoit parfaitement senti, & ce qui lui avoit fait former le projet de substituer à sa place même, (son plan une fois arrêté) un conseil de guerre pour régir ce département. En effet, quel homme, dans le poste glissant du ministere, peut se flatter de maintenir l'ordre avec la même fermeté dont un tribunal est capable? Que de pieges tendus à celui-ci, que d'assauts donnés à son crédit! Les sollicitations l'accablent de toute part; pour y résister, il faudroit qu'il fût doué d'un caractere & d'une fermeté qui ne se rencontre point dans un homme de la cour. La puissance d'un ministre n'est que la premiere cause de sa foiblesse; s'il refuse ce qu'il a le pouvoir d'accorder, il ne rencontre plus autour du trône que des ennemis qui ont juré sa perte, & c'est en lui forçant la main, que chaque homme puissant vient essayer ses forces & son crédit. Sa premiere occupation eſt donc de plaire, il n'exiſte qu'à cette condition. Il faut en convenir, nos loix, nos uſages, nos mœurs s'oppoſent à la fermeté des miniſtres, & c'eſt la raiſon pour laquelle on les voit ſi ſouvent en contradiction avec eux-mêmes. Celui que l'Europe admire aujourd'hui à la tète de nos finances, auroit peut-être ſuccombé, comme tant d'autres, ſous cet ancien titre de contrôleur-général, tandis qu'avec celui plus modeſte de *directeur des finances*, il propoſe, fait appuyer & maintenir par ſon conſeil (1) les réformes les plus avantageuſes, que ſes prédéceſſeurs n'auroient oſé entreprendre. Mais quand ce ſiecle produiroit un miniſtre qui réuniroit la confiance de ſon maître, la fermeté d'un Sully, l'adreſſe d'un courtiſan & les lumieres d'un général, quand le hazard produiroit ce phénix, il pourroit créer, mais non conſerver l'harmonie d'un ſyſtême qu'il auroit établi; la fin de ſon regne ſeroit toujours le commencement du déſordre. Son ſucceſſeur, auſſi puiſſant que lui, nous montreroit, ce que nous

(1) Je ne connoîs ni la cour ni les miniſtres; lorſque je citai cet exemple je le croyois ainſi. Un Grand, plus inſtruit que moi de la maniere dont les affaires ſe traitent, m'a aſſuré que le conſeil des finances n'avoit eu aucune part aux changemens que nous admirons. Si M. Necker ne s'eſt jamais ſervi de ce rideau pour ſe mettre à l'abri des protecteurs, & de leurs ſollicitations, il eſt peu d'hommes qui puiſſent ſe flatter de montrer autant de juſtice & de fermeté. Cela ne change donc rien à la néceſſité que je crois démontrée, d'ajouter l'autorité d'un conſeil à la foible main d'un miniſtre.

avons vu toutes les fois que le gouvernail a changé de mains, une nouvelle théorie & de nouvelles loix.

L'homme veut créer, & toujours, parce qu'il est primitivement occupé de lui, il veut se rendre utile; il veut éblouir, & la nouveauté produit cette illusion. Un observateur éclairé a écrit avant moi, *c'est assez que l'on voie un édifice élevé dans le champ de mars pour qu'on soit tenté de rebâtir.* Si l'on passe en revue les changemens que la constitution militaire a éprouvés, on verra en effet qu'ils se sont toujours multipliés en raison inverse, du tems que les Ministres ont été en place. Il a paru cinq fois plus d'ordonnances de 1770 à 1776 que de 1762 à 1770. Malgré tant de variétés qui ont toujours eû la perfection pour prétexte, nous avons vu que le militaire étoit loin d'une constitution solide & d'une institution relative, & c'est en vain que l'on travailleroit à de nouvelles réformes, si l'on ne trouve avant tout le moyen d'en perpétuer la durée. Il n'y a qu'un tribunal, un conseil de la guerre, dont l'autorité permanente puisse résister à l'intrigue des courtisans, & s'opposer aux abus qui naissent de la bassesse des protégés & du sot orgueil des protecteurs. Machiavel, dont l'autorité ne peut être suspectée en cette occasion, a dit: *quelque bien que puissent être des loix, elles seront toujours de très-courte durée, lorsqu'un seul homme en sera le maître absolu; elles subsisteront au contraire, lorsqu'elles seront maintenues par un nombre de personnes auxquelles on les aura confiées.*

Il y a trop d'intéressés aux désordres pour

que l'on ne présente pas une infinité d'objections à l'établissement d'un conseil de guerre. La plus puissante sans doute est, que l'accord & l'union sont rares parmi des hommes réunis pour partager une autorité ; il faudroit leur supposer une sincérité, un amour du bien, qui est souvent éteint par l'orgueil, la rivalité & l'intérêt ; mais de deux maux inévitables je choisis le moindre, bien convaincu qu'il y a bien plus de moyens de s'opposer aux désordres d'un conseil, qu'à ceux que produisent la foiblesse & l'ignorance d'un Sécrétaire d'Etat ; car l'homme a dans sa vie des périodes d'ambition, de passions & d'oisiveté même, qui se succèdent & dont son administration se ressent toujours s'il reste long-tems en place. C'est bien pis encore, comme nous l'avons dit, si on le change tous les ans. Le conseil de la guerre seroit chargé de maintenir la discipline dans toute sa vigueur, d'examiner les nouveaux projets, & la réforme des abus, de tenir le tableau des graces, & de l'avancement des officiers, pour proposer au Roi les sujets dignes de ses bontés, & capables de remplir les emplois à mesure qu'ils viendroient à vaquer. Tout y seroit mis en délibération, l'unanimité des voix seroit la seule protection. Les commandans de divisions, les Inspecteurs, les Colonels rendroient leurs comptes au Conseil, formeroient leurs demandes, mais ces demandes ne seroient pas des ordres. Je n'entrerai point ici dans les détails de la composition du Conseil que je propose, je le renvoye au chapitre XXI, où il sera question de l'emploi des officiers généraux. Dans le cours de cet ouvrage, je trouverai plus d'une occasion de multiplier les raisons qui me font dire avec le grand Montesquieu. *Il faut un visir à un despote, & un Conseil à un Monarque.*

CHAPITRE XVIII.

De la discipline.

LA discipline est au militaire, ce que le gouvernement & la législation sont à la monarchie. C'est le vaste code qui régit tout, par lequel la machine se meut, & qui peut seul en assurer l'union, l'harmonie & la force. La discipline ne peut s'établir que par les loix, & réciproquement les loix ne peuvent être maintenues que par l'activité de la discipline, qui les fait exécuter. Un code exact doit fixer les devoirs de chaque individu. Une autorité absolue dans le supérieur doit assurer l'exécution de l'ordre donné, & une obéissance aveugle dans l'inférieur doit faire que cent mille volontés soient gouvernées par une seule. Telle est, je crois, l'idée & la définition générale que l'on peut donner de la discipline.

Le militaire n'étant qu'une classe d'hommes, prise dans la masse de la nation, c'est-à-dire une partie du grand tout, cette partie ne peut jamais être assez distincte, & assez séparée, pour que son esprit & ses préjugés soient différens de l'esprit & des préjugés de la nation dont il fait partie. Il résulte de cette vérité une conféquence bien fimple, de laquelle on n'auroit pas dû s'écarter; c'eſt que les moyens de la diſcipline militaire ne doivent jamais choquer les mœurs, les uſages, les préjugés, le caractere enfin de la nation à laquelle cet état militaire tient ſi intimément.

C'eſt l'honneur, dit Monteſquieu, qui doit être le principe de la monarchie, & j'oſe ajouter le principe de la diſcipline militaire : loin de nous donc, le ſyſtème de ces novateurs, qui traitent cet honneur de chimère, & veulent méconnoître tout autre ſentiment que *la crainte* pour conduire les hommes. Que l'on ouvre les annales des différens peuples, on verra que ceux qui ont donné au monde le ſpectacle de la grandeur, de la puiſſance, & des conquêtes, étoient animés par des cauſes plus nobles. Malheur à une troupe que l'on conduiroit à l'ennemi par les moyens de la diſcipline moderne (1), & qui auroit à combattre des hommes inſpirés par l'amour de la gloire, & par celui de la patrie.

Les paſſions peuvent ſeules produire le courage, & le degré inégal de leur force eſt toujours occaſionné par la diverſité des gouvernemens. La valeur des Romains étoit excitée par le patriotiſme, & ſoutenue par des récompenſes honorables & réelles. Les armées de cette République ne furent vaincues que lorſque le gouvernement commença à ſe corrompre.

(1) Le principe de la diſcipline moderne eſt d'inſpirer au ſoldat plus de crainte des coups de ſon Officier que de ceux de ſon ennemi.

Des écrivains se sont efforcés de vouloir confondre les différences très-réelles qui se trouvent entre le génie, les mœurs, les habitudes, & les connoissances des différens peuples. Après avoir hazardé deux ou trois assertions, & en avoir tiré des conséquences très-fausses, ils nous ont prêché l'adoption universelle des institutions & de la discipline des peuples du nord, comme la meilleure pour tous les pays. Ces paradoxes ont été soutenus par une logique tranchante, dont le charme entraîne toujours les suffrages de la foule qui ne raisonne pas. En France surtout, où notre légéreté fait que les nouvelles opinions se répandent avec la même rapidité que les modes, cette fureur de copier nos voisins ne se borne pas toujours à en prendre le costume, nous voyons nos jeunes Seigneurs, Anglois dans Paris, Prussiens à la tête de nos Régimens, adopter & le langage & les principes de ces nations. Pendant que ces grands enfans se livrent à des imitations puériles, le Ministre nage dans l'incertitude que lui communique tout ce qui l'entoure. Ses opérations sont contradictoires, ou sans suite, parce qu'elles sont sans principes : qu'il me soit permis de citer celui dont l'enthousiasme françois a caressé le délire, & dont l'expérience devoit effectivement nous promettre des changemens plus heureux. Sans attaquer la mémoire de ce brave militaire, je nommerai Mr. de St. Germain, comme ayant donné un exemple frappant des erreurs dans lesquelles est sujet à tomber celui qui rédige des loix, sans connoître la nation pour laquelle elles sont faites : n'ayant consulté ni les qualités, ni les défauts de l'esprit françois, ce Ministre a multiplié les ordonnances; mais, au lieu de faire un code, il ne nous a laissé qu'un cahos de loix indigènes, dont les contrariétés ont nécessité l'anéantissement. Retoucher successivement à toutes les parties de la constitution & de l'administration, c'est s'exposer aux mêmes réclamations, c'est se donner les mêmes entrâves que ses prédécesseurs, c'est se mettre dans le cas de revenir soi-même sur son ouvrage, lorsqu'il sera question de rejoindre des pièces qui n'auront pas été faites pour s'assembler. Je ne cesserai de dire cette importante vérité; si l'on est obligé de toucher à la machine militaire, il faut que l'œil du réparateur la voye en son entier, qu'il médite son nouveau plan, & qu'une fois mis au net, un signal universel & inatendu le fasse exécuter au même moment.

Cette opération faite, il faut que le législateur confie le dépôt de son ouvrage à qui le maintienne & le fasse respecter. Si par la suite il devient nécessaire d'y faire quelques changemens, il faut que cette innovation s'opére avec tant de solemnité & de précaution, que tout le monde en conclue que les loix sont sacrées, puisqu'on apporte tant de formalités pour les abroger. Les loix des douze tables furent, chez les Romains, un an exposées à la censure publique avant d'être promulguées, & les arrêts du Sénat, qui avoient force de loi pendant un an, ne devenoient perpétuels que par la volonté du peuple; c'est que les législateurs de cette République savoient combien il étoit néceſſaire que des loix, qu'on devoit ſuivre ſtrictement, fuſſent long-tems méditées. Les nôtres, bien différens des législateurs Romains, créent & publient leurs ordonnances le même jour, ſans doute parce qu'ils connoiſſent les facilités que nous avons pour nous y ſouſtraire. Il en réſulte que les chefs, accoutumés à ſe mettre ſi facilement au-deſſus des loix, dédaignent & rompent toutes les entrâves des ordonnances; les uns les ignorent, les autres les éludent, tous affichent l'indépendance. Les moyens de diſcipline qui doivent être univerſels & généraux dans l'armée, ſont variés autant que les chefs auxquels on les confie. Ce n'eſt point ici le lieu d'examiner l'eſprit qui a dicté les nouvelles loix de 1776 concernant les punitions, elles exiſtent, & cela devroit ſuffire pour que perſonne n'oſât les enfreindre ou s'en écarter; cependant on ne ſe borne pas à les éluder, on affiche hautement qu'on ne les ſuit pas; les Généraux le voyent, le Miniſtre le ſait, mais le chapitre des conſidérations & des égards affoiblit tous les reſſorts de l'autorité.

On ne ceſſe de dire que l'eſprit & les mœurs de notre nation ſont incompatibles avec cette exacte diſcipline, dont nous trouvons l'exemple chez les étrangers. Un pareil raiſonnement eſt plus facile, ſans doute, que la recherche des moyens capables de nous porter à une perfection dont nous ſommes ſi éloignés. Je ne doute pourtant pas qu'ils n'exiſtent, ces moyens; que nous ne les trouvions, & qu'ils ne nous réuſſiſſent lorſque nous voudrons ſubſtituer une autorité permanente à la foible main d'un Miniſtre.

Les récompenſes & les punitions, la gloire & l'infamie ſont les ſoutiens de l'art militaire, & les moyens infaillibles avec leſquels le légiſlateur peut toujours opérer le bien public: mais ces moyens, c'eſt-à-dire la nature des récompenſes & des punitions, doivent varier avec l'eſprit & les préjugés des différentes nations, ils étoient différens à Rome & à Sparte, ils doivent différer auſſi en France & en Pruſſe. La crainte du bâton fait marcher le Pruſſien, tandis que l'honneur fait marcher le François à la charge. Mais ces moyens différens doivent avoir une même fin, qui eſt la rigide obſervation des loix; ſans elle une armée feroit une troupe de bandits, d'autant plus dangereuſe qu'elle feroit plus puiſſante. Accorder le deſpotiſme & la juſtice eſt donc le but, & feroit le chef-d'œuvre de la diſcipline militaire.

Article. I.

Des récompenſes.

L'eſpoir & la crainte étant les guides naturels de toutes les actions des hommes, il faut lier l'eſpoir de la récompenſe au zèle, à l'exactitude, à l'action utile, comme l'arrêt inévitable du châtiment à la ſuite de la faute.

Les récompenſes militaires doivent être en grades & en honneur. Leur diſtribution eſt avantageuſe à l'état, lorſqu'elle eſt faite avec juſtice & diſcernement, & elle devient la ſource de tous les déſordres, lorſque c'eſt la protection, la conſidération & l'intrigue qui en diſpoſent.

Des Grades.

Accorder les grades à la protection, c'est non-seulement commettre une injustice envers celui qui par son mérite avoit droit d'y prétendre, mais c'est mettre en place un homme dont l'état ne peut attendre que des fautes. Richelieu disoit, *il faut représenter librement aux Rois, jusqu'à quel point ils sont responsables devant Dieu, quand ils donnent par pure faveur les emplois & les charges, qui ne peuvent être possédés, par des esprits médiocres, qu'au préjudice des Etats.* Je sais que dans un gouvernement monarchique la naissance a des droits qu'il faut soutenir : ces droits sont universellement reconnus, & le françois a toujours obéi avec plaisir à de jeunes chefs, dont les ayeux ont acquis à leur postérité celui de leur succéder; mais n'avoir point de loix sur cet objet, n'est-ce pas laisser un libre cours à l'injustice, aux prodigalités, & à tous les désordres qui s'ensuivent ? où est la ligne de démarcation qui doit séparer les deux classes de la noblesse ? personne ne veut la reconnoître, & encore moins la placer devant soi. Le fils d'un secrétaire du Roi se croit Gentilhomme, tout Gentilhomme veut aller à la Cour, & tout homme à la Cour se croit un grand-seigneur, & crie à l'injustice, si on ne lui donne pas un Régiment. D'un autre côté, si la noblesse se plaint de rester dans les emplois subalternes, c'est qu'elle n'a pas seule l'avantage de les posséder. J'ai déja parlé de cet abus au chapitre VII.

C'eſt ici l'occaſion d'examiner les ſuites fâcheuſes qu'il a produites.

Au lieu de mettre & de tenir chacun à ſa place, ce qui étoit l'unique moyen de remédier au principe du mécontentement, des plaintes & des clameurs, les Miniſtres ſe ſont contentés de les appaiſer en prodiguant les grades de Colonels & de Capitaines à tous ceux qui ont eu l'impudence de les demander. Chaque Miniſtre, embarraſſé par les profuſions de ſes prédéceſſeurs, aſſailli lui-même de toutes parts, s'eſt vû entraîné dans les mêmes inconſéquences; aucun n'a eu la prudence, la volonté ou la force de prévoir l'avenir, & d'arrêter un déſordre, qui nous a conduit à une confuſion dont nous ne pouvons ſortir que par une réforme générale. Il y aujourd'hui trois fois plus de Colonels qu'il n'y a de Régimens, & dix fois plus de Capitaines qu'il n'y a de Compagnies. On verra bientôt ces officiers poſtiches dans tous les grades acquérir les honneurs militaires ſans quitter Paris, & obtenir l'habit d'officier-général, ſans avoir jamais connu ni exercé aucune des fonctions de leur métier.

Par quelle inconcevable fatalité, tout imitateurs que nous ſommes, ne prenons-nous jamais des étrangers les choſes dans leſquelles il nous ſeroit ſi utile de les imiter! Fréderic, que l'on nous cite ſans ceſſe, n'a de Capitaines qu'autant qu'il a de Compagnies, de Colonels qu'autant qu'il a de Régimens, & d'officiers généraux qu'autant qu'il lui en faut pour le commandement & le ſervice de ſes armées. La France a plus de deux cent douze lieutenans-généraux,

& quatre cent ſoixante & ſix maréchaux de camp : comme il eſt impoſſible de les employer tous, le plus grand nombre reſte dans l'inaction ; & ceux qu'un diſcrédit, [ſuite néceſſaire de l'amovibilité des Miniſtres] a tenu vingt-ans éloignés des troupes, ſe trouvent à un nouvel avènement remis en activité, & quelquefois c'eſt au moment où la guerre ſe déclare. Dans celui où j'écris, les exemples ne me manqueroient pas, mais je me ſuis ſévérement interdit toute citation. Il n'eſt pas un article de cet ouvrage qui ne fourniſſe une réflexion déterminante en faveur de l'adminiſtration d'un conſeil, comme préférable à celle d'un ſecrétaire d'état pour régir le département de la guerre : en lui ſuppoſant même le crédit & la force de nommer aux emplois, comment s'acquittera-t-il de ce choix délicat ? ſes paſſions, ſes préjugés, des connoiſſances ſuperficielles, au moins dans pluſieurs des parties qui lui ſont confiées, l'entraîneront tour-à-tour à des nominations conformes ou contraires au bien du ſervice. On ſait que l'homme en général ne ſent & n'eſtime que les idées analogues aux ſiennes, nous en avons vu la preuve dans tous nos ſiſtêmes de conſtitution & d'inſtruction, nous avons vû l'artillerie arrêtée dans ſes progrès par une préférence, ôtée & rendue tour-à-tour, au chef qui fixe en ce moment la ſupériorité de cette arme. Nous avons vu la cavalerie être alternativement ſoumiſe à la routine, puis aux principes minutieux de l'école, puis retombée dans cette routine groſſiere, dont un Officier a été l'apologiſte dans un ouvrage fameux. Et nous voyons aujourd'hui l'infanterie assujettie à l'imitation d'une tactique étrangere, & n'attendant sans doute qu'un Ministre général pour prendre une maniere contraire, plus forte, plus légere & plus offensive.

Je ne parle ici que des préférences suggérées aux Ministres par le desir de faire le bien; que seroit-ce, si l'on examinoit tous les motifs particuliers qui déterminent si souvent la nomination aux grades? Pour ne point allarmer la probité des gens en place, je leur dirai, que le vertueux Brutus, touché des prieres de sa fille, obtint du sénat en faveur de Bibulus son gendre un emploi qu'il avoit fait refuser à Cicéron son ami, comme contraire à l'intérêt de la république. Peuvent-ils se flatter de plus d'impartialité que ce Romain?

La faveur ou l'argent donnent seuls les compagnies à cheval. L'ancienneté donne seule les compagnies à pied. Ces deux moyens de parvenir étant exclusifs, sont également condamnables. 1°. parce que c'est ôter tout espoir d'avancement aux Officiers subalternes peu riches qui sont dans les troupes à cheval, 2°. parce que l'Officier destiné à devenir Colonel d'infanterie ne peut apprendre à connoître les détails de son arme, n'ayant pu obtenir le grade de Capitaine que dans la Cavalerie, il débute dans l'infanterie par celui de Colonel. Les mêmes raisons qui établissent la nomination par grace aux Compagnies à cheval, doivent l'établir pour les compagnies à pied; l'émulation y gagnera, laissant à chacun l'espoir d'un avancement prématuré. L'infanterie & la Cavalerie égales sur ce point devroient donc alterner, c'eſt-à-dire, que dans l'infanterie il y auroit deux tours d'ancienneté & un de grace, & dans la Cavalerie un tour d'ancienneté, & un tour de grace. La maſſe de l'infanterie ne perdroit rien à cette innovation, puiſqu'elle acquerroit auſſi le droit de paſſer aux compagnies à cheval par grace, ce qui accelleroit l'avancement des Lieutenans & des ſous-Lieutenans, ſoit directement, ſoit indirectement. D'ailleurs, le retard d'avancement que pourroit éprouver quelqu'individu ſe trouveroit bien compenſé par l'amélioration de l'état de capitaine, que l'objet de la formation que je propoſe tend à rendre bien ſupérieur, à tous égards, à ce qu'il eſt aujourd'hui.

En donnant à la Cavalerie un tour d'ancienneté & un tour de grace, on rendra à l'Officier qui entre dans ce ſervice l'eſpoir d'avancement qui lui eſt injuſtement ravi. Dans la conſtitution actuelle, ni talent, ni mérite, ne peuvent le ſortir de la claſſe de Lieutenant, s'il n'a des protecteurs à la cour & une fortune qui lui permette de financer, ce qui eſt un abus énorme.

Juſqu'au grade de Capitaine, l'ancienneté doit être exactement ſuivie. Tout Officier qui ſe dévoueroit au ſervice, ſeroit donc aſſuré d'y parvenir, & d'avoir par conſéquent un Etat excellent & ſûr, puiſque les réformes mêmes, comme je l'ai dit au chap. III, ne toucheroient jamais à ſa place.

Pour éviter la multiplicité des grades & les abus qui s'enſuivent, que tout le monde connoît & contre leſquels il n'y a qu'un cri, il ne devroit jamais y avoir d'emplois ſurnuméraires, inutiles à tous les égards pour le bien du ſer-vice. Il ſuffit d'entretenir le corps des Officiers complet. Le comte de St. Germain, qui avoit ſouvent des idées grandes & juſtes ſur le militaire, diſoit; que plus le grade d'Officier ſeroit commun, moins il auroit de conſidération, & moins par conſéquent l'eſpece en ſeroit bonne & capable. Il a malheureuſement oublié ce principe ſi vrai & ſi eſſentiel.

L'abus s'eſt augmenté ſous lui, & il eſt devenu énormiſſime par la prodigalité de ſon ſucceſſeur. Le déſordre donnera, avant peu, deux armées au roi, l'une réelle & l'autre chimérique; mais cette derniere n'emportera pas moins les graces, les traitemens & les grades au préjudice de celle qui les mérite par ſon activité. Nul miniſtre juſqu'ici n'a pu ou n'a oſé apporter le remede à cet abus; il en exiſte pourtant un; il eſt violent; mais je le crois unique: c'eſt de nommer dès à préſent les officiers qui ſont néceſſaires à l'armée, & de donner la retraite à tous les autres. Quand je dis retraite, c'eſt retraite ſans retour, & non comme celles d'aujourd'hui qui ne ſont jamais conſtatées, & qui laiſſent, à tout militaire ſuppoſé même invalide, des prétentions au ſervice après quinze ans de repos (1). Si l'on n'en vient à cette opération, le déſordre ne peut qu'augmenter, les grades & les hon-

(1) Les Bureaux de la guerre ſont remplis d'Officiers, qui, ſur l'expoſé de leurs infirmités, ont obtenu il y a 8 & 10 & 15 ans leur retraite, & qui demandent aujourd'hui à être remplacés, à reprendre leur tour, & qui poſtulent des grades ſupérieurs & des Régimens.

neurs tomberont en discrédit, & la machine, obérée par la profusion de tous ses moyens, ayant perdu tous ses ressorts, ne montrera que foiblesse & confusion. Il n'est pas nécessaire d'être homme de Cour pour savoir qu'un secrétaire d'Etat ne peut exécuter une pareille réforme. S'il vouloit l'entreprendre, il ne feroit que troubler le repos de ses jours, & pour me servir de l'expression d'un auteur moderne, s'il évitoit la cigue, au moins boiroit-il l'absinte à longs-traits. Ce n'est qu'un conseil de guerre qui peut avoir la force de lutter avec succès contre l'intrigue & la cabale; ce n'est qu'à lui qu'il peut être permis, & qu'il est réservé d'appliquer de grands remedes aux grands maux.

Reprenons l'ordre successif des objets à traiter dans ce chapitre. J'ai parlé, au Chapitre III, de la premiere nomination aux emplois de sous-lieutenans, des précautions à prendre pour assurer ces places à la noblesse. J'aurai encore l'occasion de revenir sur ce sujet, en traitant des écoles militaires.

J'ai dit, & tout le monde en conviendra avec moi, qu'il falloit, pour le bien du service, que dans les deux armées, tout officier fut assuré d'arriver au grade de capitaine, & pour cela, il faut établir l'alternative des tours de grace & d'ancienneté. Le conseil de guerre deviendroit donc le garant de ces deux tableaux. Le tour de grace arrivant, le conseil présenteroit au Roi trois sujets distingués par leur naissance ou par leurs talens; mais il faudroit toujours qu'ils eussent été trois années sous-lieutenans en pied, & qu'ils eussent, pendant ce laps de tems, rempli, ſans interruption, toutes les fonctions de ce grade, ſoit dans l'infanterie, ſoit dans la cavalerie (1).

Nomination aux Grades ſupérieurs.

L'uſage d'arriver par ancienneté aux places de Majors & de Lieutenans-Colonels avoit toujours été ſuivi en France ; & ce fut un beau train dans le militaire, lorſqu'un miniſtre réformateur changea cette méthode ſi nuiſible à l'intérêt de nos armes, puiſque les hommes les plus incapables occupoient ſouvent ces places où il faut avoir le talent de commander & d'inſtruire. A entendre les clameurs de nos anciens militaires, tout étoit perdu lors de la promulgation de cette loi, qui choiſiſſoit toujours les chefs dans des corps étrangers ; ce fut pourtant l'époque de la naiſſance de la diſcipline & de l'inſtruction. Quelques voix s'élèvent encore contre cette innovation ; elle ſera ſans doute éternellement décriée par ceux qui ayant percé leur corps, terminent leur carriere, premiers capitaines de leur régiment. L'intérêt & l'amour propre de ceux-ci ne leur permettra jamais de reconnoître l'avantage d'une loi qui les bleſſe :

(1) J'appuie ſur ce noviciat, par le ridicule de voir arriver aujourd'hui dans nos troupes à cheval de jeunes Capitaines, qui n'ont eu que des brevets à la ſuite, qui n'ont ſouvent rejoint aucun corps, qui ignorent les premiers élémens de leur métier. Ce qui a obligé quelques Colonels à les tenir à l'école, & à déſobéir au brevet dont ceux-ci étoient porteurs, & en vertu duquel ils devoient être reçus ſans examen.

mais je le demande à tous ceux que leur place ne rend pas recusables sur cette question. Si tout homme est sûr d'arriver au commandement, sans travail & sans instruction, qu'est-ce qui pourra lui donner le goût & l'étude de son métier? Je dis plus, qu'est-ce qui fera sortir de la foule celui qui sera né avec ces dispositions & ces talens heureux qui mènent aux grandes choses? Un officier aura cinquante ans avant d'arriver à la majorité ou à la lieutenance-colonelle; à cette époque, il est ordinairement refroidi, & ne songe guere qu'à profiter de son grade pour obtenir une meilleure retraite: mais je lui suppose encore de l'ambition & des talens, voilà le premier instant où il sera à même de les montrer: car le talent de commander & de mener un corps, est bien différent de celui d'obéir & de conduire une compagnie. Il faudra donc 10 ans encore à ce chef pour s'acquérir la réputation de bon officier supérieur, & si l'on est fidele au principe de l'astreindre encore à attendre son tour pour devenir lieutenant-colonel, Brigadier & maréchal de camp, il finira indubitablement sa carriere avant d'avoir été à même de déployer ses talens, & de servir dans les places pour lesquelles il étoit peut-être né.

Il est évident que cette méthode priveroit à jamais l'officier subalterne de l'espoir d'arriver au grade d'officier-général: espoir que l'ordonnance de M. le Duc de Choiseuil tend à donner à tout officier, puisqu'il n'en est pas un qui ne puisse arriver de bonne heure au grade d'officier supérieur, d'où il prend son rang avec les

Colonels & les gens de la Cour, pour devenir Brigadier.

Mais pourquoi le militaire feroit-il le feul état dans lequel la ftricte regle du tour d'ancienneté feroit invariablement fuivie ? par-tout & dans tous les corps, au rifque même de fe tromper quelquefois, on a été chercher le talent où l'on a cru le trouver. (1). Prétendroit-on que l'homme ne peut, avant 50 ans, avoir celui des détails de la guerre & du commandement. Nos armées & celles de nos voifins nous fourniroient une foule d'exemples du contraire. Les Romains choififfoient les hommes, élevoient au confulat des jeunes gens de 23 ans; Scipion & Pompée eurent les honneurs du triomphe à la fleur de leur âge. Solon établit à Athenes, que l'on nommeroit par choix, à tous les emplois militaires. Le Roi de Pruffe n'a ni tableau ni promotion; il choifit les hommes, les effaye, & fans égard à l'ancienneté, il donne le commandement à celui qui le mérite (note d'Hanalt).

---

(1) Du tems de Feuquiere on fuivoit le tour d'ancienneté, & il s'en plaint ainfi dans fes mémoires. „Les „ jeunes gens inappliqués à leurs métiers, ne font que „ trop communs, depuis que le mérite pour paffer „ d'un grade à un autre ne confifte que dans le tems „ qu'on a paffé dans ces grades, & que, fans diftinc- „ tion de mérite perfonnel, on éleve ceux qui par „ leur ancienneté dans un grade inférieur, fe trouvent „ dans le nombre de la promotion que le prince veut „ faire. Maxime très-pernicieufe, qui ôte toute émula- „ tion & defir de fe diftinguer, & qui remplit les ar- „ mées d'un grand nombre d'Officiers incapables du „ grade auquel ils fe trouvent élevés. (Mémoires de Feuquiere page 85, 1 vol.)

Je ne crois pas que les clameurs des officiers qu'il laiſſe dans le rang, lui faſſent changer ſa méthode.

Peut-être cette loi de n'avoir aucun égard à l'ancienneté, excellente en elle-même, a-t-elle de grands inconvéniens dans une nation où l'intrigue & la faveur ont tant d'empire. Pluſieurs exemples de choix mal faits excitent les murmures & les plaintes contre une loi eſſentiellement bonne, mais dont il ne s'agit que de maintenir l'intégrité, ce qui ſera facile, en ôtant à un ſeul homme la nomination aux emplois, & en les confiant à la pluralité des voix du conſeil de la guerre. Le conſeil, inſtruit par les notes des colonels, des inſpecteurs & des officiers généraux des diviſions, à la vacance d'une majorité, préſenteroit au Roi le ſujet digne de la remplir; mais il devroit toujours être pris dans la claſſe des capitaines, ayant au moins douze ans de ſervice, & jamais parmi les capitaines du régiment où la majorité ſeroit vacante. Cette derniere condition ne ſeroit pas auſſi dure que bien des officiers le diſent & cherchent à le prouver; car dans le cas où, ſelon l'ordre du tableau, l'officier le premier à placer ſe trouveroit préciſément du régiment qui lui eſt interdit, il ne perdroit qu'un tour, devenant invariablement le premier à placer de toute ſon armée. Une autre raiſon, qui ne peut être miſe en balance avec cette prétendue injuſtice, milite fortement en faveur du réglement que je propoſe; c'eſt le bien du ſervice & l'exactitude, qui ne peut être entretenue que par une ſubordination preſqu'impoſſible à établir entre des officiers que des habitudes longues & familieres ont liés & unis d'opinion & d'amitié. D'ailleurs, l'injuſtice dont ſe plaignent aujourd'hui les premiers capitaines n'eſt évidemment qu'une chimere, car la loi qui les exclud d'une ſeule place ne ſauroit les humilier, puiſqu'elle leur en montre cent autres auxquelles ils peuvent prétendre : ceux qui nient cet eſpoir, annoncent à tout le monde qu'ils ont dédaigné & qu'ils n'ont pas les talens néceſſaires pour les remplir.

Les Lieutenans-Colonels devroient toujours être pris dans la claſſe des Majors. Ici la condition d'être étranger au Corps ne devient plus néceſſaire au maintien de la ſubordination, mais l'avantage d'appartenir à ce corps ne doit pas non plus être un titre pour prétendre à cet avancement. Seize années de ſervice & la pluralité des voix du Conſeil, tel devroit être & tel ſeroit le ſeul & unique droit.

Indépendamment des notes que MM. les Officiers généraux donneroient de MM. les Officiers de leur inſpection & de leurs diviſions (1), les Colonels enverroient des mémoires particuliers ſur les talens de ceux qui pourroient ſe diſtinguer, afin de les propoſer aux places d'Officiers ſupérieurs. Cette méthode, qui auroit l'effet de donner une grande influence aux Colonels ſur l'avancement des Officiers

(1) Je parle d'inſpection & de diviſion, parce que j'eſſayerai de prouver par la ſuite, que ces deux manieres d'employer les Officiers-généraux doivent être conſervées.

de leur régiment, n'auroit cependant pas l'inconvénient qui existe aujourd'hui, par leur demande directe d'avoir un tel Officier pour remplacer celui dont ils marchandent la retraite.

On ne pourroit point être Colonel avant l'âge de 25 ans révolus, c'est-à-dire, avant sept ans de service, desquels il faudroit avoir été au moins trois ans Capitaine. Les Colonels seroient choisis parmi les Capitaines, les Majors, les Lieutenans-colonels. Le Conseil de la guerre présenteroit cinq sujets au Roi pour choisir & nommer celui à qui il accorderoit le régiment qui viendroit à vaquer. Par ce moyen la naissance ne donneroit droit au grade de Colonel, qu'autant que les notes n'en excluroient pas.

Le choix dans les cinq sujets proposés laisseroit un assez grand avantage aux familles illustres; mais au moins ne verroit-on pas dans ce concours des sujets indignes de leurs ancêtres; il ne peut jamais y avoir de raison qui fasse nommer ceux-là au préjudice du reste de la noblesse françoise. L'Etat s'est acquitté envers l'homme de qualité, lorsque par une nomination prématurée au grade de Capitaine, il lui a abrégé la route qui conduit aux honneurs & aux grades; mais les préférences doivent cesser alors qu'elles peuvent avoir des suites dangereuses (1). *Les distinctions accor-*

---

(1) Mettant toujours ce conseil de guerre en avant pour toutes les nominations; que l'on ne m'oppose pas, que cette forme est essentiellement contraire à la constitution monarchique, où le Roi doit être le seul dispensateur des emplois & des graces de son royaume

dées à la haute noblesse deviennent quelquefois excessives & ridicules en France surtout. On élève ces enfans avec un respect qui leur annonce qu'ils sont faits pour commander aux autres, de sorte que bientôt, dit un illustre écrivain, ils s'accoutument à penser qu'ils sont d'une espece particuliere; & sûrs d'un état & d'un rang, ils ne cherchent pas à s'en rendre dignes, & c'est à cette mauvaise institution que la France doit tant de Ministres médiocres & tant de mauvais Généraux.

La liste de cinq Officiers proposés seroit toujours rendue publique, & celui qui auroit été présenté cinq fois par le Conseil sans être élu, auroit le brevet de Colonel, & dateroit de ce moment pour arriver au grade d'Officier-général.

Les Colonels titulaires & ceux qui, dans le cas énoncé ci-dessus, auroient le brevet, seroient les seuls qui pourroient prétendre au grade de Brigadier. Un Lieutenant-colonel étant nommé à ce rang, quitteroit sa place pour n'être plus que sous ce dernier titre, qui seroit toujours en

---

& principalement de son militaire; ceci ne seroit qu'un paradoxe, car le Roi, ayant un ministre à la tête de son département de la guerre, auquel il abandonne le soin d'inspecter, d'examiner, & le droit de lui proposer les sujets dignes de ses bontés, je ne fais qu'échanger ce ministre pour un conseil, dont les membres sont de même à la nomination du Roi; conseil qui n'a que les mêmes fonctions & les mêmes pouvoirs, mais qui a l'avantage, par le nombre de ses membres, d'avoir plus de moyens de s'instruire, de procéder avec plus de justice, & de résister avec plus de force aux sollicitations des femmes & des employés, auxquelles, je le répéterai toujours, un ministre ne peut échapper.

activité. Il est extravagant de voir, comme aujourd'hui, qu'un Lieutenant-Colonel soit Brigadier, tandis que son Colonel ne l'est pas, & de voir ces deux Officiers se commander alternativement l'un l'autre, selon les circonstances; sources nécessaires de divisions, de rivalités, toutes préjudiciables au bien du service.

Des Promotions.

Les Promotions dans tous les genres ne sont pas moins ridicules. La nécessité seule doit fixer le nombre des emplois ; ce qu'il y a de mieux & de plus simple est donc de les remplir sitôt qu'ils viennent à vaquer. Alors le moment des nominations est ignoré, personne n'a le tems ni les moyens de solliciter & d'intriguer pour surprendre une place, un grade ou une commission, qui ne doit être accordée qu'au résultat d'une comparaison faite entre les différens sujets qui se trouvent sur le tableau.

Si l'ancienneté n'est pas un titre suffisant pour parvenir au grade de Major, de Lieutenant-Colonel, & Colonel; à plus forte raison, les talens seuls doivent-ils déterminer la nomination des Officiers généraux. Cette maniere me paroît la plus juste, & elle est certainement plus avantageuse au service du roi & de l'Etat, que les promotions qui se font aujourd'hui, auxquelles pour y prétendre, il ne faut avoir d'autre mérite que le tems que l'on a passé sans instruction dans les grades subalternes, & souvent même sans les exercer.

Pour suivre le systême que je propose, rélativement à la nomination de tous les emplois, on sent que la premiere opération seroit d'abolir toutes les taxes. Je proposerai à mes Lecteurs, sur cet objet, dans la suite de ces chapitres, quelques idées que je crois neuves.

Choix des Chasseurs, Grenadiers & Bas-Officiers Chasseurs.

Le genre de service auquel les chasseurs sont destinés, détermine la maniere & les principes de ce choix. L'Etat-Major des régimens & le Capitaine de la compagnie de chasseurs s'assembleroient pour y procéder, & tirer des compagnies de fusiliers les soldats qu'ils croiroient propres à ce service. Le Capitaine de chasseurs rembourseroit 120 liv. par homme au Capitaine de fusiliers, en supposant que le nouveau chasseur ait huit années à servir. Si non, il feroit la déduction de 15 liv. par an; celui-ci prendroit son rang d'ancienneté dans la nouvelle compagnie.

Grenadiers.

Pour maintenir parmi les Grenadiers, ou pour mieux dire, leur rendre l'esprit de corps qui régnoit autrefois dans ces compagnies d'élite, il faut rendre à ces hommes distingués le droit de se choisir leurs camarades. Les Officiers mêmes de ces compagnies ne doivent pas s'en mêler, c'est aux sergens, aux caporaux & aux appointés à s'assembler pour choisir, dans toutes les autres compagnies, les sujets dignes d'entrer parmi eux. Qui est-ce qui nous juge mieux que nos semblables? Autrefois un Grenadier,

nadier, qui n'auroit pas rougi d'avoir une foiblesse, rougissoit d'être indigne de ses camarades, & la crainte du mépris & des reproches rappeloit toute sa vertu. Dix-huit ans de paix nous ont fait oublier combien il étoit essentiel d'imprimer des sentimens d'honneur & de bravoure à des hommes, dont le dévouement détermine presque toujours nos avantages & même nos victoires.

Le Capitaine de grenadiers, rembourseroit au Capitaine de fusiliers 120 liv. par homme, avec les restrictions proportionnelles au tems que le nouveau Grenadier auroit encore à servir.

Bas-Officiers.

Nul doute que le choix des Bas-Officiers n'appartienne absolument au Capitaine; puisque celui-ci répond de la compagnie qu'il commande, il a le droit incontestable de nommer ces hommes, qui sont les premiers organes de la discipline. Pourquoi ne s'en rapporteroit-on pas au Capitaine, n'est-il pas en même tems, & le plus intéressé & le plus juste apréciateur des hommes qu'il a continuellement sous ses yeux; de ces hommes dont il a cent moyens d'éprouver l'intelligence, la probité & la bravoure. Les chefs de corps se sont presque par-tout arrogé le droit de nommer aux places de bas-officiers; c'est le centième exemple d'un abus d'autorité contraire aux Ordonnances, & préjudiciable au bien du service.

Le Capitaine doit proposer à l'Etat-Major le sujet qu'il demande, & l'Etat-Major ne doit le refuser qu'en rendant compte à l'Inspecteur de motifs de son refus ; & alors, c'est encore à Capitaine à présenter un nouveau sujet.

Si le bas-officier étoit tiré d'une autre compagnie, ce qui ne pourroit être que de concert avec le Capitaine de la compagnie d'où seroit cet homme, le remboursement se feroit comme dans les deux cas énoncés aux articles précédens.

Adjudant.

Ce grade, connu depuis si long-tems dans les troupes étrangeres, a été apporté en France par M. de St. Germain. De toutes les innovations de ce Ministre, une des mieux vues & des plus utiles a sans doute été de substituer les Adjudans aux Officiers-majors. Tous les détails des régimens étoient autrefois abandonnés à ces Officiers, & comme ils commandoient toujours pendant la paix, ils étoient les seuls instruits, les seuls en état de mouvoir les troupes ; mais, par une autre inconséquence, en leur qualité d'Officiers-majors ils n'avoient jamais la charge de les conduire à la guerre.

L'habitude prise par les chefs d'abandonner sans restriction aux Officiers-majors la conduite de leur régiment, a déterminé les représentations de plusieurs, qui croyoient les Capitaines & les Officiers de compagnies incapables de discipliner & d'instruire leurs troupes ; d'autres chefs plus clairvoyans, & c'est à présent le plus grand nombre, n'ont vu dans l'extinction de ces Officiers, qu'une nécessité absolue, mais possible, d'instruire tous les Officiers des compagnies, & ils ont applaudi à cette réforme.

Les adjudans ſervent à porter les ordres des Officiers ſupérieurs ; à ſurveiller les Bas-Officiers, ſur tous leurs devoirs ; ils aident & travaillent à l'inſtruction, ſubordinément aux Officiers chargés en chef de ces parties ; ils aſſemblent les gardes, les détachemens ; ſont enfin d'une très-grande utilité dans les manœuvres, lorſqu'on les emploie avec intelligence à la rectification des points de vûe & des alignemens généraux. C'eſt ce dont nous aurons occaſion de parler dans la ſeconde partie de cet ouvrage.

Officier de fortune.

Loin de prodiguer cette récompenſe, je crois que cette grace doit être extrêmement rare, parce qu'elle produit généralement deux très-mauvais effets : le premier de ſortir de la claſſe des Bas-Officiers d'excellens ſerviteurs, qui connoiſſent & en rempliſſent parfaitement tous les devoirs, & qui, devenus Officiers, ſe trouvent déplacés, & par là même ne ſont que très-médiocres. Le ſecond abus eſt que ces Officiers, lorſque l'âge & les infirmités les obligent de quitter le ſervice, ne peuvent rentrer dans leurs familles ; &, n'en tirant aucun ſecours, n'ont ordinairement pour ſubſiſter que les bienfaits du Roi. Il faut donc conſerver cet objet d'émulation en ſe méfiant de l'abus d'en devenir prodigue ; c'eſt ſans contredit aux Colonels à préſenter les mémoires de demande pour l'obtention de cette grace.

Croix de St. Louis.

Les grades doivent être la récompenſe de la conduite & principalement du talent de commander & de conduire les hommes à la guerre. Il eſt démontré que ce n'eſt qu'en les employant ainſi que l'état & le militaire en retireront les avantages qu'ils peuvent en attendre, mais tous les ſujets ne ſont pas également propres à commander; il eſt d'autres moyens de mériter des récompenſes.

L'Officier qui ſe diſtingue à la guerre par des actions de valeur, doit être marqué & décoré, & c'eſt principalement pour lui qu'eſt fait l'ordre royal & militaire de St. Louis. Ce n'eſt que par un de ces abus incroyables, que la croix ſert à préſent à marquer le nombre des années de ſervice, & qu'on la donne par préférence aux Officiers ſupérieurs, & même à tel ou tel de prédilection, qui n'ont pourtant un ſervice ni plus pénible ni plus dangereux, & qui n'ont pas même une compoſition ſupérieure en Officiers à celle des autres corps de l'armée. Quoi, parce qu'un homme obtient le brevet de Colonel, ou parce qu'il ſert dans le régiment du Roi, on lui doit une décoration qui eſt le prix de la valeur! Il eſt arrivé de la prodigalité de cette grâce, ce qui devoit néceſſairement s'en ſuivre, que cette diſtinction a infiniment perdu de ſon prix, que les gens de la Cour ont annoncé par-tout qu'ils la dédaignoient; & c'eſt pour la réhauſſer, que l'on a fait l'année derniere, dans l'ordre de St. Louis, des changemens dont le militaire croit encore avoir à ſe plaindre, puiſque la loi accorde la croix à 25 années de ſervice, & que le nouveau réglement renvoie les promotions aux triennalités, & prive pendant trois ans de cette croix l'Officier qui ſe trouve avoir 25 ans moins un jour de ſervice à l'époque de ces promotions.

Si l'on donne la croix indifféremment aux années de ſervice, & aux actions à la guerre, il s'enſuivra une injuſtice inévitable, & en voici l'exemple. Un jeune homme fait une belle action, on lui donne la croix; voilà ſa récompenſe, & elle eſt réelle, parce qu'il porte ſur ſa figure qu'il ne la doit pas à ſon ancienneté; mais 15 ans après, cet Officier a perdu cet avantage, ſa croix n'annonce plus une action, mais ſeulement 25 années de ſervice : il devroit donc lui revenir une ſeconde croix. Que l'on donne ſi l'on veut, une marque de diſtinction au long ſervice mais *bellicæ virtutis premium* doit être la récompenſe de la valeur.

Jamais l'art de récompenſer ne fut porté ſi loin que par les Grecs & les Romains; ces peuples avoient des récompenſes déterminées pour chaque action; leurs reſſources étoient infinies, & elles ſervoient à élever l'ame de ces hommes que nous admirons encore aujourd'hui. Le troiſieme nom d'un romain lui avoit toujours été donné en mémoire de quelque action notable. Les Grecs en uſoient de même quand ils nommoient quelqu'un *Soter & Callinicos*; c'eſt-à-dire, ſauveur & victorieux. La meilleure maniere de récompenſer de longs ſervices, c'eſt de donner à tout Officier la perſpective aſſurée d'arriver au moins au grade de Capitaine, de faire jouir ce rang d'une ſtabilité heureuſe, à l'abri de toute réforme : c'eſt la méthode du Roi de Pruſſe. J'y ajouterois encore une décoration ; la même qui eſt honorable pour le ſoldat doit l'être pour l'Officier. Je le demande, que ſignifie généralement aujourd'hui la croix de St. Louis? que l'on a offert pendant 15 années ſa vie au ſervice de la patrie ; c'eſt un aſſez beau titre, ſans doute, pour avoir droit à l'eſtime de tous les hommes ; c'eſt par le médaillon des deux épées, que je voudrois annoncer ce droit, faiſant de la croix de St. Louis la récompenſe de ceux que des circonſtances heureuſes auroient mis dans le cas de rendre un ſervice important. Il n'y a que quelques individus particuliérement intéreſſés qui puiſſent réfuter ma propoſition.

Je ne parle point de l'abus de donner la croix de S. Louis à des perſonnes qui ont quitté le ſervice, à d'autres qui n'ont jamais ſervi, à des commiſſaires des guerres, &c. Ce déſordre eſt d'une nature à n'avoir beſoin ni d'être répréſenté ni d'être combattu.

Gratifications.

Les gratifications pécuniaires ne doivent point être miſes au rang des récompenſes, elles ſont aviliſſantes. *Il y a des métiers ſi nobles*, dit Jean Jacques, *qu'on ne peut les faire pour de l'argent, ſans ſe montrer indigne de les faire, tel eſt celui de l'homme de guerre.* Que l'on n'induiſe pas les officiers à des dépenſes extraordinaires, que les établiſſemens des troupes ſoient permanens, & les appointemens ſuffiront à chacun pour vivre convenablement à son grade. Je ne prétends parler ici que des gratifications en récompenses, car celles qui sont accordées pour les pertes faites à la guerre, ne peuvent être regardées que comme des indemnités aussi honorables que justes.

Il ne m'est pas possible de développer ici toutes les ressources qui sont entre les mains d'une bonne administration. Quelle quantité de places & de charges à donner, du moment que l'on aura la force de résister aux sollicitations & aux demandes importunes, ou impudentes, de ces gens qui semblent ne se présenter devant le ministre, que pour dire : *nommez-moi, car c'est moi qui en suis le plus digne.*

Les retraites & les pensions sont encore au nombre des récompenses, mais je ne puis en parler, qu'en offrant de nouveaux calculs, & cet objet mérite un chapitre tout entier, qui romproit ici la suite de nos moyens de discipline. *Voyez* Chap. XXIV & Chap. XXV.

Des châtimens.

Si l'homme court au bonheur, & par conséquent aux récompenses qui peuvent le lui procurer, il est nécessairement porté par sa nature à éviter tout ce qui conduit aux châtimens, surtout, s'il les regarde comme inévitables après la faute. La discipline doit donc être impartiale & sévere. C'est la faute, & non l'homme qui emporte la punition, ce principe est un axiome de droit connu depuis que les hommes sont en société, & scrupuleusement suivi par toutes les nations qui servent encore d'exemple au monde. A Rome, nous voyons *Manlius* récompensé; pour avoir délivré le Capitole des Gaulois qui l'assiégeoient, il reçut les présens ordinaires à ces actions, & le surnom de Capitolinus: ce même homme excitant peu de tems après quelque trouble dans la ville, l'état n'eut aucun égard à l'important service qu'il avoit rendu, & le condamna à être précipité du haut du même Capitole, qu'il avoit auparavant défendu avec tant de gloire. C'est par de tels exemples que les Romains assuroient la vigueur des loix & de la discipline qui les fit triompher des ruses des Grecs, de la force des Germains, & de toutes les nations de la terre.

Il faut que la crainte du châtiment arrête l'homme tenté de commettre l'action mal-honnête qui peut lui être utile, car l'expérience nous apprend que les remords ne commencent qu'où l'impunité cesse.

Il doit exister un rapport entre la faute & la punition, comme il en existe un entre la belle action & la récompense.

Les crimes & les fautes multipliées à l'infini parmi les hommes, donnerent lieu à des loix & à des tribunaux, qui sont les moyens de la justice civile & criminelle. La justice militaire a aussi ses loix, mais ses tribunaux, nommés conseils de guerre, ne sont convoqués que pour les faits graves qu'il plait au roi d'y appeler. La discipline militaire ne pouvant être fondée que sur une promte obeissance, il a fallu rejetter les détails de la justice ordinaire, & confier ce dépôt de loix & d'ordonnances au chef qui a en ſes mains la puiſſance exécutive, ne devant jamais compte de ſa conduite à ſon inférieur, mais ſujet à le rendre lui même à ſon ſupérieur; car c'eſt par cette caſcade d'autorité ſeulement, que l'on peut prévenir les abus d'un pouvoir exécutif & illimité.

D'après cette idée de la diſcipline, on apperçoit ſur-le-champ les conditions eſſentielles, pour prévenir les abus d'autorité. 1°. Il faut que tout homme qui commande en ſoit digne & capable, par ſon caractere, ſon expérience & ſes talens; c'eſt pourquoi j'ai appuyé, comme je l'ai fait plus haut, ſur la néceſſité de reconnoître les qualités propres au commandement dans celui que l'on deſtine à être chef. 2°. Il faut que tout chef trouve au-deſſus de lui une autorité égale à celle qu'il exerce ſur ſes inférieurs. 3°. On doit mettre entre les mains des chefs, des loix & des ordonnances qui commandent, c'eſt-à-dire, qui n'ayent beſoin ni d'interprétations ni de commentaires, ſans quoi, dit un fameux juriſconſulte, *ce ne ſeroient plus des loix, ce ſeroient des rêveries & un piege cruel tendu à l'homme*, puiſque le crime & l'innocence dépendroient alors de l'interprétation & de la tournure d'eſprit du commentateur: *or, c'eſt préciſément à empêcher cet abus, que les loix ſont deſtinées.* D'où il ſuit que celles qui le favoriſent, ne ſont pas des loix. On lit pourtant à la ſuite de la plupart de nos ordonnances: *les chefs pourront ajouter ce qu'ils trouveront avantageux pour le ſervice du roi*, ou ces mots, ſuivant *les circonſtances.* On ne s'apperçoit pas, qu'un pareil ſupplément détruit l'ordonnance même, en fournissant un vaste prétexte pour les éluder toutes (1).

Que doit-on exiger du militaire en général, & de chaque militaire en particulier? Quels moyens doit-on employer pour le forcer à l'exactitude de ses devoirs? Voilà les deux questions à résoudre, voilà le sujet d'un code ou d'un corps d'ordonnances, sans lequel le militaire n'aura jamais de forme fixe, & la discipline jamais de force.

Obéissance, bonne conduite, instruction & exactitude, est ce qu'il faut obtenir; & les premiers moyens sont de réveiller l'honneur, l'émulation & l'ambition dont tous les hommes sont susceptibles. C'est aux talens du chef & au pouvoir des récompenses à produire cet effet; mais il faut en même tems que la loi & le chef punissent ceux qui manqueroient à leurs devoirs. La multiplicité des fautes légeres qui se commettent relativement à la discipline, à la tenue & à l'instruction, ne permet pas aux ordonnances de prévoir tous les cas, & de varier les genres de peine à l'infini : mais on s'est aussi trop borné en n'affectant qu'une seule punition à ce que l'on a appelé fautes légeres, sans les définir; on n'a point séparé les fautes essentielles contre le service & la subordination, d'avec les

(1) Le Roi de Prusse dit „ des loix précises ne „ donnent point lieu à la chicane, elles doivent s'entendre selon le sens de la lettre. Lorsqu'elles sont „ vagues & obscures elles obligent de recourir à l'in„ tention du législateur, & au lieu de juger des faits, „ on s'occupe à les définir.

fautes contre la tenue & les distractions aux exercices.

Ce n'est point un code que je vais entreprendre ici, mais pour répondre au titre de mon ouvrage, j'examinerai seulement les principes sur lesquels il doit être formé.

Des Fautes légeres en général.

Dans le militaire, qui est un métier d'activité, la meilleure punition est sans doute celle qui peut être infligée promtement. Les Allemands se servent du bâton; les Romains l'employoient souvent; &, je le confesse, il seroit à souhaiter que nous pussions nous en servir comme la plus générale & la plus usitée de nos punitions, mais notre caractere, nos mœurs, nos usages, nos préjugés, notre gouvernement, enfin, différent de celui des Romains & de celui des peuples du nord, ne nous permet pas de les imiter. Ecoutons le grand Montesquieu. *Les loix doivent être relatives au physique du pays; elles doivent se rapporter au degré de liberté que la constitution peut souffrir, aux inclinations des habitans, à leurs manieres; elles doivent avoir des rapports entr'elles, avec l'objet du législateur, avec l'ordre des choses sur lesquelles elles sont établies.* C'est donc tout cela qu'il faut considérer, & les cris des sectaires Prussiens ne changeront certainement rien à ce principe éternel.

On a voulu établir la punition des coups de sabre en France; elle a révolté le militaire, occasionné des désertions, & la discipline, au lieu d'y gagner, a perdu à la promulgation de cette loi; car on a vu des chefs de corps, des officiers généraux même, la fronder & la révoquer. On en a vu d'autres renchérir ſur l'ordonnance, en abuſer cruellement; les exemples ne me manqueroient pas : on ſait qu'une compagnie entiere de grenadiers..... Mais cela eſt connu de tout le militaire : je me tais.

Le goût ſervile de l'imitation, enraciné dans notre capitale, a produit cet enthouſiaſme pour les étrangers, qui nous a conduit à les employer même dans nos troupes nationales, à leur demander des leçons, & à leur donner chez nous le titre de maîtres. C'eſt la premiere cauſe du déſordre actuel de notre militaire; c'eſt de ces étrangers que nous vient l'eſprit des loix qui nous gouvernent; & comment ces loix nous conviendroient-elles? Elles ont toutes été faites pour des Allemands, des Suiſſes & des Pruſſiens. De cette adoption avouée, il devoit néceſſairement s'enſuivre une logique qui pût la favoriſer. Pour ne pas paroître extravagant, il a fallu dire & ſoutenir, comme l'auteur de l'Eſſai général de Tactique, *que tous les peuples de l'Europe étant en quelque ſorte mêlés & confondus par la ſimilitude des principes de leur gouvernement, par les voyages, les lettres... les préjugés nationaux qui les ſéparoient autrefois n'exiſtent plus.* Il a fallu vouloir prouver que les mêmes loix pouvoient convenir dans tous les pays, & que partout où il y avoit des hommes, le bâton étoit l'inſtrument le plus ſûr pour les mener à la victoire. Quel renverſement d'idées ce monſtrueux paradoxe n'a-t-il pas produit parmi nous? Je m'adreſſe à ceux qui ne craignent ni la lecture, ni la méditation, ni le raisonnement; qu'ils comparent une nation libre, dont les sujets viennent librement s'enrôler pour servir le roi & l'Etat, une nation que l'honneur & la bravoure ont toujours distingué, une nation qui est impétueuse & avide de gloire, avec une autre nation où les hommes sont serfs, comme les Prussiens, nés pour l'être toute leur vie. Pour frapper cette comparaison, Montesquieu, que je ne me lasserai point de citer, parce qu'on ne doit point se lasser de le lire, Montesquieu fait dire à Usbeck : *La différence qu'il y a des troupes françoises aux vôtres, c'est que les unes, composées d'esclaves naturellement lâches, ne surmontent la crainte de la mort que par celle du châtiment, ce qui produit dans l'ame un nouveau genre de terreur qui la rend stupide, au lieu que les autres se présentent aux coups avec délice, & bannissent la crainte par une satisfaction qui lui est supérieure.* Battez les Allemands, les Prussiens, les Russes, s'écrie un auteur qui connoît bien ma nation, tous ces descendans des sauvages du nord, dont un climat rigoureux engourdit les organes, & dont l'ame retranchée sous une écorce épaisse, n'entend ce qu'on lui demande que quand on le heurte rudement sur l'envelope; mais le François, piquez-le de générosité, il comprend les moindres signes, quelque part que vous le frappiez, vous touchez sur son cœur, les moindres blessures risquent toujours d'être mortelles (1).

Quelle contradiction dans la conduite de nos

(1) Linguet dans ses Annales.

instituteurs modernes ! Les principes varient avec leur tête, & leur éloquence favorise & défend tour-à-tour les préjugés à une nation à laquelle ils veulent tracer des loix. Ils se servent de ce préjugé, de ce point d'honneur (2), quand ils parlent des récompenses, ces moyens leur réussissent trop bien pour les méconnoître, & c'est à cette même espece d'hommes à laquelle ils refusent après de la délicatesse ; & qu'ils ne craignent pas d'avilir par une punition de tout tems honteuse (1) aux yeux de la nation. En-

---

(2) L'auteur de l'essai a dit, en parlant des progrès de nos connoissances. „ Il falloit veiller à ce qu'elles „ ne portassent que sur des objets utiles & à ce qu'elles „ n'attaquassent point des préjugés nécessaires. Il falloit „ soutenir ces préjugés par toutes les ressources de la „ législation...... Il dit ailleurs, il faut que l'état du „ soldat soit honoré, & qu'en élevant son ame, on „ l'accoutume à estimer sa profession & à se croire anobli „ par elle „.

[1] Autrefois les gentilhommes se battoient entr'eux à cheval & avec leurs armes, & les vilains se battoient à pied & avec un bâton, delà il suivit „ que le bâton „ étoit l'instrument des outrages, parce qu'un homme „ qui en avoit été battu avoit été traité comme un vi- „ lain. Il n'y avoit que les vilains qui combatissent à „ visage découvert, ainsi il n'y avoit qu'eux qui „ pussent recevoir des coups sur la face. Un soufflet de- „ vint une injure qui devoit être lavée par le sang, „ parce qu'un homme qui l'avoit reçu avoit été traité „ comme un vilain „ [Montesquieu]. Voilà comme se sont formés les différens points-d'honneur, & comme l'opinion publique les perpétue. Que l'on ne dise pas, que, parce que le soldat Romain ne regardoit pas la bastonade comme deshonorante, on peut bien s'en servir pour le soldat François, parce que l'on répondroit qu'un marquis dont le pere seroit pendu en France,

gage-toi, dit aujourd'hui le pere à ſon enfant, en lui montrant le grenadier couché ſur une botte de paille, & flagellé aux yeux de la plus vile populace ; engage-toi, & voilà comme on te traitera.

Les partiſans des coups prétendent-ils relever du déshonneur dont ils marquent celui qui eſt frappé? prétendent-ils reléguer ce déshonneur dans la claſſe des préjugés abſurdes? Qu'ils ſachent que l'homme n'a qu'un juge de ſon honneur : c'eſt ſes concitoyens ; & tant que le bourgeois, le payſan, le valet même, ne pourront être frappés ſans obtenir une réparation juridique prononcée par les loix, la claſſe des ſoldats François que l'on voudra aſſujettir aux coups, ſera regardée comme la derniere claſſe de la nation.

Mais ſi cette opinion ſur les coups eſt, comme on a oſé le ſoutenir, un préjugé auſſi futile qu'aiſé à détruire ; ſi nous pouvons, ſans inconvéniens, être aſſimilés aux troupes Allemandes, pourquoi nos nouveaux inſtituteurs ne condamnent-ils pas les cadets gentilshommes, à recevoir très-honorablement des coups de plat de ſabre par la main du Commandant du régiment? Ne ſavent-ils pas qu'en Pruſſe, le premier *Fahn-*

---

ne devroit pas non plus ſe croire déshonoré, puiſqu'en Angleterre des hommes qui nous valent bien traitent avec raiſon ce prétendu déshonneur de chimere. Mais chaque nation a ſes préjugés, ſon point-d'honneur & une délicateſſe différente comme ſes loix. Un ſpartiate valoit bien un François ; ce premier n'avoit point honte de voler ; & ce dernier regarde le vol comme une infamie du premier genre.

junker de chaque régiment est puni de cette maniere? Il est tel officier général, qui, succédant au ministre actuel, completteroit cette assimilation, & s'il ne s'éleve des voix plus fortes que la mienne, si la paix dure, surtout, on verra sans doute le gentilhomme tendre le dos comme le soldat, & l'officier sera mis à la garde du camp. Pourquoi non? cela se pratique en Prusse.

La punition des coups avoit été employée en France par MM. de Broglie, qui s'en servoient à l'armée pour faire punir les maraudeurs, & les sauver de la mort à laquelle les généraux qui les ont précédés les condamnoient. Voilà le cas où cette punition est réellement utile & sans inconvénient. Là, elle remplit l'objet sans être avilissante, parce qu'elle n'est point infligée à la vue d'un peuple qui la regarde comme telle; là, la loi est générale, tout maraudeur soldat, vivandier, valet ou autre, est puni par le bâton: mais adopter cette punition comme un moyen ordinaire de discipline, dans une nation chez laquelle les coups sont regardés comme déshonorans; je le répette, c'est une contradiction formelle entre la loi & les mœurs; c'est apprendre aux hommes à ne plus craindre la honte; c'est, au contraire, les ~~formaliser~~ familiariser avec elle.

En tout, je vois naître une morale militaire propre à éteindre le fanatisme de la gloire & de l'honneur, dont aucune nation n'est pourtant aussi susceptible que la mienne [1]. On ne parle au

[1] On ne peut voir sans indignation, un auteur

au ſoldat qu'avec colere ou mépris, & preſque partout, par des prohibitions aviliſſantes, on le fait rougir de l'habit qu'il porte. L'orgueil de commander aux Rois dédommageoit les Romains de la dureté de la diſcipline militaire; il n'y a que l'eſtime qui puiſſe dédommager le ſoldat françois de la dureté de la nôtre. Que l'on ſe ſouvienne ici de ce que j'ai dit au chapitre des recrues, du choix que j'exige dans les hommes, & du chapitre de la comptabilité, où je montre que l'intérêt de chaque capitaine eſt de bien compoſer ſa compagnie. En ayant une meilleure eſpece d'hommes, en mettant plus d'intérêt à en tirer parti, en les inſtruiſant avec plus de douceur, en ſimplifiant cette inſtruction, en ſe préſervant de toutes les inutilités dont on a accablé les troupes, en leur donnant enfin une conſtitution ſolide, & montrant aux hommes un avenir certain, on donnera & l'on conſervera à la France l'armée la plus formidable.

En attaquant l'eſprit de la loi qui a établi l'uſage des coups dans nos troupes, je crois avoir démontré que cette punition ne peut con-

---

ſujet à ſe livrer aux ſaillies de ſon eſprit, traiter de *chevalereſque ignorance*, ces traits de valeur héroïque & de dévouement dont nos François ont donné dans chaque campagne une multitude d'exemples. Si nos armes ont éprouvé des malheurs, ils ont preſque toujours été dûs au défaut de capacité de nos Généraux ou à leur méſintelligence. C'eſt dans cette claſſe du militaire qu'il ſeroit eſſentiel d'établir une diſcipline ſévere, parce que c'eſt-là où les infractions & les déſobéiſſances que produiſent les rivalités entraînent les plus grands déſordres & les plus grands maux.

venir aux François. Je dois encore examiner la maniere dont cette loi a été connue, promulguée & suivie jusqu'à ce moment : cet examen aidera à prouver, comme je l'ai avancé, que nos ordonnances sont presque toutes devenues contradictoires, abusives & sans force. L'article XX du titre V de l'Ordonnance du 25 mars 1776, sur l'administration, dit : *que les fautes légeres qui, jusqu'à présent, ont été punies par la prison, seront dorénavant punies par des coups de plat de sabre.* Qui est-ce qui déterminera la légereté ou la gravité de ces fautes ? Si l'on consultoit différens officiers, on verroit peut-être qu'il n'est pas aussi aisé qu'on se l'imagine de les classer. D'ailleurs, assigner 50 coups de plat de sabre pour une faute légere, c'est assurément, le déshonneur même à part, infliger une punition très-disproportionnée au délit, car l'expérience nous a montré qu'un bras vigoureux enverroit indubitablement le patient à l'hôpital. Pour éviter donc un abus qu'on a eu raison de prévoir, la même ordonnance dit que le commandant du corps pourra seul ordonner les 50 coups, & que le commandant de la compagnie pourra seul en ordonner 25. Les cinq autres officiers de la compagnie n'ont ni le droit ni le pouvoir de punir les fautes dont leur service les rend continuellement témoins. Il faut qu'ils se bornent à menacer le soldat contrevenant, & qu'ils attendent la parade du lendemain pour rendre compte au commandant & prendre ses ordres ; lenteur absolument opposée à l'activité d'une discipline exacte & sévere. Le Lieutenant-Colonel & le Major ont vraisemblablement aussi le droit de faire distribuer des coups, mais quel est leur tarif ? Est-ce 25 ou 50 ? Voilà ce que l'ordonnance n'articule point, elle ne parle précisément que du commandant du corps & du commandant de la compagnie, & aux yeux de ceux qui ne savent pas interpréter, le commandant en second du corps n'a pas plus de droit à prononcer sur cet objet, que le commandant en second de la compagnie. Qu'est-il arrivé de la délicatesse de toutes ces distinctions ? que l'officier subalterne qui n'a pas droit de faire donner des coups, a trouvé beaucoup plus simple d'envoyer le délinquant en prison ou à la salle de discipline, sauf à dire dans son rendement de compte, qu'il a jugé la faute trop grâve pour ne mériter que des coups. Je mets en fait qu'il n'y a pas de régiment où l'on n'ait commis ces abus ; mais la plupart des colonels en ont introduit un autre bien plus contraire encore à l'esprit de l'ordonnance. Ils ont fait indifféremment punir par les coups de plat de sabre, & les fautes les plus légeres & les fautes les plus grâves.

La distraction à l'exercice & le manque de subordination, l'homme qui s'enivre & celui qui se bat, le déserteur même, tout est puni par les coups ; il est vrai qu'en amplifiant ainsi l'esprit de l'ordonnance, ils ont amplifié aussi le numéraire ; ils n'ordonnent pas plus de 50 coups de suite, parce qu'il seroit peut-être impossible qu'un homme put en recevoir davantage : mais ils le condamnent à recevoir ce châtiment pendant huit jours. Il est aisé de concevoir qu'un pareil abus auroit fait périr plus d'un homme, ſi l'officier chargé de faire exécuter de pareils ordres, ne manquoit à ſon devoir.

Au reſte, pluſieurs régimens, un corps même preſqu'entier, s'eſt abſtenu & s'abſtient encore de faire uſage des coups de plat de ſabre, & les officiers généraux ont autoriſé ce manquement formel à l'ordonnance. Il réſulte donc de ces exceptions aux loix une comparaiſon humiliante pour les corps qui s'y aſſujettiſſent. Je dirai plus, ou l'ordonnance eſt tacitement rétractée par le miniſtre (1), ou il eſt echappé de ſes bureaux une grande imprudence. On la trouve dans le réglement proviſoire ſur le ſervice de la cavalerie & des dragons en campagne, donné en 1778. Cette ordonnance s'exprime ainſi : „ Tout cavalier contrevenant à la diſcipline „ de l'armée, & faiſant du déſordre, ne devant „ plus être regardé que comme *un homme inca-* „ *pable d'être conduit par l'honneur*, ſubira le „ même genre de punition „. [des coups] Le mot eſt lâché, il eſt malheureuſement écrit. Cette punition eſt donc infamante, puiſqu'elle eſt réſervée à l'homme *incapable d'être conduit par l'honneur*. Cette punition ne peut donc plus être celle du grenadier qui commet une faute légère.

On demande quel châtiment ſubſtituer aux coups? La priſon a trop d'inconvéniens ; elle

---

[1] La derniere ordonnance concernant les gardes-côtes, & parlant de leur diſcipline, condamne ſouvent le garde-côte à la priſon & jamais aux coups. Je m'abſtiendrai de chercher la cauſe de cette différence, qui ſeroit peut-être humiliante pour les Régimens de ligne.

détruit la ſanté de l'homme, & elle l'aſſocie avec le criminel. Je réponds que depuis le miniſtere de Mr. le Duc Choiſeuil on avoit paré à ces maux, en établiſſant des ſalles de diſcipline particulieres à chaque corps, & que depuis long-tems les cachots publics ne recevoient plus que les ſoldats deſtinés à la mort ou aux galeres. Si ces ſalles de diſcipline ne ſont pas aſſez ſéveres, c'eſt que la tolérance ou la foibleſſe ſouffrent que les hommes y vivent comme à la chambrée. Quand on le voudra, on corrigera cet abus : mais pourquoi ne pas employer une punition dont on fait uſage ſur les vaiſſeaux du Roi ? Le matelot déſobéiſſant eſt mis aux fers. Je voudrois qu'au corps de garde du quartier de chaque régiment, il y eût une barre & des chaînes pour y attacher tout ſoldat dans le cas d'être mis en priſon ; il ſeroit là au pain & à l'eau, & ſuivroit ainſi le régiment dans ſes marches. Mais n'avons nous pas le piquet, les arrêts à la chambre, les pelotons d'inſtruction deſtinés particuliérement à punir les fautes commiſes aux exercices ? Ah ! ſi ces punitions ne nous ſuffiſent pas, n'imaginons pas des ſupplices ; cherchons d'autres moyens dans l'heureux caractere de ma nation ; oſons employer quelquefois ceux dont le vainqueur de Mahon donna l'exemple la veille de cet aſſaut à jamais mémorable. On ſait qu'à Mahon le vin étoit à ſi bon marché & la chaleur ſi exceſſive, que les punitions les plus ſéveres & les plus multipliées n'empêchoient point les ſoldats de s'enivrer tous les jours ; à peine en trouvoit-on aſſez de ſang-froid pour le ſervice de la tranchée. Le Maréchal de Richelieu, auquel tous les chefs de corps portent leurs plaintes, répond froidement qu'il est sûr d'arrêter ces excès sans employer les coups, dont quelques *François Prussiens* lui demandoient déjà la permission de faire usage. Le Maréchal, le même jour, fait dire à l'ordre *que tout soldat trouvé pris de vin, sera privé de monter à l'assaut.* Cette menace eût tout l'effet qu'il en avoit attendu; il n'y eût pas un soldat ivre dans l'armée. Cette anecdote fait autant d'honneur à l'esprit & au cœur du Maréchal qu'à la délicatesse de la nation qui marcha à la victoire. M. le Comte Devaux, aussi connu par ses talens militaires que par la discipline févere qu'il a toujours maintenue dans les troupes à ses ordres, n'a pas négligé d'employer ces moyens, qui ne viennent qu'à l'esprit des officiers qui connoissent bien notre nation; ayant à se plaindre des grenadiers d'un régiment de l'armée de Corse, pour les punir, il fit donner à l'ordre, *de passer leur tour de service.* Il me tombe en ce moment dans les mains une autre anecdote; & j'en rassemblerois, sans doute, une nombreuse collection, si je prenois le soin de les chercher, & que je le crusse nécessaire pour prouver combien le François est susceptible de cet honneur que quelques écrivains osent lui refuser. « Pendant » la derniere guerre, quand le détachement » françois envoyé contre le Portugal entra en » Espagne; on prévint le soldat qu'il arrivoit » dans un pays allié, où leur nation n'étoit » cependant pas aimée; que plus les Espagnols » avoient de prévention contre nous, plus il

„ falloit ſe piquer d'honnêteté & de ſcrupule à „ leur égard. Il n'en fallut pas davantage. Dans „ une route de 200 lieues il n'y eut pas une „ plainte (1).

Le Roi de Suede, pour punir les ſoldats déſobéiſſans, vient de faire uſage d'une peine qu'Alexandre & Ceſar ont ſeuls oſé employer jusqu'ici. On ſait combien ſont ſéveres en Suede les défenſes de la diſtilation des grains. Quelques ſoldats les ayant enfreintes, & même avec violence, Guſtave s'eſt contenté de les caſſer, & de les déclarer incapables de jamais ſervir la couronne. Par de tels principes, & avec de tels exemples, on peut faire plus que d'entretenir l'honneur & la délicateſſe, on peut les faire naître où ils ne ſeroient pas.

Des fautes grâves.

L'obéiſſance doit être paſſive, & tous les ordres donnés par le ſupérieur doivent être exécutés littéralement & ſans réclamation, ſans cela il n'eſt point de militaire.

Le premier & le plus grand de tous les crimes, eſt donc de réfuſer l'obéiſſance. Non ſeulement il faut punir ſévèrement ce refus, mais il faut encore que le chef ait un pouvoir *illimité*, pour s'oppoſer à la force & à la rébellion, ſi elle pouvoit naître dans les troupes. Les loix, à cet égard, doivent être fortes, mais prudentes ; & toutes les fois que les circonſtances ont mis un chef dans le cas de faire uſage de toute l'étendue du pouvoir qui lui eſt confié, ſa conduite doit

[1] Annales Politiques.

être soumise au jugement d'un Conseil de guerre, afin de confirmer légalement l'acte d'autorité ou en punir l'abus.

Le Code militaire a souffert de si grandes variations par les exemples des jugemens différens, prononcés par les Conseils de guerre, & par les lettres interprétatives des ministres, qu'il seroit absolument essentiel de le renouveller aujourd'hui, & d'y prévoir le plus grand nombre de crimes par le plus grand nombre d'articles; car, encore une fois, *les loix doivent commander*, & pour me servir d'une expression de nos Ordonnances mêmes, les châtimens doivent être conformes à la loi.

Les Conseils de guerre ne devroient jamais prendre connoissance que des faits absolument relatifs au militaire, & tous les crimes du ressort des tribunaux civils, comme vols, assassinats, contrebande, doivent leur être renvoyés.

Un usage aussi barbare qu'injuste, est celui qui tolere la punition des courroies. Le Commandant du régiment peut aujourd'hui l'ordonner sans autre forme légale que sa volonté, & sans répondre de sa conduite. La vie des hommes est donc entre ses mains, & comment y est-elle? En l'autorisant à ordonner le plus grand des supplices. Qui est-ce qui n'est pas révolté en songeant à cette inconséquence barbare! Il est plusieurs exemples de soldats qui ont péri de ce châtiment ou de ses suites.

Les cas grâves doivent tous être prévus par les loix; s'il se commettoit une faute, sur laquelle les ordonnances eussent omis de prononcer, & que cette faute fût d'un genre à mériter une punition exemplaire, le Commandant auroit toujours le droit de faire assembler un Conseil de guerre provisoire, qui informeroit sur le champ, & jugeroit l'accusé; l'exécution seroit suspendue, le jugement envoyé à la cour, qui prononceroit sur son exécution. Par ce moyen rien ne se feroit sans qu'elle en fût informée, & le tems offrant de nouveaux exemples, & de nouvelles circonstances, on en profiteroit pour ajouter de nouveaux articles à un Code, qui deviendroit bientôt parfait.

Malgré la clarté des Ordonnances, il se trouve quelquefois des crimes tellement enveloppés d'incidens, qu'il devient difficile de rapporter avec exactitude certains délits aux articles du Code. La justice & l'humanité réclament donc, que toutes les précautions soient prises en faveur de l'innocence, pour que le plus grand jour soit répandu dans l'instruction du procès, & pour que les Juges soient toujours les plus éclairés & les plus integres. Les Conseils de guerre des régimens devroient donc être toujours composés des six plus anciens Capitaines : au défaut du grade de Capitaine, les juges seroient pris parmi les premiers Lieutenans; mais il faudroit que tout juge eût au moins 25 ans; car c'est une inconséquence bien grande d'accorder voix délibérative à un homme, dans des circonstances aussi essentielles que de prononcer sur l'honneur & la vie de ses semblables, tandis que les loix civiles le regardent encore dans un âge d'enfance, qui ne lui permet ni de gérer, ni d'aliéner ses biens. Les Conseils de guerre doivent toujours être présidés par le Commandant de la place, &, à son défaut, par le Commandant du Corps. Les Majors de place doivent faire les informations & le rapport : à son défaut ces fonctions sont remplies par le Major du Corps. L'humanité & la justice sollicitent encore une consolation au malheureux, c'est le droit de se choisir un défenseur dans les Officiers de son régiment. Pourquoi refuseroit-on cette consolation au militaire, tandis qu'on l'accorde au plus vil assassin ? Pourquoi craindroit-on de donner à celui-ci tous les moyens de se défendre, & d'instruire ses juges ? Voilà des observations qui me paroissent dignes de l'attention du nouveau Législateur, lorsqu'il travaillera à ce Code desiré & nécessaire, à ce Code annoncé par l'Ordonnance de 1776, sur l'administration des troupes, mais que nous attendons encore.

Désertion.

La premiere perte & la plus réelle pour la France, c'est le nombre de soldats qui sortent de nos armées, pour aller accroître celles des puissances voisines. On rejette vainement ces émigrations sur la légéreté du caractere national ; on n'excuse pas par-là la foiblesse de nos institutions. La désertion a chez nous des causes plus réelles, & ceux qui les ont étudiées, n'attendent pour les dévoiler, que de trouver en place un ministre qui puisse ou qui veuille les entendre.

Il est évident que le Roi de Prusse a dans ses armées 19 à 20 mille déserteurs François. J'ignore le nombre que peuvent en avoir l'Empereur, le Roi de Sardaigne, la Hollande, la Ruſſie, &c. mais il eſt de notoriété qu'il déſerte tous les mois 200 hommes de l'armée françoiſe, dont la moitié au moins ſont abſolument perdus pour le roi & pour l'état, auquel cette moitié devient traître ſi elle échappe à la loi, & à charge ſi elle en devient la victime.

Il eſt évident que, ſi l'on parvenoit à faire rentrer en France 30 à 40 mille ſujets répandus dans les armées étrangeres (je calcule au plus bas), que ſi l'on parvenoit à arrêter cette émigration continuelle, qui ſert à compléter cette perte, le Roi conſerveroit 30 à 40 mille laboureurs ou artiſans, qu'il eſt obligé d'enlever à l'agriculture & aux arts; il diminueroit néceſſairement ce fléau qui afflige les campagnes; je veux dire, la milice & la garde-côte, qui excitent partout les plaintes du malheureux payſan. Enfin les troupes Suiſſes, Irlandoiſes & Allemandes, qu'une ſage politique nous fait ſoudoyer, pour ménager le citoyen, deviendroient un avantage réel, au lieu qu'elles ne ſont aujourd'hui qu'une chere compenſation de la perte que nous faiſons.

Il eſt tellement eſſentiel d'arrêter la déſertion, que dans tous les tems & preſque tous les pays, ceux qui ont fait les loix militaires ont condamné le déſerteur à la mort. Les Romains portoient même la ſévérité plus loin; ils ne ſe contentoient pas de faire mourir les déſerteurs, ils confiſquoient encore leurs biens. Charles VII, le premier de nos rois ſous lequel nos troupes ayent eu une conſtitution & une diſcipline militaire, condamna les déſerteurs à être pendus, ſans autre jugement que celui du Lieutenant de la Compagnie. C'est mal-à-propos sans doute qu'en continuant à faire mourir les coupables nous avons changé le genre du supplice. En lui ôtant ce qu'il avoit d'ignominieux & de deshonorant, nous lui avons ôté ce qu'il offroit de plus terrible. Lorsqu'à la prise de Rhege, les Romains se saisirent de 300 traitres qui avoient déserté, ils ne se contenterent pas de leur faire trancher la tête, mais avant ils les condamnerent à une peine sans doute plus honteuse encore parmi eux, ils les firent fouetter sur la place publique. Le grenadier à qui l'on va casser la tête, ne voit dans ce supplice que la perte de la vie, l'infamie n'existant plus, il met un point d'honneur à braver la mort qui l'attend; & comment la craindroit-il cette mort à laquelle il est accoutumé à s'exposer tous les jours, par une pure imagination d'honneur? Ceci n'est point un vain raisonnement, c'est une vérité prouvée par l'expérience. Il est peu de militaires qui n'ayent été témoins de la fermeté qu'apportoient le plus grand nombre de ces malheureuses victimes à l'approche de l'exécution. Quelles misérables loix que celles qui détruisent ainsi des hommes capables de braver la mort, & dont le Gouvernement & la société peuvent tirer un si grand parti! Mais il n'est plus tems de se recrier contre une barbarie dont on est revenu. M. de Saint-Germain, en abrogeant une loi qui faisoit perdre autant d'hommes sans rémédier au mal, s'est immortalisé dans ma nation, qui se souviendra toujours que l'entrée de ce brave Officier au ministere fut marquée par un acte d'humanité, que la raison réclamoit depuis si long-tems.

On sera forcé de convenir que la crainte seule de la mort est bien insuffisante pour arrêter la désertion, lorsqu'on saura que dans le tems où elle étoit employée avec le plus de vigueur, qui est depuis la paix jusqu'en 1765, il est déserté 50 mille hommes de nos armées. Je rends justice au cœur de M. le Duc de Choiseul; s'il n'a pas eu le mérite de supprimer la peine de mort, il fut plus d'une fois attendri par l'effusion continuelle du sang que la loi faisoit couler, & dans les dernieres années de son ministere, il obtenoit de son Maître la permission de commuer la peine en exil, on envoyoit les déserteurs dans nos colonies. Voilà le cas de dire, avec un de nos Jurisconsultes, c'est le moindre inconvénient des loix trop dures, de rester sans exécution.

Pour arrêter la désertion, il ne faut pas se borner à la recherche des loix pénales que l'on doit affecter aux contrevenans; cet objet est sans doute un de ceux du Législateur, mais il ne doit pas être le seul. Punir le crime n'est pas difficile, c'est le prévenir qui est le chef-d'œuvre du Gouvernement. Arrêtons-nous un moment sur les causes de la désertion.

La premiere est que l'on engage sans délicatesse le rebut de la nation, des hommes tarés, de mauvais sujets, sans asyle, sans lieux, sans honneur. J'ai parlé de ce vice au Chapitre des recrues, & j'ai dit qu'il n'y a que les Capitaines auxquels on puisse avantageusement confier le soin de completter leurs compagnies. Une ordonnance de 1763, qui fait honneur au Ministre qui la rédigea, commence par ce préambule. „ Sa Majesté ayant reconnu que la constitution „ solide qu'elle veut donner à ses troupes, dé„ pend du premier choix des hommes qui en„ trent dans la composition desdites troupes, „ &c. „ On voit ici que l'on a pensé avant moi que les soldats ne devoient point être pris dans la plus vile partie de la nation.

La seconde cause de la désertion est, que le soldat se trouve humilié par la modicité de sa paye, & l'impossibilité où on le tient d'augmenter son aisance par son travail : on le lasse, on le dégoute par des instructions minutieuses, qui lui font passer huit années aux écoles de détail : on l'enchaîne par des loix monacales, & on l'écrase par la durée d'une discipline qu'on appésantit de jour en jour. Quel recours peut-il avoir contre des supérieurs, qui abusent de leur autorité en le faisant battre inhumainement pour de légeres fautes ? contre ceux qui le battent eux-mêmes, & l'injurient par les termes les plus méprisans & les plus humilians ? Voilà ce que les Inspecteurs ne voyent jamais ; ce dont les soldats ne peuvent se plaindre, & malheureusement, ce que les Ministres ignorent toujours.

La troisieme cause de la désertion est la facilité que le déserteur trouve à échaper à la rigueur de la loi, soit que les maréchaussées ne servent que mollement, soit qu'elles n'ayent ni la constitution ni le placement le plus favorable à leur service ; on voit par le nombre des déserteurs contumaces, que le soldat peut raisonnablement calculer que s'il déſerte, il y a dix à parier contre un qu'il ne ſera pas arrêté ; & ce calcul, fondé ſur la différence entre le nombre des déſerteurs & celui des forçats actuellement à la chaîne, devient le raiſonnement le plus favorable pour augmenter le penchant au crime. Que la vigilance des prépoſés prouve au contraire que ſur dix déſerteurs on en arrête neuf, on verra indubitablement diminuer le nombre de ceux qui s'expoſeront au châtiment. L'homme court volontiers un haſard dangereux lorſqu'il a beaucoup de chances en ſa faveur, mais il craindra d'encourir une légere peine lorſqu'il n'appercevra pas l'eſpoir raiſonnable d'y échaper.

Il faut donc que les récruteurs ne ſoient pas ſi faciles à engager les beaux hommes qui déſertent ; que les amniſties ne ſoient pas ſi fréquentes, & que les grâces enfin ne ſoient pas accordées toutes les fois qu'on les demande. *Il ne faut pas non plus que les châtimens ſaient rudes*, a dit le Maréchal de Saxe, *plus ils ſeront doux & plus promtement vous remédierez aux abus, parce que tout le monde concourra à les faire ceſſer.*

Lorſque M. de St. Germain ſupprima la peine de mort, il conſulta beaucoup de gens en place ; & demanda même des mémoires ſur la maniere la plus avantageuſe de punir les déſerteurs : nous avons lieu de croire que la chaîne de terre réunit le plus de ſuffrages ; elles nous paroît cependant avoir de grands inconvéniens, & nous allons les montrer, en examinant les nouvelles Ordonnances concernant la déſertion.

L'Ordonnance du 12 Décembre 1775 accorde

trois jours de répentir au déserteur. Celle du 25 Mars 1776, lui en accorde six. Tout soldat pris & arrêté dans ce laps de tems, n'est condamné qu'à 15 jours de prison. Il s'ensuit que cette loi, bien loin d'arrêter la désertion, la favorise, puisqu'elle met le déserteur à l'abri de la vigilance & de la poursuite de son régiment, & de la maréchaussée qui doit sur le champ être instruite de son évasion. Ce n'est que le quatrieme jour de marche, & à 45 lieues, à-peu-près, de son régiment, que le déserteur commence à encourir la peine portée par l'article XII, qui est la chaîne de huit ans. Les régimens ont eu plus d'une fois l'occasion de s'appercevoir de l'indiscipline produite par cette loi, & elle sert aujourd'hui de prétexte pour ne la pas suivre. Chaque régiment a sa maniere de punir ses déserteurs, lorsqu'on a fait assez de diligence pour les arrêter. Dans les uns, on leur donne des coups de plat de sabre, ce qui est absolument contraire à la lettre & à l'esprit de l'Ordonnance; dans d'autres, on les met plusieurs mois au cachot : mais toujours, pour se conserver le droit de les punir à leur fantaisie, les Commandans de corps ne permettent point qu'ils soient mis au Conseil de guerre, à moins qu'ils ne se trouvent clairement dans l'un des cas qui doit les faire condamner à la chaîne. Voilà donc encore le Commandant du corps Juge souverain, pouvant à sa volonté abandonner ou soustraire le coupable à la rigueur de la loi.

Les Articles XIII & XIV de l'Ordonnance, portant établissement de la chaîne, vouent à un opprobre éternel ceux qui y seront attachés. Le tems

tems de leur condamnation expiré, on leur délivre une cartouche infamante, il leur est défendu d'approcher de dix lieues de la ville de Paris & des endroits où reside Sa Majesté ; ils sont déclarés incapables de servir dans ses troupes. La crainte de ce deshonneur ineffaçable excite le déserteur à passer à l'étranger, & s'il n'en formoit pas le projet, sa famille, justement allarmée, solliciteroit & favoriseroit son évasion ; cette loi force donc l'homme à s'expatrier.

Si le déserteur est arrêté, qu'arrive-t-il ? qu'il est, pendant huit ans, plus ou moins à la charge de l'Etat ; que parvenu au terme de sa détention, il se trouve flétri, sans ressources, désespéré, condamné à mandier son pain ; le jour où il sort de la chaîne, il faut qu'il demande l'aumône. & qu'il l'obtienne.

La réunion de ces malheureux formera indubitablement des hordes d'assassins ; tout le monde le prévoit, mais que faire du déserteur ? Pourquoi donc tant d'embarras ? Il faut en faire ce qu'on en fait dans presque toutes les autres Puissances militaires de l'Europe, le prendre, le punir & le forcer à continuer son métier. Cette méthode demande plus d'activité dans la discipline & plus d'exactitude dans l'observation des loix, mais ses avantages valent bien la peine de l'exiger.

Moyens à employer pour arrêter & punir les déserteurs.

Il est impossible à un écrivain de mettre sous les yeux de ses Lecteurs cette quantité de moyens dont le gouvernement dispose, & dont il invite les chefs à se servir pour faire aimer au ſoldat ſon métier & l'attacher à ſes drapeaux. Qu'ils reveillent & entretiennent ce point d'honneur au lieu d'afficher qu'ils n'y croyent pas. Les murs & les ſentinelles peuvent arrêter un moment la déſertion, mais ils inſpirent à coup ſûr au ſoldat le deſir de rompre ſes liens. Plus l'homme honnête ſe croit libre, moins il eſt tenté d'en abuſer. Il faut que le ſoldat penſe que ſon ſupérieur le croit incapable de déſerter ; mais en même-tems, il faut qu'il ſoit certain & convaincu qu'il exiſte un tel ordre, une telle diſcipline & une telle activité, qu'il ne pourroit en s'évadant échapper à la vigilance des prépoſés, & par conſéquent, à la honte de la punition & à la rigueur de la loi. Autrefois, on faiſoit prêter un ſerment ſolemnel aux recrues, qui juroient à la tête de leur régiment de ne jamais abandonner leurs drapeaux. Cette cérémonie en impoſoit aux hommes, & ſembloit les engager doublement par les liens de l'honneur. Je ne doute pas du bon effet que produiroit le rétabliſſement de cet uſage, auquel on pourroit ajouter un appareil capable d'en impoſer.

Mais le premier moyen d'arrêter la déſertion, ſeroit ſans doute de donner aux Maréchauſſées une conſtitution & une activité que la ſureté publique réclame autant que la diſcipline militaire. C'eſt l'impunité des criminels, & la facilité qu'ils ont à ſe cacher dans une foule inconnue, qui encourage les crimes & fait couler tant de ſang ſur nos échaffauts. Oui, l'ordre civil & militaire ſont également intéreſſés à ce que nul homme dans ce Royaume ne ſoit inconnu, & à ce que tous ces rouleurs de villes & de provinces ſoient toujours munis de certificats & de paſſe-ports : on les exige bien, ces certificats & paſſe-ports, à l'entrée de certaines villes en France ; pourquoi ne les exigeroit-on pas dans toutes ? N'y a-t-il pas par-tout un Maire, un chef de la police ? Je propoſerois de mettre toutes les Maréchauſſées du Royaume à pied ; cette économie permettroit de les doubler. Les Brigades & Eſcouades changeroient ſouvent de quartier de réſidence, parce que pour être actives & intègres, il faut qu'elles ayent peu de liens : plus multipliées, elles auroient moins beſoin d'étendre leurs courſes ; & quant aux translations dont elles ſont chargées, par la maniere dont j'établis la Cavalerie en France, elle pourroit utilement les remplacer ſur cet objet. Je ne puis m'empêcher de remarquer ici combien l'inſtitution des Maréchauſſées eſt vicieuſe, en voyant ces organes de la Juſtice avec la prétention de ſe refuſer aux ordres des Parlemens & des Cours du Royaume, comme ſi elles pouvoient être humiliées de l'emploi auquel elles ſont vraiment deſtinées.

Aucuns des moyens propres à décéler & arrêter le déſerteur ne doivent être négligés. On remarquera ici combien la coëffure que j'ai propoſée au chapitre de l'habillement, peut être utile pour le faire reconnoître. La perte des cheveux met le ſoldat dans l'impoſſibilité de ſe déguiſer, au moins dans les premiers momens de ſon évaſion, & c'eſt préciſément dans ceux-là qu'il faut tout mettre en œuvre pour le reprendre.

Une piéce de canon de 36 ou de 24 ſeroit placée dans toutes les garniſons ou quartiers, & tireroit trois coups d'heure en heure, du moment où l'on s'appercevroit qu'un ſoldat auroit déſerté.

Les maréchauſſées & les villages ſeroient avertis par ce ſignal de ſe tenir ſur leur garde & d'arrêter les gens ſans aveu qu'ils rencontreroient.

Les régimens feroient partir ſur le champ pluſieurs détachemens pour aller à leur pourſuite.

Le déſerteur arrêté, & la route qu'il auroit tenu, reconnue, les villages par leſquels il auroit paſſé ſeroient condamnés à une amende de 20 ſ. par feu [1].

Quiconque donneroit refuge ou faciliteroit l'évaſion d'un déſerteur ſeroit condamné par le Conſeil de guerre à 600 liv. d'amende, faute deſquels condamné aux galères pour ſix ans.

Les gardes des Fermes du Roi, ſeroient auſſi ſpécialement chargés d'arrêter les déſerteurs. La diſperſion de ces employés, leurs vêtemens & la connoiſſance qu'ils ont du pays, & des habitans leur donnent des moyens preſqu'immancables [2], & les Fermes ſont très-intéreſſées à cette police qui diminueroit le nombre des contrebandiers.

---

[1] Cette idée de rendre reſponſables les villages par leſquels paſſeront les déſerteurs, eſt facile à mettre à exécution. Elle ſe pratique en Pruſſe, & l'Angleterre ſe ſert auſſi de ce moyen pour empêcher la ſortie de ſes laines, les villages par où elles paſſent ſont condamnés à 20 liv. ſterlings.

[2] Que l'on queſtionne les employés ſur ce que j'avance, ils répondront ce qu'ils m'ont dit pluſieurs fois, qu'ils ſeroient ſouvent dans la poſſibilité de faire la capture des déſerteurs ſi c'étoit leur métier.

Toute perſonne arrêtant un déſerteur, ou curant ſa capture, recevroit ſur le champ une gratification de 50 liv., que lui feroit donner le Major du régiment, & qui ſeroit retenue au Capitaine de la compagnie dont ſeroit le déſerteur. Ce Capitaine ſupporteroit auſſi tous les fraix des détachemens envoyés à la pourſuite du déſerteur.

Seroit réputé déſerteur & puni comme tel, tout homme, tout ſoldat qui paſſeroit les limites de ſon quartier ou de ſa garniſon.

La punition du déſerteur doit être meſurée au dommage de ſon crime, & le crime varie ſuivant les circonſtances & la maniere dont il eſt commis. Je ne prête point ma voix pour arracher à une mort ignominieuſe celui qui trahit tout-à-la-fois ſes ſermens, ſon Roi, ſa patrie & ſes concitoyens, & commet la plus grande lâcheté en paſſant dans les armées ennemies. Il doit être pendu.

Celui qui a la baſſeſſe de voler le prêt, les effets du Roi ou ceux de ſes camarades, doit être retranché de la Société, marqué de l'infamie, & rélégué à perpétuité avec ces viles créatures qui travaillent enchaînés ſur nos ports.

Ceux qui déſertent étant de ſervice, de garde ou en fonction, doivent être de même condamnés aux galères perpétuelles & irrachetables [1].

---

[1] Rien de ſi dangereux en politique, dit M. Linguet, que de compoſer avec le crime & d'y mettre un prix. C'eſt avertir quiconque veut devenir coupable de commencer par s'aſſurer de la ſomme qui doit l'abſoudre. C'eſt par conſéquent ſapper le fondement de la ſociété même. Plus de repos, plus de confiance, plus de ſureté dans tout pays où mon exiſtence dépend de l'argent

Mais celui qui désertera dans l'intérieur du Royaume, ou s'engagera dans un autre régiment, & dont le procès ne sera chargé d'aucune complication de crime, celui-là ne peut être voué à l'infamie. Il doit, sans doute, une réparation à sa faute, & de toutes les réparations, celle qui se présente le plus naturellement, celle qui est le plus reversible à l'intérêt de l'Etat, c'est d'être condamné par le Conseil de guerre à servir à perpétuité dans des bataillons de garnison créés à cet effet [1].

Tout soldat trouvé hors des limites de sa garnison, ou n'ayant pas rejoint son régiment à l'expiration de son congé seroit arrêté, & son procès instruit, seroit condamné par le Conseil de guerre à servir à perpétuité dans les bataillons de garnison levés à cet effet.

Ces Bataillons seroient sous les loix de la discipline Allemande, consignés dans les garnisons, mais à cela près jouiroient de tous les privileges du reste de l'Infanterie, même paye, même vêtement, mêmes graces, mêmes tours pour l'avancement aux grades & même service.

Ces Bataillons seroient seulement commandés par deux Officiers d'un grade supérieur

---

qu'aura mon ennemi, & où il faut que j'essuye tous ses caprices à l'instant où il déboursera la somme à laquelle ils sont fixés.

[1] On trouve dans notre ancien code militaire, plusieurs articles qui condamnent les soldats à la prolongation de leur service. J'ai entendu dire que cette loi étoit vicieuse, mais je n'ai jamais été convaincu, par les preuves, de ce vice.

ayant indifféremment rang de Colonel, Lieutenant-Colonel, ou Major; leur traitement feroit toujours celui de Lieutenant-Colonel d'Infanterie, pour le premier, & de Major, pour le fecond, & ils prendroient rang, ainfi que tous les Officiers du Bataillon, avec les Officiers du même grade dans l'armée.

Dans toute l'armée, il n'y auroit d'Officiers à la fuite, que dans les Bataillons de garnifon. C'eft là où les jeunes gens auroient la permiffion de venir s'inftruire, & des principes de leur arme, & du fervice des places. Les Officiers de ces Bataillons ayant un fervice très-affidu feroient récompenfés par un avancement promt.

Le premier fond de ces régimens feroit bientôt fait, en commuant la peine que les déferteurs fubiffent aujourd'hui, & en rompant les chaines de ces malheureux qui font en ce moment à Metz.

Pour faire des bas-Officiers, chaque régiment étranger fourniroit à cet établiffement deux hommes, & chaque régiment d'Infanterie françoife en fourniroit un.

D'après cet axiome d'humanité, qui devroit en être un de législation, qu'il ne faut jamais défefpérer un homme, mais au contraire lui laiffer l'efpoir de réparer fes fautes paffées, par un nouveau mérite dans fa conduite & dans fes fervices; tout Soldat des Bataillons de garnifon, qui, au bout de quatre ans mériteroit & feroit élevé au grade de Sergent, redeviendroit libre, pafferoit un engagement de huit ans & jouiroit de toutes les prérogatives des Sergens de l'armée.

Ces Bataillons pourroient engager, comme tous les régimens, mais la comptabilité feroit régie au compte du Roi par les deux Officiers fupérieurs.

Les Soldats qui déferteroient de ces Bataillons feroient punis fuivant l'ufage de la difcipline Allemande, & continueroient leur fervice.

Les principes que je viens d'énoncer ferviroient de bafe à une ordonnance contre les déferteurs. L'ordonnance devroit être étendue, & les articles multipliés, pour établir une loi prévoyante qui feroit inexorable. Les amniſties & les graces font des foibleffes & des injuftices dangereufes. Si l'on veut de l'ordre, il faut renoncer à cette prétendue clémence qui n'eft qu'une invitation au crime.

Les avantages de ces nouvelles loix feroient de ne point perdre d'hommes, & de faire l'économie des établiffemens frayeux & embarraffans qui exiftent aujourd'hui. En confervant le déferteur au fervice, on diminueroit d'autant la charge fur le cultivateur, qui eft obligé de fournir fa part au remplacement actuel. En établiffant une punition douce & nullement déshonorante, on s'affureroit davantage la capture des déferteurs, & les familles même, qui, pour éviter le déshonneur portent aujourd'hui le délinquant à paffer chez l'étranger, ne verroient dans ces Bataillons qu'un afyle fûr, où elles feroient les premieres à ramener ces fujets qui leur infpirent de juftes craintes.

Il me refte à traiter bien des objets, qui devroient naturellement être renfermés ſous le titre générique de *diſcipline* ; car on doit s'attendre à trouver ſous cette dénomination la totalité de la législation militaire ; mais j'ai eſpéré plus d'ordre & de netteté en renvoyant aux chapitres qui vont ſuivre, tout ce qui concerne les revues, la correſpondance des corps avec le conſeil de la guerre, & la ſubordination.

CHAPITRE XIX.

Ordonnances qui doivent régler le ſervice des troupes.

Une nouvelle conſtitution & la permanence des établiſſemens des troupes exigent néceſſairement une nouvelle ordonnance ſur le ſervice des garniſons, des cantonnemens & des campagnes.

Quoique l'auteur de l'eſſai général de Tactique ait fortement argumenté contre l'utilité des places de guerre, je continuerai avec bien d'autres à les regarder comme des remparts ſalutaires, qui mettent la France à l'abri des incurſions & des dévaſtations générales, qui ſuivroient toujours une guerre malheureuſe & quelquefois même la ſeule perte d'une bataille. En attendant donc que l'auteur de l'eſſai ait déterminé d'une maniere plus poſitive les réformes qu'il propoſe ſur cet objet, je perſiſterai ſur la conſervation de ces places, comme ſur celle des troupes légeres, en faveur deſquelles j'ai déjà dit que j'étois d'un avis abſolument oppoſé au ſien ; & je répéterai, en cette derniere occaſion, ce qu'a dit le plus ſévere réfutateur de M. de Guibert. (1) Enfin les places donnent du tems, & le tems eſt le maitre des événemens qui font le deſtin des Etats.

Il entroit ſans doute dans le plan de M. de St. Germain de conſommer l'ouvrage de ſa nouvelle conſtitution, par les nouvelles ordonnances qui font l'objet de ce chapitre. Il s'étoit d'abord occupé d'un réglement ſur les gouvernemens, les lieutenans de Roi, commandemens & majorités des places & châteaux ; réglement utile en ce qu'il fixe la répartition de ces graces, ſoumet leur diſtribution à des règles permanentes, & éloigne les abus d'une bienfaiſance plutôt ſurpriſe que méritée. Ce réglement il eſt vrai eſt reſté ſans effet, & il en ſera toujours de même de tous ceux dont l'exécution ſera renvoyée à un terme auſſi éloigné que celui-ci, qui ne porte ſuppreſſion des emplois qu'après la mort de ceux qui les occupent. Cette ordonnance, datée du 8 mars 1776, proſcrit les ſurvivances & les penſions ; mais ces eſpeces de graces, reconnues ſi contraires au bien du ſervice, ont été accordées derechef & immédiatement après la promulgation de la loi qui les défendoit. Pour obtenir de cette ordonnance, qui a eu les ſuffrages de tout le militaire, les avantages qu'elle montre, il ne faut que la ſuivre rigoureuſement, lui donner

[1] M. d'Arçon Officier dans le Corps du Génie. Voyez correſpondance ſur l'art de la guerre, page 19 & ſuivantes.

dès à présent une sanction actuelle, & en confier l'exécution au conseil appelé pour régir le département de la guerre. Il n'y a que ceux auxquels la justice du prince ne destine point ces graces, qui puissent redouter l'examen du conseil que j'ai proposé, car je conviens avec ceux-là qu'il est plus facile de tromper & surprendre un seul homme, qu'il ne le seroit d'obtenir les suffrages unanimes d'un tribunal intègre. Je puis donc raisonnablement supposer dans les calculs qui vont suivre, l'exécution entiere d'une loi promulguée & universellement reconnue bonne, & je regarderai dès ce moment la somme de L. 4,218,300, produit des gouvernemens, commandemens & Etats-Majors, comme une somme déterminée dont la distribution devient le partage des Princes du sang, des Maréchaux de France, des Officiers-généraux & particuliers des armées du Roi.

Pour que la subordination militaire soit exacte, une, & invariable, il faut que les Gouverneurs & Lieutenans généraux des provinces commandent toujours aux Officiers-généraux employés dans l'étendue de leurs gouvernemens, ainsi qu'aux troupes qui y séjournent; & pour cela l'un de ces deux Officiers doit résider dans le gouvernement.

Les Commandans, Lieutenans de Roi & Etats-Majors des places doivent commander les troupes en tout ce qui concerne le service & la discipline de la place, sans jamais se mêler de la discipline intérieure des régimens qui y sont en quartier, l'autorité sur cet objet n'étant confiée qu'aux Officiers-généraux.

Les inſpecteurs généraux des troupes étant dans les places, doivent y jouir pendant le tems que durera leur inſpection, du commandement dû à leur grade.

Les officiers généraux employés dans les provinces doivent veiller à la police, diſcipline & inſtruction des troupes, & tous doivent être tenus de rendre compte au conſeil de la guerre, des abus & des infractions aux ordonnances dès qu'ils s'en appercevront.

Lorſqu'un régiment arriveroit dans une place où il doit être en garniſon, le commandant du corps feroit remettre aux officiers municipaux l'état de contrôle de la derniere revue, ayant en marge la note des variations que ledit état auroit pu ſouffrir depuis l'époque de la revue. Cet état doit être ſigné du quartier-maître, du major & du commandant du corps. S'il y a différens corps de cazernes & pluſieurs troupes à loger en même tems, elles tireront au ſort, ſans que jamais il doive y avoir des préférences données entre les régimens. Le quartier-maître & le major du régiment, l'ingénieur & le major de la place, l'officier municipal chargé du logement, en feront conjointément la viſite, pour en conſtater l'état, qui ſervira à la même vérification, lorſque les troupes abandonneront leſdites cazernes, que l'on répareroit aux dépens des capitaines, ſi les compagnies y avoient fait quelques dégats.

S'il ſe trouve un officier général dans la place où un régiment arrivera, il en fera ſur le champ la revue nominative, pour la vérification du contrôle, qu'il arrètera & ſignera pour l'envoyer ſur le champ au commandant de la province. S'il n'y a point d'officiers généraux, le même état ſera envoyé par le commandant du corps. Tous ces états de contrôles doivent toujours être ſignés par le quartier-maître, le major & le commandant du corps.

Les bans, concernant la diſcipline de la place, doivent toujours être publiés avant d'envoyer les troupes dans leurs logemens, & les officiers municipaux doivent en avoir copie pour les faire afficher & en inſtruire les bourgeois.

„ Dans tous les lieux où il n'y aura ni pa-
„ villons ni cazernes, ou lorſque leſdits pavillons
„ ou cazernes ſeroient occupés par les troupes,
„ l'éxcédent ſera logé chez les habitans, non-
„ obſtant tous les priviléges, conceſſions & or-
„ donnances à ce contraires, en quelques pro-
„ vinces ou pays qu'ils aient eu lieu juſqu'à ce
„ jour, Sa Majeſté les annullant & révoquant
„ par la préſente, pour le fait du logement
„ ſeulement „. Cet ordre eſt l'article 2 du titre 5 de l'ordonnance du 1er. mars 1768, pour régler le ſervice dans les places & quartiers; quoiqu'il ſoit clair & exprès, & qu'il n'ait jamais été révoqué, MM. les intendans, ſubdélégués, maires & échevins ont toujours refuſé de s'y conformer; les exemptions ſe ſont étendues ſous les prétextes les plus frivoles. Dans pluſieurs villes, les Bourgeois aiſés ſe rachettent de cette charge par de l'argent qu'ils payent aux prépoſés; il y a, à cet égard, un monopole honteux, qui ſouſtrait le riche à la loi & écraſe le pauvre, qui eſt obligé de ſupporter ſeul ce qui doit être la charge de tous. L'établiſſement des

troupes en souffre infiniment; il n'est pas rare de voir le soldat couché dans des greniers, des celliers & sur la paille, parce que la misere de leur hôte ne leur permet pas de leur fournir un lit; si ces abus sont rares en garnison, ils sont fréquens dans les quartiers & dans les routes des troupes. Voilà ce qui n'existera plus, lorsque les établissemens seront permanens, & lorsque l'éxécution des ordonnances sera confiée aux officiers généraux, au lieu de l'être comme aujourd'hui à des commissaires des guerres, qui ne sont pas des personnes assez considérables pour en imposer. Toutes les provinces & les villes intéressées à avoir des troupes, élèveront bientôt des cazernes commodes pour les recevoir & s'éviter de les loger. Quant à celles qui ne sont que villes de passage, tous les habitans doivent être sujets au logement; la justice, le bien du service le veulent, & c'est l'ordre du Roi; pour qu'il soit suivi, il faut qu'il y ait dans chaque hôtel-de-ville un tableau nominatif des maisons, & que la datte de chacun des billets qu'elles auront eu, soit marquée à côté de leurs numéros. Il faut avoir voyagé avec nos régimens, pour se faire une idée de toutes les altercations qui s'élèvent à chaque journée & dans chaque lieu entre les bourgeois & les échevins. Ce sont des réclamations continuelles, des refus d'obéissance, & pour le moins, toujours des lenteurs, qui occasionnent à leur tour les justes plaintes du soldat, qui arrive fatigué, & qui est obligé à des allées & venues continuelles de chez son hôte chez son officier, & de chez son officier à l'hôtel-de-ville.

La nuit arrive quelquefois avant que ce malheureux, qui eſt à jeun, ait pu être établi & ſonger à faire ſa ſoupe. Ces déſordres ſont bien pires pour les troupes à cheval; ſouvent les cavaliers ſont d'un côté, & leurs chevaux d'un autre, parce que les ſubdélégués & maires n'ont pas l'attention de réſerver les maiſons à écurie pour les troupes à cheval, & les maiſons ſans écuries pour les troupes à pied : ordre pourtant auſſi juſte que facile à établir. Je ne connois qu'une maniere qui ſoit ſans inconvénient, pour exempter les gens en place ou trop riches pour ſe donner l'embarras de loger les gens de guerre : c'eſt de les autoriſer à traiter avec les aubergiſtes du lieu, qui ſaiſiront cette occaſion de profit comme toutes les autres, & fourniront à l'homme & au cheval un logement ſain, convenable & conforme à l'intention du roi. Toutes autres précautions priſes contre les abus dont je viens de rendre compte ſont inutiles. Les commandans, majors & commiſſaires habitant les places, ne font pas les viſites de logement, ou ont, pour le tiers des bourgeois, des complaiſances coupables, qu'ils croyent devoir à l'amitié ou à la parenté qu'ils ont contractées avec eux.

Ordre à obſerver pour commander le ſervice des places.

On a imaginé & réglé juſqu'à préſent une infinité de tours pour les différens ſervices. L'Infanterie a ſix tours qui doivent être ſuivis ſelon les circonſtances : tour de détachement, tour de garde , tour de garde d'honneur, tour de corvées , tour de rondes, &c. Pour la cavalerie: tour à cheval , tour à pied, tour de gardes, de détachement, d'honneur, &c. On ſent que cette maniere de commander devient très-compliquée, & entraine avec elle une ſuite inévitable de réclamations & d'altercations entre les compagnies, les ſoldats & les officiers; mais cette méthode eſt plus vicieuſe encore, en ce qu'il ſe rencontre ſans ceſſe, que le même officier ſe trouve à marcher pour deux détachemens qui partent enſemble, & pour des objets différens. Souvent auſſi un officier, en rentrant d'une eſcorte, par exemple, où il a été quatre ou cinq jours, eſt commandé, ſur le champ, pour un détachement d'honneur ou de corvée. Ainſi, quoique ces diſtinctions ayent été recherchées pour répartir également le ſervice, on voit que le hazard ſeul le détermine ſouvent, & que plus ſouvent encore, ce hazard donne à l'un un excès de ſervice, tandis qu'il laiſſe l'autre dans un excès de repos.

Au lieu donc de tant de complication, voici l'ordre ſimple & plus conforme à la diſcipline que je voudrois établir.

Lorſque les corps détachés devroient être de la valeur du régiment, d'un bataillon ou d'un eſcadron, je ferois marcher un régiment, un bataillon ou un eſcadron complet, parce qu'il n'y a point de chef de ces troupes qui ne préférât & ne comptât davantage ſur la valeur & la diſcipline de ſon régiment, de ſon bataillon ou de ſon eſcadron, que ſur la valeur & la diſcipline d'un pareil détachement composé

de

de parcelles des différens régimens de ligne.

Lorſque les corps détachés ſeroient moindres qu'un eſcadron, je les compoſerois d'un certain nombre d'hommes tirés également de toutes les eſcouades. La raiſon eſt, qu'alors l'attirail de guerre & de campement reſte avec le fort des eſcouades, qui en ſont toujours chargées; au lieu que dans les détachemens de gros corps, comme avant gardes, arriere gardes, corps de réſerve, &c. cet attirail marche avec le corps même, & le ſoldat porte toujours avec lui de quoi camper & faire la ſoupe.

Pour commander les petits détachemens tirés des eſcouades, il n'y auroit que deux tours pour la cavalerie comme pour l'infanterie, ſavoir, *ſervice intérieur de l'armée ou de la place & ſervice de détachement extérieur.* Dans le premier tour, ſeroient compriſes les gardes ordinaires, gardes du quartier général, gardes de police, poſtes de communications & corvées. Dans le ſecond tour, ſeroient compris les eſcortes, convois, arriere-gardes, avant-gardes, enfin toute eſpece de détachemens de guerre contre l'ennemi. Dans le cas de ſiége ſeulement, il faut un troiſieme tour, ce ſeroit celui de tranchée, tour qui ne doit jamais ſe paſſer, & toujours être repris par les abſens pour cauſe d'autres détachemens.

Les majors de chaque corps & non les adjudans doivent tenir les contrôles exacts des officiers à marcher, & les capitaines, celui des ſoldats, cavaliers ou dragons de leur compagnie.

Les troupes à cheval marcheroient indifférem-

à l'un des deux tours de ſervice, toujours commandés par la tête, ſoit à pied, ſoit à cheval; ſeulement, ſi l'on demandoit par le même ordre un détachement à pied & un détachement à cheval, le tour à cheval appartiendroit de droit à l'ancien officier. Si un officier ſe trouvoit en même-tems commandé pour *le ſervice extérieur* & *pour le ſervice intérieur*; il marcheroit toujours au premier tour, & le ſecond ſeroit paſſé ſans qu'on put le lui faire reprendre avant que ſon tour revint.

Les détachemens ſeront cenſés faits dès qu'ils auront paſſé les grandes gardes de l'armée ou les dernieres barrieres de la place.

Le commandant de l'armée diſpoſeroit toujours des détachemens des officiers généraux pour les donner à ceux qu'il jugeroit à-propos, ſans que jamais il put y avoir de droits ni de tours parmi eux, en obſervant néanmoins de ne jamais faire commander le ſupérieur ou l'ancien par l'inférieur.

Les colonels ne marcheroient qu'avec leur régiment, ou des détachemens du même nombre d'hommes. Ils auroient toujours avec eux un lieutenant-colonel ou un major, trois chefs d'eſcadron & neuf capitaines, douze lieutenans & douze ſous-lieutenans.

Les lieutenans-colonels & les majors ne pourroient marcher qu'avec deux eſcadrons, ou la valeur de huit compagnies.

Les chefs d'eſcadron ne marcheroient jamais qu'avec un eſcadron ou la valeur de quatre compagnies, c'eſt-à-dire, ayant trois capitaines, quatre lieutenans & un adjudant à leurs ordres.

Les capitaines pouroient marcher avec une ou deux compagnies ou leur valeur.

Les lieutenans avec cinquante hommes.

Les sous-lieutenans avec vingt-cinq.

Un moindre nombre d'hommes, de détachement ou de garde, seroit toujours commandé par un sergent ou maréchal des logis.

Les commandans des compagnies doivent être responsables de l'exactitude des tours dans leurs compagnies, ainsi que de la tenue dans laquelle se présenteront les soldats, cavaliers ou dragons commandés. Cette tenue est déterminée, facile & invariable.

Les troupes étant toujours en garnison, en quartier, en cantonnement ou campées; elles doivent observer avec la plus grande exactitude le service militaire, sur lequel on se néglige ordinairement partout ailleurs qu'en garnison. Dans les villes de guerre, c'est aux Etats-majors des places à donner l'ordre, & à veiller au service; & toutes & quantes fois il n'y a pas d'Etats-majors de places, c'est aux Etats-majors de régimens à les remplacer dans toutes leurs fonctions.

Mais pour que ce service se fasse avec autant d'exactitude que de régularité dans toute l'année, il faut leur donner la forme & la sanction ordinaire; il faut, en un mot, qu'elles soient signées par le Roi.

Qu'est-ce, par exemple, qu'un réglement provisoire sur le service des troupes en campagne, envoyé en 1778 à une partie des troupes de l'armée, & encore inconnu à l'autre? Suffit-il à ce réglement d'avoir été expédié par les bureaux de la guerre, pour avoir acquis force d'ordonnance? Un réglement qui n'est signé ni par le Roi ni par le ministre, ni même par le général de l'armée, peut-il abolir des ordonnances antérieures signées de Sa Majesté? Quelle loi suivront les commandans des corps? regarderont-ils ce réglement comme non avenu? Alors il faut le retirer.

Il ne seroit pas moins nécessaire de constater une fois pour toutes le chapitre des honneurs militaires, sur lesquels il y a eu quantité de lettres interprétatives, dont tous les régimens n'ont pas la collection. L'ordonnance de 1778 dit: « A l'égard des honneurs & prérogatives » dûs aux colonels-généraux, ainsi qu'aux » mestre-de-camp-généraux de la cavalerie; » l'intention de Sa Majesté est que toutes les » troupes se conforment *à l'usage suivi*, jusqu'à » ce qu'elle ait fixé *définitivement* par une ordonnance particuliere, les droits, honneurs, » prérogatives qui doivent être attribués à leurs » charges ». Cette expression vague *d'usage suivi*, & cette promesse de fixer *définitivement*, suffiroient pour nous convaincre de la nécessité reconnue de rendre une nouvelle ordonnance sur cet objet, si cette nécessité n'étoit plus urgente encore par les abus dont nous avons déjà rendu compte au chapitre IV.

Je passerai sous silence les droits & prérogatives des différens corps des troupes, parce que, parmi des hommes qui font également le métier de soldat, la distinction la plus flatteuse & la seule réelle, est celle d'une réputation acquise par des actions de valeur & d'intrépidité.

CHAPITRE XX.

Des Commissaires des guerres.

LORSQU'UNE armée manque d'ordre & que la comptabilité est compliquée, les ordonnances se multiplient sans remédier aux abus; ceux-ci renaissent des précautions mêmes qu'on leur oppose. C'est ainsi que les commissaires des guerres, utiles peut-être sous Louis XIII, sont aujourd'hui inutiles à nos armées, & à charge à nos finances. Cette assertion paroîtra bien hardie dans ce moment, où l'on vient d'accroître sans mesure le nombre, les appointemens, les droits & les prérogatives de ces officiers de plume; mais je ne puis ni taire ni déguiser mon opinion, ne m'écartant jamais du principe de l'accompagner toujours des raisons qui la déterminent.

Le soin des revues convient infiniment mieux aux officiers généraux qu'aux commissaires des guerres, parce que ces derniers n'ont que le droit de compter, & comment comptent-ils? Au lieu que les autres inspectent & commandent. Un commissaire des guerres n'a jamais assez de poids & d'autorité vis-à-vis d'un chef de corps pour pénétrer des détails que celui-ci veut lui soustraire. Aussi arrive-t-il qu'il est toujours trompé, & qu'il trompe la cour par des états qu'il envoye tels que le quartier-maître ou le major du régiment les lui remet. On me dispensera de rapporter ici des faits pour des preuves ; ils ſont connus de tout le militaire ; j'attaque les abus & jamais les perſonnes. Je parlerai dans le chapitre ſuivant des moyens de conſtater, d'une maniere plus poſitive, l'effectif des troupes lorſque les revues en ſeront faites par les officiers généraux.

Quelles ſont donc les fonctions dans leſquelles les commiſſaires ne puiſſent être aiſément remplacés ? Elles ſont en petit nombre, ſans doute.

Les commiſſaires des guerres ſont chargés de la viſite des cazernes & logemens des gens de guerre, de publier les bans à l'arrivée des troupes dans les garniſons, d'aſſiſter aux conſeils de guerre, de viſiter les hôpitaux, d'arrêter & viſer les marchés relatifs aux fournitures des troupes, & vaguement enfin, de veiller à la police & diſcipline des troupes dans les garniſons, villes & quartiers du royaume. Que l'on réfléchiſſe ſérieuſement ſur ces fonctions, que les bureaux de la guerre ſont intéreſſés à faire paroître immenſes, & l'on verra par le fait qu'elles ne préſentent que de vaſtes idées qui ne ſont point remplies. Le logement des gens de guerre eſt toujours fait par les officiers municipaux ; les Etats-majors de place, qui devroient auſſi y préſider, ne s'en mêlent jamais, & les commiſſaires très-rarement. La preuve eſt l'abus univerſel qui regne dans ces établiſſemens, abus innombrables dont j'ai donné l'eſquiſſe dans le chapitre précédent. Le moyen d'obvier à tous, eſt d'établir le ſyſtême de la permanence des troupes dans leurs quartiers, & de charger les provinces d'élever & entretenir ces cazernes. &

bâtimens. Toutes les conteſtations qui peuvent s'élever ſur cet objet, doivent être décidées entre l'intendant, le gouverneur de la province & l'officier-général inſpecteur. Les cazernes une fois miſes en état & reçues par les troupes, il n'y a plus de marchés relatifs aux fournitures, il n'y a plus d'états de dépenſes à l'extraordinaire des guerres ; la Province ou l'Intendant ſont les propriétaires ; les troupes ſont les locataires, elles ne peuvent y faire du dégat ſans en répondre. Si les troupes voyagent & ſont obligées de loger chez les bourgeois, les Officiers municipaux font le logement, le tableau doit être à l'hôtel-ville ; l'Intendant ou ſon Prépoſé doivent veiller à ce qu'on le ſuive ; les récriminations des Bourgeois ne ſont point de la compétence des Commiſſaires des guerres ; d'ailleurs, ne ſait-on pas que quoi qu'il y ait plus de Commiſſaires des guerres que de régimens, les troupes n'en rencontrent jamais que dans quelques grandes villes ; par-tout ailleurs ils ne ſont donc d'aucune reſſource.

Quant à la publication des bans, lorſque les troupes arrivent dans leurs quartiers ; c'eſt aux Commandans des corps à la faire faire aux troupes, & à l'Officier municipal à les faire publier & afficher pour les Bourgeois ; le Commiſſaire des guerres n'eſt pas plus néceſſaire ici que dans ſon aſſiſtance aux Conſeils de guerre, dont ils ſe diſpenſent toujours & avec raiſon parce qu'ils n'y ont rien à faire.

Rélativement à l'injonction qui leur eſt faite de veiller à la police & diſcipline : il faut avant d'y répondre, connoître leur autorité ſur ces troupes & ſur ceux qui les commandent.

Mais non, laiſſons les chimères, & parlons le langage de la vérité, qui ne connoît ni ménagement ni reticence ſur les abus; c'eſt dans les bureaux de la guerre que nous trouvons les intéreſſés à multiplier les êtres, les détails & les correſpondans; plus il y a d'écritures plus le Commis devient utile & puiſſant, parce que le Miniſtre a plus beſoin de ſa main & de ſes conſeils pour ſe conduire dans un labyrinthe où il ne voit goûte; ce n'eſt point en augmentant les précautions qu'on parviendra à rétablir l'ordre, c'eſt en ſimplifiant au contraire les moyens qui y conduiſent.

Si Monſieur de Saint-Germain avoit pu tout faire lui-même, il ne s'en ſeroit pas rapporté à un Commis pour rédiger l'Ordonnance du 14 Septembre 1776, concernant les Commiſſaires des guerres. Nous avons lieu de croire que, plus inſtruit des détails militaires, il auroit vû l'inutilité ruineuſe d'accroître le nombre de ces charges; qu'il n'auroit pas prodigué à ces mêmes Commiſſaires, ſi bien payés en argent, des grâces honorifiques qui ne ſont dûes qu'à la valeur, aux ſacrifices & au déſintéreſſement des Officiers des troupes. A quels titres les Commiſſaires prétendent-ils acquérir la nobleſſe militaire? A quels titres prétendent-ils à une décoration dont la légende eſt, *Bellicæ virtutis præmium?* Comment oſent-ils ſe parer de la même croix qui ſert à marquer l'Officier qui ſe diſtingue par une brillante action à la guerre? Ce n'eſt pas aſſez pour eux d'obtenir la croix de St. Louis, auſſitôt que nos Officiers de fortune, & plutôt que nos Officiers servant dans les Gardes-côtes, les services des Commissaires sont si intéressans & si multipliés qu'il leur faut d'autres graces ; ils acquiérent des brévets, des pensions & des charges d'Intendans d'armées. Le Roi paye aujourd'hui deux de ces Intendans, mais ils sont assez modestes pour jouir des prérogatives & des émolumens de leur place, & pour en abandonner les fonctions aux Commissaires ordonnateurs [1].

Lorsque le travail des Commissaires paroîtra moins important, on verra combien celui des Intendans d'armée diminuera dans ses détails, & alors seulement ces charges pourront être appréciées : je réponds qu'alors un seul Intendant d'armée suffira pour la correspondance établie avec les Intendans de provinces. Ces derniers doivent avoir dans leurs Bureaux un Commis particuliérement chargé des détails militaires, car nous voyons que dans l'administration actuelle, malgré même cette foule de Commissaires, nous avons souvent besoin des bureaux de l'Intendance & des Subdélégués, qui nous sont toujours désignés pour remplacer les Commissaires, par-tout où leur inexactitude & le défaut d'ordre les empêche de se trouver.

---

[1] Mrs. de Lelez & d'Ervillé sont intendans d'armée, ils possedent les honorifiques & les appointemens de ces charges ; mais M. de Veimeranges commissaire ordonnateur en fait les fonctions depuis deux ans dans l'armée de Vaux. M. Tarlet fait aussi les fonctions d'intendant d'armée en Amérique ; il est juste sans doute, que ces Mrs. jouissent d'un traitement particulier.

CHAPITRE XVII.

Des Officiers-Généraux, des Inspecteurs, des Revues & des Brigadiers des armées du Roi.

C'EST la ſuite d'une indiſcrette profuſion de tous les grades ſubalternes qui a conduit les Miniſtres à ces promotions illimitées d'Officiers Généraux ; elles leur ſervent à faire vaquer des Régimens & des Compagnies, pour remplir les promeſſes qu'ils ont eu l'indiſcrétion de faire en accordant des brevets avant la vacance de ces emplois.

Si le Roi n'avoit d'Officiers-généraux que le nombre néceſſaire au ſervice de ſes armées, il en reſulteroit, ſans doute, plus d'économie pour ſes finances, & plus d'ordre & de diſcipline dans ſes troupes : ces Officiers ſeroient alors tous & toujours employés ; ils connoîtroient les détails militaires & la tactique, ils en ſuivroient les progrès & en feroient la juſte application à la *Stratégique*, qui eſt la vaſte ſcience du général.

On me dira, ſans doute, que pendant la paix, les places militaires devenant fort rares, il faut bien avoir recours aux grades & aux brevets pour occuper la nobleſſe de France qui eſt ſi nombreuſe. Je répondrai d'abord que la nobleſſe trouve moins d'emplois parce que la roture généralement plus riche, plus à portée de la capitale, plus en état de faire des ſacrifices d'argent, occupe beaucoup d'emplois militaires, qui, comme je l'ai déja dit, ne font point faits pour elle. En fecond lieu, que cette nobleffe s'acquérant avec trop de facilité & fe multipliant tous les jours, on ne peut efpérer, quoique l'on faffe, de donner des grades à tous les nobles; enfin, toute confidération doit céder à la néceffité d'avoir une armée bien ordonnée, & l'on n'y parviendra pas tant qu'on fe prêtera à ce déplacement & à cette ambition effrénée, qui fait que chacun, mécontent de fon état, follicite un grade fupérieur, dans lequel il ne fert plus fitôt qu'il l'a obtenu. Je l'ai annoncé, je ferai le tableau du militaire François en activité. J'efpère m'acquérir le fuffrage de la raifon, feule ambition d'un auteur qui ne travaille que pour le foutien de l'autorité du Roi & l'intérêt général de la nation.

La premiere loi, non *à faire* mais *à obferver*, puifqu'elle eft écrite & qu'il ne s'agit que de la mettre en vigueur, c'eft de ne pas permettre que plufieurs Officiers réuniffent fur leur tête différens emplois fouvent incompatibles, & qui devroient [comme le dit l'Ordonnance de 1776] *être la récompenfe & opérer le bien-être de plufieurs.*

Je ne prétends point examiner la néceffité d'avoir des Gouverneurs de provinces, des Lieutenans-Généraux Commandans de provinces &c. ni m'appuyer du fentiment de Richelieu, pour dire, d'après ce Miniftre politique, *les Gouvernemens en France font abfolument à charge & fans utilité à l'Etat, auffi ne font-ils donnes que pour l'honorifique & la confidération.* Dans un grand Royaume il faudroit de grandes places, les revenus du Roi suffisent, sans doute, pour les payer, mais il ne faut pas que ceux à qui ses bontés & sa confiance les donnent, prétendent à d'autres emplois militaires.

Avant de parler des Inspecteurs & de leur correspondance avec le Conseil de la guerre, je vais donner une idée de la formation de ce Conseil.

Le Conseil ou Tribunal de la guerre seroit composé de six Lieutenans-généraux, dont un entrant au Conseil du Roi seroit président du Conseil de la guerre, de deux Maréchaux de camp, d'un Conseiller d'Etat Intendant des armées, choisi parmi les anciens Intendans de provinces, & de six Chefs des départemens ayant tous voix délibérative ; il y auroit de plus un Sécretaire du Tribunal n'ayant point voix.

Le premier département ou bureau seroit celui de l'Infanterie, des bataillons de garnisons, des bataillons provinciaux, des Gardes-côtes & Maréchaussées, ayant pour chef un Officier supérieur tiré du corps de l'Infanterie.

Le deuxieme département, celui des troupes à cheval, ayant pour chef un Officier supérieur, tiré du corps des troupes à cheval.

Le troisieme département, celui de l'artillerie, des arsenaux, fonderies, fabriques, salpêtreries, poudrieres, ayant pour chef un Officier supérieur d'artillerie.

Le quatrieme département, celui du corps du génie, des fortifications, des places, ports, galeries des reliefs, ayant pour chef un Officier supérieur du corps du génie.

Le cinquieme département, celui des finances pour la recette, la dépense & les économies de tous les départemens, ayant pour chef un homme de finance avec brevet de Conseiller d'Etat.

Le sixieme, celui des affaires de justice, procès, conseils de guerre, passe-ports, saufs-conduits, ayant pour chef un homme de loi avec brevet de Conseiller-d'Etat.

Chacun de ces chefs auroit sous lui un Secrétaire de département, choisi dans les quartiers-maitres de l'armée, excepté dans les deux derniers départemens, où ce seroit un homme de finance & homme de loi qui fut au moins gradué.

Le Président Ministre auroit 60,000 liv., les cinq autres Lieutenans-Généraux, les deux Maréchaux-de-camp, l'Intendant d'armée & les six chefs de département chacun 24,000 livres, le Secrétaire du Tribunal y compris ses fraix du bureau 12,000 liv., les six Secrétaires de département, chargés de leurs écrivains & fraix de bureaux chacun 16,000 liv. Je crois être fondé à dire, que cette administration suffiroit pour remplacer cette hiérarchie qu'on appelle hôtel de la guerre; cette nouvelle composition couteroit 504,000 liv., mais le Secrétaire d'Etat & sa nombreuse cohorte combien ne coûtent-ils pas davantage ?

Les ordres émanés du Tribunal de la guerre arriveroient aux troupes par la voix des Officiers Généraux, qui seroient aussi le seul organe de la correspondance des troupes avec le Tribunal. Pour cela, il faut un nombre d'Officiers-Généraux employés, suffisant pour vaquer aux inspections continuelles qui doivent aſſurer le complet & l'entretien de l'armée, ainſi que l'exécution de toutes les Ordonnances, & maintenir une ſtricte diſcipline. Monſieur de St. Germain avoit ſupprimé les Inſpecteurs, pour former des diviſions commandées par des Officiers-Généraux qui y feroient une réſidence continuelle, eſpérant par cette aſſiduité donner plus de connoiſſance aux Officiers-Généraux. Cette nouvelle forme n'a pas eu le ſuccès qu'il s'en étoit promis; premiérement, il a eû la complaiſance de ne pas exiger que chacun des Officiers employés ſe rendit à ſa diviſion & y ſervit le tems preſcrit; ſecondement, il a ſouffert que le Lieutenant-général & les Maréchaux-de-camp employés, habitaſſent la même ville; de ſorte que ces Officiers n'ont été que des inſpecteurs pour les Régimens de leurs diviſions, qui n'habitoient point la même garniſon qu'eux; ceux-ci ne ſubiſſoient que deux revues ordinaires comme par le paſſé; l'objet n'a donc point été rempli, & je l'avoue, trop de raiſons s'oppoſoient à ce qu'il le fut mieux. On en eſt revenu aux inſpections & aux Inſpecteurs; c'eſt je crois le ſeul ſyſtème poſſible. Connoiſſant l'eſprit de notre nation, la maniere dont le militaire eſt compoſé, l'étendue des conſidérations & des égards que des hommes, égaux à Paris, doivent avoir entr'eux lorſqu'ils ſont revêtus d'un uniforme à vingt lieues de la capitale, connoiſſant, dis-je, tous les obſtacles à la ſubordination, on doit chercher les moyens les plus capables de l'aſſurer; au lieu d'une ſeule d'inſpection par an, chaque Régiment en ſubiroit quatre. Perſonne, je penſe, ne trouvera d'inconvéniens à ce qu'il y aît un plus grand nombre d'Officiers-généraux en activité, & à ce qu'ils voyent plus ſouvent les troupes, qu'ils ne peuvent, pour ainſi dire, pas connoitre dans le ſyſtème actuel.

Voici l'ordre que je propoſe :

Les 120 Régimens d'Infanterie auroient pour Inſpecteurs 15 Lieutenans-généraux & 30 Maréchaux de camp.

Les 40 Régimens de Cuiraſſiers ou Dragons auroient pour Inſpecteurs 5 Lieutenans-généraux & 10 Maréchaux de camp.

Les 5 Régimens d'Huſſards auroient pour Inſpecteur un Lieutenant-général.

Les bataillons de garniſon auroient un Lieutenant-général & deux Maréchaux de camp.

Douze Maréchaux de camp ſeroient créés Inſpecteurs ſurnumeraires pour remplacer ſur le champ ceux des Inſpecteurs en activité qui ne pourroient vaquer à leur emploi.

Chaque Inſpect. Lieut. Général auroit d'appointement	24,000 liv.	Total général
Chaque Inſpect. Maréchal de camp . . .	18,000	1,320,000 l.
Chaque Maréchal de camp ſurnumeraire auroit de fixe . . .	3000	

Et toucheroit de plus 3750 liv. par tournée de remplacement qu'il ſeroit tenu de faire.

Tout Inſpecteur, demandant à être remplacé dans une de ſes tournées d'inſpection, perdroit le quart de ſes appointemens, & manquant à deux inſpections de ſuite auroit ſa retraite abſolue. Jamais Miniſtre n'a oſé & n'oſeroit employer cette juſte rigueur.

D'après le tableau permanent de l'établiſſement des troupes, on ſent qu'il ſeroit aiſé de diviſer la France en pluſieurs inſpections, & de faciliter les revues, en aſſignant aux inſpecteurs un arrondiſſement très-rapproché.

La loi la plus eſſentielle à obſerver pour rendre les inſpections vraiment utiles, ſeroit d'en varier continuellement la diſtribution, de maniere que chaque officier général ne vit jamais deux fois de ſuite les mêmes troupes. On éviteroit, par ce moyen, les tolérances occaſionnées par l'habitude. Les mois d'inſpections ſeroient ſeulement déterminés, mais jamais le jour de l'arrivée de l'inſpecteur. Comme la comptabilité eſt infiniment ſimplifiée par les moyens que je propoſe, & que les mutations journalieres ſe trouvent écrites, un ſeul contrôle à faire ſeroit tout le travail préparatoire de ces revues.

La premiere opération des inſpecteurs ſeroit au moment de ſon arrivée, de vérifier le complet, & arrêter les états de payemens par les tréſoriers. Ils verroient enſuite le travail du régiment, tel qu'il ſeroit établi par l'ordre journalier dans chaque corps. L'inſpecteur ne ſeroit jamais logé chez les officiers du régiment qu'il inſpecteroit, & il termineroit ſon travail par donner une audience particuliere à chaqu'officier, ſoldat ou cavalier, qui pourroient avoir quelques repréſentations à lui faire; il ſeroit inſtruit, par ce moyen, de l'eſprit de chaque corps,

INFANTERIE, CUIRASSIERS, DRAGONS OU HUSSARDS. *Régiment de* ***.

CONTRÔLE

De l'État-Major dudit Régiment, pour l'année 1780.

Noms de Mrs. les Officiers.	*Grades.*	*Observations.*
MM.		
Louis-François de ***. .	Colonel.	
Charles-Etienne de ***. .	Lieutenant-Colonel. .	
Maurice-Edouard de ***.	Major.	Remplace M. Hipolite Roque de ***, fait Lieutenant-Colonel du Régiment Royal P. le 12 Mai.
Pierre-Joseph de ***. . .	Quartier-Maître. . .	
César-Ambroise de ***. .	Porte-Enseigne. . . .	Remplace Laurent Bernard, qui a eu sa retraite le 25 Novembre pour cause d'infirmités.
Marie-Eutrope ***. . . .	Adjudant.	
Martial-Victor ***. . . .	Adjudant.	
Georges-Anselme ***. . .	Adjudant.	
Felix-Honoré ***.	Chirurgien-major. . .	
Maxime-Hubert	Aumônier.	
Boniface-Paulin.	Trompette-major. . .	Remplace Nicolas Lambert, parti pour les Invalides le 4 Janvier.

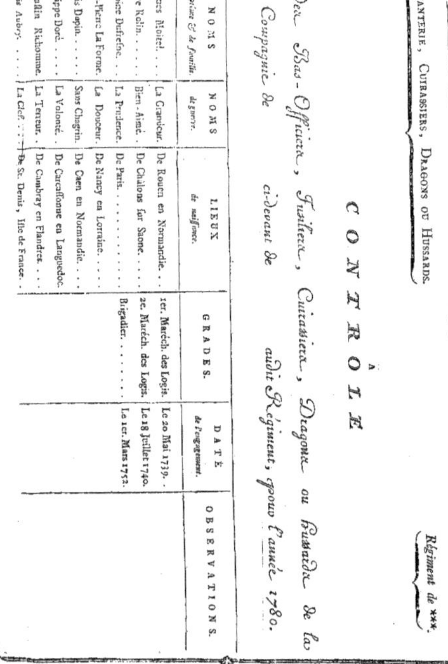

Nº. II. Page [illegible]

INFANTERIE, CUIRASSIERS, DRAGONS OU HUSSARDS. *Régiment de* ***.

CONTRÔLE

Des Bas-Officiers, Fusiliers, Cuirassiers, Dragons ou Hussards de la Compagnie de ci-devant de audit Régiment, pour l'année 1780.

NOMS *de baptême & de famille.*	NOMS *de guerre.*	LIEUX *de naissance.*	GRADES.	DATE *de l'engagement.*	OBSERVATIONS.
Jacques Moitel. . . .	La Grandeur.	De Rouen en Normandie. . .	1er. Maréch. des Logis.	Le 20 Mai 1739. .	
Pierre Rolin.	Bien-Aimé. .	De Châlons sur Saone.	2e. Maréch. des Logis.	Le 18 Juillet 1740.	
Antoine Dufresne. . .	La Prudence.	De Paris.	Brigadier.	Le 1er. Mars 1752.	
Jean-Pierre La Forme.	La Douceur.	De Nancy en Lorraine.			
Louis Dapin.	Sans Chagrin.	De Caen en Normandie. . . .			
Philippe Doré.	La Volonté. .	De Carcassonne en Languedoc.			
Augustin Richomme.	La Terreur. .	De Cambray en Flandres. . . .			
Denis Aubry.	La Clef. . . .	De St. Denis, Isle de France. .			

corps, & de tous les vices qu'il ne peut connoître aujourd'hui, n'étant que le témoin d'une véritable parade. Tout ce qui concerne la comptabilité, la tenue, l'instruction & la subordination, seroit l'objet de ces inspections. Les réformes, les retraites, les graces & les mémoires de demande quelconque, seroient toujours renvoyés à la revue d'octobre, qui seroit appelée *revue de résidence*, parce que l'officier général qui la feroit, passeroit six jours à chaque régiment, & adresseroit toujours de ce régiment même au conseil de la guerre, l'état général de situation, les notes sur les sujets qui le composent, & les mémoires de récompenses & de retraites qu'ils seroient dans le cas de demander.

Le conseil de la guerre auroit dans ses archives le contrôle exact des troupes, ainsi que toutes les mutations qui y arriveroient, cela seroit établi d'une maniere beaucoup plus simple que celle qui existe aujourd'hui. Chaque régiment auroit un imprimé de contrôle à remplir, qui seroit arrêté chaqu'année au mois d'octobre, à la revue de résidence; l'état-major & les douze compagnies formeroient treize feuilles dans le format & l'ordre dont voici le modele.

N°. II. Tableau.

Autant de compagnies, autant de contrôles dans cette forme, tous envoyés une fois l'an aux archives du conseil. La collection de ces régiſtres conſervés dans leur ordre, aſſureroit à jamais la connoiſſance de tous les officiers & ſoldats, l'époque de leurs ſervices, celle de leur retraite, de leurs récompenſes & de leur mort. Je doute que l'on trouve aujourd'hui tous ces renſeignemens dans les immenſes paperaſſes de l'hôtel de la guerre.

C'eſt aux inſpecteurs à maintenir la ſtricte exécution des ordonnances, qui, comme je l'ai dit, doivent être refondues, claires & préciſes ſur tous les points. C'eſt auſſi à eux à maintenir cette ſubordination qui n'eſt qu'une chaîne d'obéiſſance établie depuis le ſoldat juſqu'au général d'armée. Elle doit être égale & paſſive entre tous les grades, car s'il ſe trouve une lacune qui en interrompe la continuité, le chef premier ne peut plus répondre de l'exécution de ſes ordres. En vain, dit-on aujourd'hui au capitaine, *puniſſez votre lieutenant*. Peut-on eſpérer d'établir cette rigueur, avant d'avoir établi celle qui doit exiſter entre le lieutenant-général & le maréchal-de-camp, le maréchal-de-camp & le colonel; les uns & les autres, trop peu différenciés entr'eux par la conſidération, le crédit & l'état, ne peuvent, ſans expoſer inutilement leur repos & leur bonheur, faire uſage de toute la force qu'une foible loi met entre leurs mains. J'écrirois avec plus de défiance, ſi j'avois à prouver un fait qui peut être conteſté, mais tout le militaire ſait que la ſubordination eſt nulle dans tous les grades ſupérieurs. A quelques honorifiques près, l'officier-général n'exige rien; & pourquoi exigeroit-il, lorſque le ſecrétaire d'état qui conduit la guerre, connoît des abus monſtrueux qu'il ne croit pas lui-même avoir la force de corriger? C'eſt en vain qu'on appéſantit le joug de la diſcipline ſur le ſubalterne, il faut que l'ordre de l'exemple parte de la main de celui qui conduit tout; ſans cela, je le répete, & l'expérience le prouve, on tombe dans l'arbitraire, dans l'injuſtice, on fait des victimes, & l'on ne répare rien. En Pruſſe, la diſcipline eſt exacte; chacun remplit les devoirs de ſa place, parce que là le roi voit lui-même, il conduit ſon militaire, & uſe de ſon pouvoir, pour frapper ſans conſidération le déſordre par-tout où il le rencontre. Il eſt ſuffiſamment prouvé, je penſe, qu'un courtiſan françois ne peut remplacer ſon maître, & ſe montrer toujours armé de cette force intégre, qui, ſi elle peut réſider quelque autre part que dans l'autorité ſuprême, ne ſe rencontrera jamais que dans un conſeil appelé pour régir le département de la guerre. L'inſpecteur ne doit rien ignorer de ce qui ſe paſſe dans un corps, & exiger une entiere confiance ſur ce qui concerne la conduite & le caractere des officiers. Ils doivent marquer la plus grande conſidération aux grades ſupérieurs, particuliérement lorſqu'ils ſont vis-à-vis des inférieurs. Les officiers ſupérieurs doivent en agir de même vis-à-vis des capitaines, en leur renvoyant le plus de détails qu'il leur ſera poſſible, car je penſe qu'il ne faut pas qu'un chef de corps veuille tout faire par lui-même, il doit ſe borner à tout ſurveiller, & faire remplir à chacun l'étendue des fonctions de ſon grade. C'eſt en quoi conſiſte principalement l'art de commander. Il faut que le même eſprit s'étende des capitaines aux grades ſubalternes.

Les inſpecteurs doivent aider les chefs de corps à extirper tout eſprit de fronde, de mécontentement, & tous les propos qui conduiſent néceſſairement à l'indiſcipline. Dans preſque tous les corps, il y a des eſprits difficiles qui cabalent ſourdement & avec baſſeſſe, & des ſots qui, entraînés par cet exemple, s'émancipent, parlent indiſcrétement, & croyent par-là devenir des perſonnages. Il faut humilier les premiers en les dévoilant & les puniſſant publiquement, afin qu'ils ſervent d'exemple aux autres. L'inſpecteur qui ſaura inſpirer de la confiance, qui ſaura tout entendre & tout voir, pénétrera toujours les cauſes de mécontentement, qui ſe répandent ſi ſouvent dans les corps; il ſupprimera toutes les loix & tous les réglemens produits de l'autorité arbitraire, pour y ſubſtituer les ordonnances dans leur valeur la plus integre. Tout ce qui peut être ajouté aux ordonnances pour le maintien de l'ordre, ne peut être établi ſans ſon approbation; il ne ſouffrira dans les autres, ni ne ſe permettra à lui-même aucune expreſſion dure, elles abaiſſent ou révoltent, & ſont abſolument oppoſées aux principes d'honneur qui doit être porté au plus haut point de délicateſſe. Je n'en dirai pas davantage ſur ce ſujet, je me borne à généraliſer les idées, l'application en ſeroit diviſible à l'infini, & ne doit pas être néceſſaire pour être ſentie.

Un miniſtre ne voit jamais que par les yeux des autres, c'eſt un grand mal; le conſeil de la guerre auroit toujours deux de ſes membres qui feroient toute l'année des tournées d'inſpection; elles ſeroient indépendantes de celles que nous avons aſſignées & fixées tous les trois mois aux 22 lieutenans-généraux, & aux 42 maréchaux-de-camp. Il ſeroit accordé à chacun de ces deux viſiteurs 12000 livres de traitement extraordinaire pour cet objet. . . . liv. 24000.

C'eſt après la revue de réſidence, par conſéquent dans le courant d'octobre, que les congés & ſemeſtres ſeroient diſtribués aux troupes. Les colonels ſe ſont toujours plaints que la diſcipline & l'inſtruction ſouffroient infiniment par l'abſence des officiers. Emportés par le deſir du bien, pluſieurs ont avancé qu'il ſeroit à deſirer que l'on ſupprimât les ſemeſtres; ce n'eſt pas mon avis. Nos officiers ne ſont point comme en Pruſſe & en Allemagne des êtres ſans fortune, ſans domicile & ſans affaires. Exiger que la nobleſſe de France renonçât à ſes propriétés, ce ſeroit la dégoûter & l'éloigner du ſervice, il faut au contraire que l'inſtitution rendant l'état militaire facile & agréable, y attire les hommes faits pour le ſuivre. Ce principe ſert de baſe à tout ce que j'écris; je cherche toujours à diminuer le nombre des chaînes inutiles pour reſſerrer davantage celles que la diſcipline rend indiſpenſables.

L'inſtruction peut exiſter ſans l'ennui d'une école éternelle, c'eſt ce qui ſe démontrera dans la ſeconde partie de cet ouvrage, & quand on aura ſaiſi toute l'étendue & toutes les reſſources de ce plan, on ne trouvera nul obſtacle à accorder aux officiers la douceur de jouir de leur liberté, en donnant une portion de l'année à leurs affaires.

Je voudrois que le colonel ſervît pendant août, ſeptembre, octobre, & un mois de l'hyver. Le lieutenant-colonel & le major alternativement toute l'année, & tous deux enſemble, ſeptembre & octobre.

Des 12 capitaines, quatre, chacun à leur tour, ſerviroient toute l'année, & tous enſemble, ſeptembre & octobre.

Des 12 lieutenans, quatre ſeulement auroient des ſemeſtres, & ce ſeroient toujours ceux dont les capitaines reſteroient au corps. Pour cela, il n'y auroit jamais de changement de tour. Ils ſeroient tous préſens en ſeptembre & octobre.

Les ſix premiers ſous-lieutenans auroient alternativement entr'eux deux ſemeſtres.

Les ſix derniers reſteroient au corps, pour s'y inſtruire de tous les devoirs de leur métier. Leur âge & leur poſition ordinaire rend généralement leur abſence inutile; ayant la certitude de devenir lieutenans & capitaines à leur tour, & d'avoir alors un état auſſi agréable que permanent, ils ſeront bien dédommagés du ſervice continuel des premieres années, rigueur qui eſt la même dans tous les états que l'homme peut embraſſer. Il eſt ridicule de voir aujourd'hui un ſous-lieutenant jouir d'un ſemeſtre quatre mois après ſon arrivée à ſon régiment, & jouir d'autant de repos qu'un officier ſupérieur ou un capitaine. Lorſqu'on ſe déterminera à les faire tous paſſer par ce noviciat, on ſera aſſuré qu'il ne parviendra au grade de lieutenant & de capitaine, que des officiers inſtruits de tous les détails de leur métier.

On ne devroit jamais accorder des congés que pour les affaires les plus urgentes, & alors toujours ſans appointemens & ſans reliefs; cet intérêt, augmenté encore par le traitement que j'ai dit néceſſaire à accorder aux officiers qui ſe trouveroient commander leur régiment, retiendroit bien des demandes indiſcrettes dont on accable aujourd'hui le miniſtre.

Les ſoldats, cuiraſſiers, dragons & huſſards jouiroient auſſi des ſemeſtres que les capitaines accorderoient dans leur compagnie, ſelon le beſoin dont chaque homme pourroit être à ſa famille & à ſes affaires. Le capitaine préſenteroit l'état de ſes propoſitions à cet égard aux officiers ſupérieurs, ſans l'agrément deſquels elles ne pourroient avoir lieu, & le défaut d'inſtruction ſeroit toujours une raiſon ſuffiſante au refus. En Pruſſe, le ſoldat reſte toujours un an entier pour être inſtruit, avant de jouir d'aucun congé, mais cette année révolue, nulle puiſſance militaire ne donne autant de liberté à ſes nationaux. Cet exemple ne peut cependant être généralement ſuivi pour nos troupes, qui, dans la conſtitution actuelle, raſſemblent un grand nombre de manouvriers ſans azile, les ſemeſtres ne doivent donc jamais regarder que ceux qui ont une famille en état de les recevoir & les nourrir.

Avant de terminer ce chapitre, il me reſte à parler des brigadiers des armées du roi, grade ſi ridiculement employé aujourd'hui, que l'on a mis plus d'une fois en délibération ſi on ne le réformeroit pas entiérement. Je ſuis bien éloigné de cet avis; car ſi ce grade, intermédiaire entre celui de colonel & de maréchal de camp, n'exiſtoit pas, je propoſerois de le créer. Je penſe, avec tout le monde, qu'un brigadier des armées du roi ne doit pas reſter lieutenant-colonel ou major d'un régiment, parce qu'il eſt abſolument contraire à l'ordre & à la diſcipline militaire, de voir cet officier alternativement & ſuivant les circonſtances de guerre ou de paix obéir & commander tour-à-tour à ſon chef.

Mais ce que j'oſerai écrire le premier, quoique je ne ſois pas le ſeul qui l'ait penſé, c'eſt qu'il faudroit faire de tous les Brigadiers, les aides-de-camp des Officiers généraux. Je me doute bien que le plus grand nombre des militaires, dont l'habitude ſeule détermine la façon de penſer, & auxquels les antiques uſages tiennent lieu de principes, regarderont ma propoſition comme une extravagance de la premiere claſſe. Accoutumés à voir de jeunes écoliers de Dugats galopper devant nos fronts de bandieres, ou faire les jacquets devant nos lignes, les fonctions des aides-de-camp ne ſe ſont pas préſentées à leurs yeux auſſi importantes que je crois les voir: qu'ils réfléchiſſent cependant ſur l'emploi de ces Officiers à la guerre; ils les trouveront continuellement chargés de voir & de rendre compte, d'échapper à l'ennemi & de porter des ordres preſque toujours de vive voix: j'eſpere qu'alors ils ſe réuniront à moi, pour dire qu'il faut plus que de l'intelligence pour remplir ces missions avec succès. Dans combien d'occasions les ordres d'un Général ne se trouvent-ils pas soumis aux circonstances : du moment où l'ordre est parti à celui où il arrive la scene peut être changée. Le Général qui peut toujours avoir cette appréhension raisonnable, ne doit-il pas desirer d'envoyer un substitut éclairé, lorsqu'il ne peut se transporter lui-même. Et n'est-il pas à-propos que ce substitut soit un homme de guerre, capable par son rang & son son expérience de prononcer, même de commander ; au reste, pourquoi craindrois-je le ridicule de cette opinion ; si je suis le premier militaire François, que je sache, qui ait osé l'écrire, je citerai le plus grand guerrier de ce siecle, qui l'a toujours mise en pratique. Le Roi de Prusse a pour aides-de-camp des Officiers de confiance, & si nos Généraux François n'ont pas pris de lui cette sage méthode, c'est pour la centieme fois que j'ai l'occasion de citer que nous n'avons imité ses moyens que sur des objets de puérilité [1]. Mais d'autres raisons viennent à l'appui de ma proposition. Qu'est-ce qu'un Brigadier ? C'est un Officier de ligne qui a passé par tous les grades, qui en connoît tous les détails, & qui touche au moment d'être fait Officier général. Où peut-il être plus à même de former ses yeux & son esprit aux grandes par-

---

[1] M. Le Comte de Vaux commandant en 1779 une armée de 33 mille hommes destinée à une descente en Angleterre, avoit dans le nombre de ses aides de camp deux Brigadiers des armées du Roi, M. le Marquis de Crequy & M. le Comte de Coigny.

ties de la guerre, qu'en ſuivant les Officiers généraux & en travaillant particulièrement avec eux ? Ce ſeroit de même en les ſuivant dans leurs inſpections qu'ils s'initieroient, ſi je puis m'exprimer ainſi, dans ce travail ſcrupuleux & cette correſpondance exacte qu'ils ſeront eux-mêmes dans le cas d'entretenir inceſſamment avec le Conſeil de guerre.

Je voudrois donc que chaque inſpecteur Lieutenant Général eut deux aides-de-camp Brigadiers, & chaque Maréchal de camp un aide de camp Brigadier, ce qui feroit pour nos 64 Officiers généraux inſpecteurs un nombre de 86 Brigadiers toujours employés, & particulièrement dans les camps dont nous parlerons au chapitre ſuivant. Ces Officiers auroient un traitement de 4,000 liv. Ce qui feroit pour le total des Brigadiers la ſomme de L. 344,000.

CHAPITRE XXII.

Des diviſions de l'Armée & des Camps de paix.

Les diviſions feroient toujours compoſées de huit Régimens d'une ſeule arme ou de pluſieurs armes combinées. Elles feroient partagées en deux ſubdiviſions de quatre Régimens, commandées chacune par un Maréchal de camp, & toutes deux aux ordres d'un Lieutenant-général chef de la diviſion. Deux Régimens formeroient une brigade aux ordres du plus ancien Colonel; l nombre des 21 Lieutenant-généraux & 42 Maréchaux de camp Inſpecteurs ſe trouve cadrer avec l'ordre ſimple que je propoſe d'établir pour les diviſions. Comme aucun de ces Officiers-généraux employés toute l'année aux revues ne ſeroit particulièrement attaché aux diviſions qu'au moment où on les raſſembleroit, le Général choiſi par le roi pour commander une armée, pourroit ſans inconvénient avoir le droit de choiſir auſſi parmi les Inſpecteurs ſes chefs de diviſions. Cette faveur accordée au général de l'armée, eſt démontrée trop reverſible au bien du ſervice du Roi, pour que l'on retombe jamais dans la faute que des conſidérations particulières ont fait commettre à quelques miniſtres, qui ont donné à un Général des adjoints ou des aides qui ne leur convenoient pas, ou dans leſquels ils n'avoient aucune confiance.

Les camps de paix ſont reconnus ſi néceſſaires & ſi inſtructifs pour les troupes & pour les généraux, que je ne crois rien avancer de trop fort en diſant que nous n'aurons jamais d'armée manœuvriere, tant que nous n'en viendrons pas à ſuivre ſur cela l'exemple continuel que nous offrent l'Empereur & le Roi de Pruſſe. Mais nous ignorons encore les moyens économiques que ces ſouverains emploient, & nous ſommes retenus chez nous par les dépenſes extraordinaires que ces raſſemblemens occaſionnent. Nos convois militaires, nos compagnies des vivres & des fourrages, nos entrepreneurs de toute eſpece, nous ruinent auſſi-tôt que nous voulons faire un pas. Il faut en convenir, les moyens de Frederic ſont inconnus aux miniſtres de Louis XVI. Si des différences primitives entre ces deux monarchies conduisent nécessairement quelquefois à des résultats différens, nous sommes pourtant obligés d'avouer que cette loi n'est pas assez universelle & assez absolue pour que nous nous refusions à la comparaison de tous les objets qui mettent une si grande variété entre les deux systêmes; mais comme, dans une machine aussi considérable que celle du militaire François, tout est dérivé & enchaîné au principe de constitution, ce n'est point d'un seul chapitre de cet ouvrage qu'il faut espérer l'ordre & l'économie; c'est de l'ensemble & du seul ensemble de ce plan que l'on peut s'en promettre. Je prie mes lecteurs de se souvenir combien l'établissement permanent des troupes dans les différens quartiers du royaume est essentiel, & de remarquer ici combien il deviendroit utile au rassemblement des divisions de l'armée, dont je voudrois que la moitié campât tous les ans pendant le mois de Septembre.

Une, deux, trois ou un plus grand nombre de divisions seroient rassemblées pendant ce mois au centre de leur inspection, c'est-à-dire, n'auroient qu'une très-petite route à faire pour se rendre à leur camp. Les Régimens qui les composeroient marcheroient comme pour entrer en campagne, n'amenant avec eux que les hommes & les chevaux en état de travailler, & avec un équipage très-leste, dépouillé de toute espece de magasins & de ces ariats qu'on les voit trainer aujourd'hui d'un bout du Royaume à l'autre. Les Régimens qui n'auroient point encore de tentes seroient cantonnés dans les villages, jusqu'à ce qu'ils en fussent pourvus, les autres porteroient leurs tentes sur des chevaux de peloton : dans la Cavalerie, les chevaux destinés à la réforme d'Octobre seroient mis à cet usage. Un seul chariot par bataillon ou escadron portant 2 mille pesant seroit payé par le Roi, & chaque chef de bataillon ou d'escadron seroit chargé, sur le prix une fois déterminé, de le faire fournir pour les équipages des Officiers de son escadron. Dans l'Infanterie, il seroit fourni deux voitures de plus pour les tentes, & une voiture dans l'Infanterie & dans la Cavalerie pour les Etats-Majors. Les emplacemens des camps déterminés à jamais, la compagnie des vivres prendroit ses mesures pour y avoir des fours, des magasins, & y faire, comme par-tout ailleurs, la distribution du pain. Le soldat auroit pour augmentation de nourriture une once de riz par jour, à commencer de celui où il entreroit au camp & finissant jour le où il le lèveroit. Pendant la route, au lieu d'étape, on suivroit ce que j'ai proposé au Chapitre XVI. Chaque Régiment enverroit un Capitaine & un Adjudant deux jours en avant de lui, pour s'assurer de la quantité nécessaire des denrées, qui seroient toujours payées comptant, & fournies au prix des ventes & calcabots des marchés ; les Intendans, Commis d'Intendans ayant le détail des troupes & les Subdélégués feroient suivre cet ordre.

La fourniture des fourrages pendant les camps seroit toujours faite au compte du Roi. Parmi les Régimens des divisions qui devroient camper ensemble, le Conseil de la guerre choisiroit celui qui auroit nourri toute l'année les chevaux avec le plus d'intelligence & avec les meilleures denrées, pour le charger de l'approvisionnement général du camp; on l'avertiroit toujours au premier Juin du nombre de rations qui devroient se trouver le premier Octobre, dans les magasins qui seroient faits en meule à portée du camp. Ces achats seroient faits de maniere à n'être livrés que dans les quinze derniers jours de Septembre, & le nombre des rations ne seroit que celui nécessaire aux chevaux de ses troupes, les Officiers-généraux devant être payés en argent & non en nature.

Apperçu des fraix de campement d'une division composée de six Régimens d'Infanterie & deux Régimens de troupes à cheval.

Les Régimens d'Infanterie sur le pied de paix étant à 902 hommes sans y comprendre les Officiers [voyez Chap. III.], je suppose que 100 hommes recrues ou malades resteroient dans les quartiers, ce seroit donc 802 hommes effectifs qui se rendroient au camp. Je suppose que l'éloignement général de chaque Régiment fut de deux journées; comprenant ensemble l'aller & le retour, ce seroit quatre jours de marche pour chaque Régiment, qui auroit en route le supplément de paye indiqué au Chapitre XVI.

36 sergens & 1 tambour-major, à 4 sols de supplément de paye par jour, fait. . . . 7 liv. 8 s. 765 soldats, à 2 sols de supplément de paye par jour, fait . 76 liv. 10 s. 1 Régiment pour quatre jours. . . 335 l. 12 s. Pour 4 Régimens pendant 4 jours.	1342 l.	8 s.	d.
Pour une once de riz par homme, pendant 20 jours, supposant le riz à 4 sols la livre, c'est 200 liv. 10 sols pour 1 Régiment, & pour 4 Régimens c'est. . . .	802.		
Un demi mois d'appointemens donné à chaque Officier, suivant le tableau du Chapitre VIII, pour la totalité des Officiers d'un Régim. d'Infanterie, c'est 5073 liv. 13 s. 4 d., & pour les quatre Régimens, c'est.	20294 liv.	13 s.	4 d.
Les Régimens à cheval, sur le pied de paix, étant à 636 hommes, sans y comprendre les Officiers, (Voyez Chapitre III.) Je suppose que 100 hommes recrues, malades, ou ayant			
Total. Liv.	22439.	1 s.	4 d.

D'autre part. Liv.	22439.	1 f. 4 d.
des chevaux éclopés, ou trop jeunes, resteroient dans les quartiers; ce feroit donc 536 hommes effectifs qui se rendroient au camp. Je suppose que chaque Régiment à cheval fût aussi éloigné de deux journées du camp. Ayant par conséquent 4 jours de marche, & chaque Régiment ayant en route le supplémemt de paye, indiqué au Chapitre XVI.		
36 maréchaux des logis & 1 trompette-major, fait par jour, . . 7 l. 8 f.		
500 Cavaliers fait par jour. - . . . . 50 liv.		
1 Régiment pour 4 jours fait. . . 229 liv. 12 f.		
Pour 2 Régimens, pendant 4 jours.	459 liv.	4 f.
Pour une once de riz par homme, c'est pour un régiment 134 liv. & pour 2 régimens.	268.	
Un demi mois d'appointemens donné à chaque Officier, suivant le tableau		
Total. Liv.	23166.	5 f. 4 d.

du

ci-contre, liv.	23166.	5 f.	4 d.
du Chapitre VIII, pour la totalité des Officiers d'un régiment, c'est 4040 liv. 16 f. 8 d., & pour 2 régimens, c'est.	8081 liv.	13 f.	4 d.
Traitement d'un Lieutenant-général, chef de division.	2000		
Traitement de 2 Maréchaux de camp, à 1500 l.	3000		
Traitement de 4 Aides de camp, à 600 liv. . .	2400		
Voitures de transport, 5 pour chaque régiment à pied, & 4 pour chaque régiment à cheval. Pour la division 28 voitures à 15 f. par jour; pour 4 jours. .	1680		
Fraix d'approvisionnemens de fourrages à 200 l. par Régiment à cheval, pour deux régimens. . .	400		
TOTAL de la dépense d'une division, composée de quatre Régimens à pied & deux régimens à cheval.	40727 liv.	18 f.	8 d.

Les divisions composées de 8 régimens d'Infanterie coûteroient, selon ce tarif. . . 54678 l. 2 f. 8 d.

Les divisions composées

de 8 rég. de Cavalerie coûteroient. 46155 l. 11 ſ. 4 d.

Les 120 régimens d'Infanterie & les 40 régimens de Cuiraſſiers & Dragons formeroient 15 diviſions d'Infanterie, & 5 diviſions de Cavalerie, pour en faire camper la moitié chaque année, il en coûteroit donc. 525474 l. 18 ſ. 4 d.

Si plusieurs de ces diviſions ſe trouvoient placées de maniere à pouvoir camper enſemble & former une eſpece d'armée, ou qu'il plût au Roi de raſſembler pluſieurs inſpections & de nommer un Général, il faudroit créer un Etat-Major d'armée. Je ſuis trop peu jaloux de produire des idées neuves, & j'ai trop envie d'écrire utilement pour me réfuſer à prendre les bons principes partout où je les rencontre. Je tranſcrirai ici un morceau des Mémoires de M. le Comte de St. Germain, parce que j'ai cru que l'on ne pourroit rien dire de mieux ſur les États-Majors d'armée. „ C'eſt au Général à „ compter ſur l'Etat-Major ; comme il eſt chargé „ de toute la beſogne, & qu'il doit en répon- „ dre, il eſt juſte, il eſt même du bien du ſer- „ vice qu'il choiſiſſe ſes coopérateurs & ſes „ aides. Son propre intérêt exige qu'il préfére „ les ſujets ſur les talens deſquels il peut ſe „ repoſer, & comme ſes ſuccès, ſa gloire & ſa „ réputation dépendent beaucoup du choix qu'il „ en fera, il n'eſt pas à préſumer qu'il préfé- „ rera la faveur à l'utilité, ſur un objet auſſi

„ essentiel pour lui. Les fonctions de ces Offi-
„ ciers sont bien importantes ; elles exigent des
„ hommes déja formés, qui ayent de grands
„ talens & beaucoup de connoissances acquises ;
„ mais comme il n'y a que les coups de fusils
„ & les commandemens de troupes devant l'en-
„ nemi qui puissent former de bons Officiers,
„ il seroit du bien de ces Officiers & du service
„ en général, de les reverser dans les corps,
„ après quelques campagnes faites dans l'Etat-
„ Major, en leur accordant un grade supérieur
„ s'ils l'ont mérité. De cette façon, on formera
„ de grands Officiers. Il y a une grande dis-
„ tance du raisonnement & de la théorie à la
„ pratique, & jamais on ne deviendra bon
„ Officier que par la pratique. „

On trouve dans la collection de nos Ordonnances militaires des loix très-sages, établies contre le luxe des tables & des équipages, tant pour les Officiers généraux que pour les Officiers particuliers. Je peux citer cet article de nos Ordonnances comme un de ceux auxquels on est le plus infractaire ; on ne m'accusera pas en cette circonstance de désigner particuliérement quelques Officiers, car je ne connois pas un seul Officier général ou supérieur qui se soit soumis à l'Ordonnance que je réclame ; &, quoique la loi articule formellement que Sa Majesté cessera d'employer à son service les Officiers généraux & interdira les chefs de corps qui y contreviendront, je n'ai pas vu un seul exemple de cette rigueur ; cela seul peut prouver le relâchement abolu de la discipline sur tous les objets effentiels, & fur-tout vis-à-vis des Officiers fupérieurs.

La fobriété doit pourtant être obfervée dans les quartiers & dans les camps comme à la guerre. Premierement pour l'exemple ; fecondement, pour l'économie néceffaire au plus grand nombre d'Officiers ; troifiémement enfin, pour la diminution des équipages fi embarraffans dans les marches.

Je n'entrerai point ici dans le détail des manœuvres & fimulâcres de guerre qui feroient exécutés dans ces camps ; je me bornerai à dire que tout exercice doit y être fait en grand & y repréfenter des mouvemens d'armée ; ils font du reffort de la ftratégique, & je ne fortirai point de la place de détailleur & d'inftructeur qui eft la feule qui puiffe convenir à mes foibles connoiffances.

CHAPITRE XXIII.

Suppreffion générale des taxes & finances militaires.

DEPUIS le regne de François I, où l'on établit la vénalité des charges & des emplois ; cette miférable invention de la finance s'eft étendue fous tous les regnes qui ont fuivi jufqu'à préfent : elle infecte aujourd'hui la France, où l'argent eft devenu la voie de tout honneur.

Ne confidérant la vénalité que dans l'état militaire ; ce n'eft pas le moindre des maux qu'elle a produits, que d'avoir ôté au Roi le choix de fes Officiers ; cette opération eft encore la fource des abus qui se multiplient & se perpétuent, par la difficulté qu'il y a d'employer des fonds considérables pour les remboursemens. Parmi les Colonels qui ont acheté du Roi le droit de commander, quelques-uns ont regardé leurs Régimens comme une propriété, de laquelle ils avoient droit aussi de retirer en détail ce qu'ils avoient fourni en gros ; ils se sont abaissés jusqu'à vendre les Compagnies & les Lieutenances de leurs corps. Ceux dont la délicatesse ne souffre pas en recevant ainsi le prix d'une place que le Roi donne, ne doivent pas être très difficiles sur le choix des sujets qu'ils présentent : aussi ont-ils peuplé leurs Régimens d'une espece d'hommes qui n'étoit pas destinée, par sa naissance, à suivre la carrière militaire dans les grades d'Officiers. Il est des chefs de corps plus honnêtes, qui ne mettent point le prix des emplois de leurs Régimens dans leurs poches, mais qui par une fâcheuse tolérance, souffrent que ces emplois se vendent de même au profit de ceux qui les quittent. Cet usage assez généralement toléré par les Colonels, l'a été quelquefois même par les Ministres, qui l'ont régardé comme un moyen de suppléer aux trop modiques pensions de retraite qu'ils doivent accorder aux années, aux services & aux blessures ; il faut bien user de toutes sortes de ressources lorsque les fonds de la guerre se trouvent épuisés par toute sorte d'abus. Tous ceux qui ont travaillé sur la discipline militaire se sont récriés comme moi sur cet usage monstrueux de financer toutes les places ; plusieurs Ministres ont tenté d'abolir ces taxes de toute espece, mais cette abolition ne peut être détachée de la réforme générale qui doit être entreprise & terminée sur les mêmes principes, & dans le même instant, parce qu'il faut que les différentes opérations produisent entr'elles des rapports qui les facilitent, & des économies qui fournissent à de nouvelles dépenses.

Le préambule de l'Ordonnance du 25 Mars 1776, portant suppression de la finance de tous les emplois militaires des troupes, nous peint de la maniere la plus forte & la plus vraie les abus de ces finances. Le Roi déclare formellement que, dans tout le cours de son regne, il ne permettra plus qu'aucuns des emplois de ses Régimens soient vendus, achetés ou financés par quelque motif & sous quelque prétexte que ce soit. Pour avoir remis l'exécution de cette Ordonnance à une époque très-éloignée, & pour n'avoir pas assigné des fonds pour ces remboursemens, l'Ordonnance est restée sans effet. L'année d'après, Monsieur de St. Germain qui avoit lui-même rédigé cette Ordonnance, créa cent nouvelles commissions de Capitaine avec finance.

Les premiers objets à rembourser seroient les taxes des compagnies, les finances des charges de Commissaires des guerres & celles des places supprimées. Les finances des Régimens viendroient après comme emportant moins d'inconvéniens.

Je ne ferai point ici de conjectures sur les moyens à prendre pour ce remboursement général, ils exigent des connoissances que je n'ai pas; mais la constitution complette d'un militaire tel que je le propose, offrira peut-être un produit de réforme suffisant pour fournir le remede qu'exige un mal auſſi funeſte que celui de la vénalité des emplois, ſous quelque point de vue qu'on la conſidere.

CHAPITRE XXIV.

Banque militaire. Retraites des Officiers proportionnelles à leurs ſervices.

QUOIQUE j'aye appuyé dans le Chapitre précédent ſur la néceſſité de ſupprimer les taxes & finances de tous les emplois militaires ; il n'eſt pas moins vrai que tout homme chargé de remplir un marché doit avoir un garant, & en finance une caution, parce qu'il faut pour les intérêts du Roi & la ſureté générale que les fautes ne ſoient ſupportées que par ceux qui les font. L'établiſſement d'une banque militaire me paroît non-ſeulement remplir cet objet, mais pourvoir encore à un autre non moins eſſentiel, qui eſt celui des retraites en général de tous les officiers. Cette banque ſeroit formée d'une retenue annuelle ſur les appointemens de chaque officier, depuis le moment où il entreroit au ſervice, juſqu'à celui où il le quitteroit. La proportion de cette retenue ſeroit fixée au cinquiéme de ſes appointemens.

L'augmentation d'appointemens pour tous les grades, que j'ai propoſée à l'article VIII, ne paroîtra plus une nouvelle charge pour les finances de la guerre, ſi l'on fait attention que j'anéantis d'autre part, pour ces mêmes finances, une charge beaucoup plus considérable, qui est celle des pensions de retraites, si arbitraires & si multipliées aujourd'hui, que l'on peut prédire avec assurance que leur somme passera bientôt nos moyens. Je dis plus, cette prodigalité désordonnée prive souvent l'officier sans crédit & sans protection du prix que l'on doit à ses services. Enfin il est pressant d'arrêter le désordre actuel, qui fait que chaque officier n'est plus occupé que de profiter du moment, pour surprendre & obtenir des pensions qu'il n'a point méritées. Je crois donc essentiel, premiérement, d'établir un tarif aussi juste que permanent sur les proportions de ces sortes de graces, secondement, d'en assurer le payement en créant à cet effet des fonds particuliers, qui, n'étant destinés qu'à cet usage, ne puissent jamais être entamés dans ces grands reviremens de parties, auxquels l'incapacité des ministres & le désordre de leur gestion les conduit si souvent.

La banque que je propose n'ayant d'autres fonds que les retenues annuelles sur les appointemens des militaires; ces fonds seroient la propriété de chacun des individus qui y auroient part. Le dépôt en seroit confié sûrement à 8 administrateurs, financiers, & cautionnés dans les proportions que l'on jugeroit nécessaires pour la plus grande sûreté. Au moment où un officier entreroit au service, ayant comme sous-lieutenant, 1000 liv. d'appointemens, il lui seroit retenu chaque année 200 liv., portant annuellement un intérêt de cinq pour cent, qui seroit joint en augmentation du capital. Devenu lieutenant, ayant 1500 liv. d'appointemens, il lui feroit retenu annuellement 300 liv., & devenu capitaine, il lui feroit retenu annuellement 600 liv. En fuppofant qu'un officier entre au fervice à l'âge de 18 ans, qu'il foit 8 ans fous-lieutenant, 10 ans lieutenant & 12 ans capitaine, il fe trouvera à l'âge de 48 ans, avoir trente ans de fervice, & avoir auffi à la banque militaire, un capital à lui de 21,912 liv. 7 f. Si ce capitaine fe retire à cette époque, la moitié de ce fonds lui fera payé argent comptant, c'eft-à-dire 10,956 liv. 3 f. 6 d.; l'autre moitié reftera à la banque, qui lui en fera un intérêt annuel & viager à dix pour cent, c'eft-à-dire une penfion de 1095 liv. 12 f. 4 d. Si un officier quitte le fervice avant l'époque révolue de 30 ans, il eft clair que fon traitement fe trouvera diminué proportionnellement aux années qu'il fervira de moins; comme il fe trouvera augmenté dans la proportion des années qu'il fervira de plus. Si un officier parvient aux grades fupérieurs & à celui d'officier général, la retenue continuant à fe percevoir au cinquiéme de fes appointemens, & les intérêts des intérêts fe joignant toujours aux capitaux, il fe trouvera une retraite proportionnelle à fon rang & à fes fervices, & elle feroit payée de même, moitié en capital & moitié en viager. Les deux exemples fuivans donneront une idée plus nette de ce que je viens de dire.

Premier Exemple.

Un officier de cavalerie, après avoir été 3 ans fous-lieutenant, obtient une compagnie de grace;

à 12 ans de ſervice, il obtient une majorité; après avoir été 6 ans major, il obtient une lieutenance-colonelle; 12 ans après, il ſe retire âgé de 48 ans; ſon traitement ſe trouve être d'environ 46,606 liv., deſquels on lui paye 23,303 liv. en capital, & 2,330 liv. 6. ſols en penſion viagere.

Deuxième Exemple.

Un officier d'infanterie, après avoir été 3 ans ſous-lieutenant, obtient une compagnie de grace; après avoir été 4 ans capitaine, il obtient un régiment d'infanterie; 10 ans après, il eſt fait brigadier; 2 ans après il eſt fait maréchal de camp; 10 ans après, il eſt fait lieutenant-général; il ſert 14 ans dans ce grade, & ſe retire âgé de 61 ans, ſon traitement ſe trouve être de 262,403 liv., deſquels on lui paye 131,201 liv. 10 ſols en capital, & 13,120 liv. 3 ſols en penſion viagere.

Tout officier général ou autre, obtenant un gouvernement, un commandement ou une place militaire quelconque, ne ſeroit point cenſé avoir ſa retraite, & n'auroit point la main-levée de ſes fonds en banque, il ne pourroit les percevoir que du moment où il donneroit ſa démiſſion abſolue, & s'il mouroit dans ſa place, la moitié du capital ſeulement ſeroit comme nous l'avons dit plus haut, payé à ſa veuve ou à ſes enfans. Cette méthode éviteroit de jamais grever à l'avenir, comme on l'a fait par le paſſé, & comme on le fait encore à préſent, toutes les places de commandans, lieutenans de roi, majors de place, &c. de penſions qui réduiſent les nouveaux poſſeſſeurs à un traitement inſuffiſant aux charges de leurs places, mais qu'ils ſont obligés d'accepter telles que le miniſtre les leur préſente.

Les bénéfices de cette banque ſeroient de ne jamais rembourſer qu'une moitié des fonds qu'elle auroit reçus, & d'éteindre l'autre par une rente viagere, d'avoir en profit net les fonds de tous ceux qui quitteroient avant vingt-cinq années de ſervice, d'avoir de même la moitié des fonds de tous ceux qui mourroient ou ſeroient tués au ſervice, l'autre moitié devant être rembourſée en capital à la veuve, aux enfans, ou au plus proche héritier du mort.

Pour faire un parallèle exact de ce ſyſtème de banque avec celui des retraites arbitraires que l'on accorde aujourd'hui, il faudroit que j'euſſe entre les mains l'état général des penſions de toute eſpece qui ſe payent ſur toutes les caiſſes; je me flatte que leur ſomme comparée avec l'augmentation d'appointemens que je propoſe au chapitre VIII, montreroit une grande économie pour le roi, & il me paroit de toute évidence que cette nouvelle adminiſtration aſſureroit une répartition proportionnelle des bienfaits du roi, plus juſte que celle qui n'eſt aujourd'hui que le réſultat d'une intrigue plus ou moins adroite, pour ſurprendre les miniſtres & tromper leur juſtice.

Je dois répondre d'avance à une objection qui ſe préſentera naturellement à tous ceux qui liront ce chapitre. *Dans une réforme auſſi conſidérable que celle que vous propoſez*, me dira-t-on, *comment établirez-vous la retraite des officiers actuellement au service ? De ceux qui n'ayant jusqu'à présent aucune retenue ne peuvent avoir aucune masse. ?* Il est un grand principe, duquel tout réformateur, en France surtout, ne doit jamais s'éloigner ; c'est de donner au même instant la force & l'activité à toutes les parties de son plan ; ainsi la banque militaire seroit établie le même jour que la nouvelle constitution. Les résultats de cette banque, calculés pour tous les grades & pour toutes les époques de service, seroient la mesure de toutes les retraites & pensions données & à donner. C'est pour ne plus changer, que l'on changeroit en ce moment, en diminuant ou augmentant toutes les pensions de retraites qui n'auroient point ce tableau pour tarif. N'y ayant plus dans le militaire que des officiers en activité, ceux-là jouiroient d'un traitement bien au-dessus de celui dont ils jouissent en ce jour, mais ils n'auroient aucune pension. Perdant leur activité, ils quitteroient le service, & jouiroient dès ce moment de la retraite déterminée par les époques de la banque. Cet ordre établi feroit rentrer des fonds immenses, bien capables de faire face aux pensions de retraites à accorder en ce moment. On prendroit sur ces fonds de quoi faire la masse de tous les officiers qui n'auroient encore que 10 ans de service, & cette masse se continueroit par les moyens indiqués. Quant aux officiers qui se trouvent, à cette époque, avoir plus de dix ans de service, la même retenue se feroit sur leurs appointemens, pour être portée en recette à la caisse des in-

ralides; établissement qui sera le sujet du chapitre suivant, où je renvoye l'ordre à établir pour
les retraites extraordinaires, telles que celles
que la justice du roi accorde aux officiers qui
ont perdu quelques membres à la guerre.

Le tarif des pensions, invariablement fixé par l'établissement de la banque que je propose, assure à chaque officier un traitement proportionnel à ses services, lui montre un avenir certain, & me paroît plus juste que l'ordonnance actuelle des récompenses militaires, qui prive tout officier de l'espoir d'une pension, si les soins de sa famille ou de sa fortune l'obligent à quitter avant l'âge des infirmités & celui de l'epuisement de ses forces. Cette rigoureuse loi fut, sans doute, dictée par M. de St. Germain, d'après la connoissance qu'il prit du tableau des pensions à son arrivée au ministere; il espéroit, par elle, mettre un terme à la prodigalité établie alors, mais cette prodigalité s'est continuée, pendant le regne de ce ministre, avec autant de désordre que sous celui de ses prédécesseurs. Les pensions & les retraites ont été extorquées avec plus de finesse peut-être, mais en aussi grand nombre & d'une maniere plus fâcheuse encore, puisqu'elles l'ont presque toutes été en infraction formelle au titre VIII de l'ordonnance d'administration du 25 mars 1776.

CHAPITRE XXV.

Retraites des Soldats, Hôtel des Invalides & Penſions des Invalides.

QUEL que ſoit l'état ou la profeſſion qu'un homme embraſſe, il peut raiſonnablement eſpérer que ſon travail & ſa bonne conduite lui procureront non-ſeulement ſa ſubſiſtance journaliere pendant qu'il jouit de ſes forces, mais encore qu'une ſage économie le mettra à l'abri d'une vieilleſſe miſérable. Celui qui conſacre ſa jeuneſſe & ſa vie au ſervice du Roi, doit eſpérer auſſi de finir ſes jours dans l'aiſance & le repos. Je ſuis loin de copier les auteurs qui ont blâmé ces utiles établiſſemens qui font autant d'honneur aux Rois qu'à l'humanité. Je ne vois point comme eux, dans l'hôtel des Invalides, un monument faſtueux & inutile; j'ignore la cauſe qui a pu leur faire élever la voix, la mienne eſt deſtinée à faire l'éloge de ce qu'ils condamnent. Je vois avec reſpect cet aſyle où d'anciens ſerviteurs trouvent les ſecours dûs à leurs infirmités & à leurs maux. L'économie, ſans doute, doit préſider à ſes dépenſes, mais ce ne doit être que pour les rendre plus utiles en les répandant ſur un plus grand nombre de ſujets. Il paroîtra bien inconſéquent que le même miniſtre, qui porta en 1776 l'armée du roi à plus de 300 mille hommes, rendit cette même année l'ordonnance de réforme qui réduit l'hôtel des invalides à 1500 places; nombre insufisant en tems de paix, & à plus forte raison en tems de guerre; car tout homme que ses blessures mettent hors d'état de gagner sa vie, doit être nourri & soigné le reste de ses jours.

Si l'hôtel des invalides étoit à bâtir, on auroit peut-être raison de ne choisir ni la capitale pour son emplacement, ni le plan exécuté pour son modele: mais ce monument existe; il est un des plus beaux du royaume, & le meilleur parti qu'on en puisse tirer est encore de l'employer à l'usage auquel il est destiné. Les approvisionnemens & consommations journalieres de l'hôtel peuvent être tellement ordonnées, qu'elles ne coûtent gueres plus cher à Paris que dans les provinces. L'hôtel doit avoir sa boulangerie & sa boucherie; les farines & la viande ne doivent payer aucuns droits d'entrée. Je suppose que la nourriture du soldat y coute 15 f. que l'on accorde pour habillement, linge & chaussure de chaque homme, une masse de 2 f. par jour pour fournitures de lits, ustenciles & entretien de l'hôtel, 3 f. par jour, & qu'on lui donne 1 f. de paye par jour, chaque soldat coutera 1 liv. 1 f. Je suppose que la nourriture du bas officier coutera 18 f. Sa masse d'habillement, linge & chaussure 3 f.; pour fournitures de lits, ustenciles & réparations de l'hôtel, 4 f.; & qu'on lui donne 2 f. de paye par jour, chaque bas officier coutera donc 1 liv. 7 f. Je suppose que la nourriture du lieutenant coutera 1 liv., sa masse d'habillement, linge & chaussure, 6 f.; pour fournitures de lits, uſtenciles & réparations de l'hôtel, 8 ſ. & qu'on lui donne 10 ſ. de paye par jour, chaque lieutenant coutera donc 2 liv. 4 ſols.

Je ſuppoſe :

400 Lieutenans à 2 liv. 4 ſ. par jour qui font 880 liv., & par an . .	316,800 liv.
600 bas-Officiers à 1 liv. 7 ſ. par jour, qui font 810 liv., & par an.	291,600
2000 Soldats, à 1 liv. 7 ſ. par jour, qui font 2100 liv.	756,000
1 Gouverneur-Inſpecteur à . .	24,000
1 Major	8,000
8 Aides-Majors à 600 liv. . .	4,800
1 Chef du département des Invalides & penſions	18,000
1 Sécretaire de département y compris ſes fraix de bureaux . .	10,000
1 Tréſorier à	10,000
1 Curé, 6 Prêtres, fraix de luminaire & ornemens . . .	12,000
1 Médecin.	4,000
1 Chirurgien-Major	4,000
2 Elèves Chirurgiens gagnant maîtriſe, à 600 liv. chacun . . .	1,200
1 Apoticaire	1,500
2 Piqueurs à 400 liv. chacun. .	800
1 Garde-magaſin	600
4 Suiſſes, à 200 liv. chacun . .	800
1 Facteur	200
Total. Liv.	1,464,300.

ci-contre. Liv.	1,464,300.
1 Econôme	1,600
1 Chef de cuisine	600
6 Aides, à 200 liv. chacun . .	1,200
12 Garçons de cuisine à 150 liv. chacun	1,800
24 Valets à 100 liv. chacun . .	2,400
2 Balayeurs à 100 liv. chacun. .	200
1 Supérieure & 16 Sœurs grises pour les infirmeries, à 200 liv.	4,000
Je suppose de plus, une consommation de bois & lumiere montant à	200,000
	1,676,100 liv.

Les estropiés seuls doivent être reçus à l'hôtel des invalides; s'ils préférent cet asyle à la pension de retraite qui devroit être accordée à tout soldat & bas officier estropié, ayant perdu un membre à la guerre, ou renouvellé trois engagemens, c'est-à-dire, ayant servi, sans interruption, l'espace de 32 ans. Cette pension seroit déterminée à 10 s. par jour pour le soldat & cavalier, ou 180 liv. par an; & à 15 s. par jour pour le bas-officier, ou 270 liv. par an.

Supposant 3,000 soldats à la pension, ils couteroient . . . . 540,000 liv.

Supposant 800 bas-officiers à la pension, ils coûteroient. . . . 216,000

Comme le nombre des places à l'hôtel ne seroit jamais augmenté, & qu'il pourroit arriver qu'elles ne se trouvassent pas suffisantes pour pourvoir aux accidens de la guerre, on établiroit dans tous les hôpitaux militaires du royaume, 500 places à 17 s. par jour, pour le soldat y être logé & nourri, 1 s. de paye, & 2 s. en sus, lui seroient accordés pour s'entretenir d'habit, linge & chaussure; les 500 places couteroient donc. . . . . . . 180,000 liv.

Le total des fonds nécessaires à la retraite de 400 lieutenans, 1400 bas-officiers, & 5500 soldats, couteroient donc au Roi 2,612,100 l.

Je ne parle point de la retraite des officiers au-dessus du grade de lieutenant, parcequ'au moyen de l'établissement de la banque que j'ai proposé, ils auroient toujours un traitement au-dessus du tarif que nous venons d'établir pour les lieutenans officiers de fortune. Les seules retraites qui ne peuvent être déterminées, sont celles des officiers qui, avant d'avoir 30 années de service, auroient le malheur de perdre un membre à la guerre; il est de la justice du Roi d'accorder à ceux-là le même traitement auquel ils avoient droit de prétendre s'ils avoient pu continuer leur service, c'est-à-dire, 1095 liv. de pension viagere, & alors ils renonceroient à leurs masses à la banque, qui retomberoient en bénéfice aux fonds de l'hôtel & des pensions.

Personne, je pense, ne révoquera comme insuffisantes les suppositions que j'ai faites pour servir de base aux calculs précédens, on peut même assurer que l'effectif ne montera jamais à ces résultats. Les tarifs passés & actuels des pensions & des invalides ne peuvent servir de comparaison pour combattre mon systême; les abus étoient faciles & fréquens; ils deviendront impossibles par les nouvelles précautions.

Nul officier de fortune ne pourra être admis à l'hôtel qu'il n'ait perdu un membre au service, ou qu'il n'ait 42 années de service continuel, dont 12 années, au moins, de grade d'officier. Nul bas officier ne pourra être admis à l'hôtel, qu'il n'ait perdu un membre au service ou qu'il n'ait 40 ans de service continuel, dont 8, au moins, de sergent ou de maréchal des logis. Nul caporal, brigadier, soldat ou cavalier, ne pourra être admis à l'hôtel, qu'il n'ait perdu un membre au service, ou qu'il n'ait 40 ans de service continuel.

Les mêmes conditions seroient exigées des soldats ou cavaliers, pour les 500 places dans les hôpitaux militaires.

Nul bas officier n'obtiendroit la pension de retraite de 270 liv., qu'il n'eût servi 32 années consécutives, dont 8, au moins, en qualité de sergent ou de maréchal des logis.

Nul soldat ou cavalier, n'obtiendroit la pension de retraite de 180 liv., qu'il n'eût servi 32 années consécutives (1).

Je ne crois pas les compagnies détachées des invalides, nécessaires lorsqu'on aura un militaire aussi nombreux & aussi bien constitué que celui que je propose d'établir; mais je ne contrarierois cependant pas le projet d'en conserver quel-

[1] L'ordonnance actuelle n'accorde que 80 liv. aux soldats qui sont dans l'impossibilité de continuer leurs services. Un homme peut-il vivre avec 4 f. 4 d. par jour?

qu'unes dans les châteaux forts ; les invalides pensionnés serviroient à les former.

Les états de situation dont j'ai parlé au chapitre XXI. constateroient de la maniere la plus évidente, les services réels de tout militaire. Les mémoires de demandes seroient toujours présentés par le capitaine de la compagnie, au major du régiment ; celui-ci feroit la vérification des dates de service sur les contrôles du quartier-maître ; il signeroit la demande, remettroit le mémoire au colonel, qui répondroit de son exactitude, & le présenteroit à l'inspecteur, lors de la revue de résidence ; celui-ci l'enverroit au conseil de la guerre, où la vérification seroit faite de nouveau, sur les livrets qu'il auroit reçus chaque année.

Je dois arrêter ici mes lecteurs sur une réflexion que je regarde comme très-intéressante pour l'état en général, & pour le militaire en particulier ; je veux parler du rengagement des soldats & cavaliers : on dit, généralement, qu'un ancien soldat vaut mieux qu'un nouveau, & l'on part de là : croyant faire le bien, pour rengager par toutes sortes de moyens, & indifféremment, tous ceux qui approchent de leur congé ; l'intention de ces soins est louable, sans doute, mais je les regarde plus préjudiciables qu'utiles, lorsqu'ils tendent à retenir sous les drapeaux, un homme qui n'a pas toutes les qualités physiques & morales d'un excellent soldat. Un homme s'engage à 18 ou 20 ans, il devient libre à 26 ou 28 ; s'il quitte l'uniforme alors, il peut encore prendre l'état de ses peres, choisir un métier, se marier, en un mot, gagner ſa vie & s'aſſurer du pain; S'il renouvelle le ſecond engagement, parvenu à l'âge de 34 ou 36 ans, il quitte ſouvent, ſe trouve ſans état, ſans récompenſe, & ayant paſſé l'âge où l'on embraſſe une profeſſion; s'il paſſe un troiſieme engagement, il ſera néceſſairement forcé au quatrieme pour ne pas perdre le fruit de ſes travaux; alors, voilà un ſoldat médiocre qui a occupé 32 ans la place d'un meilleur, & qui devient à charge aux finances par la penſion qu'il eſt juſte de lui faire, mais qu'il falloit réſerver pour ceux qui auroient été plus propres au métier de la guerre. Un Capitaine ne devroit jamais rengager un homme ſans la permiſſion de l'Etat-Major, qui la refuſeroit toutes les fois qu'il ne jugeroit pas le ſujet digne d'être conſervé. Le militaire établi ſur un pied ſtable, jouiſſant d'un bon état, & ayant une retraite aſſurée, ne manqueroit pas de recrues. La guerre augmentant la conſommation, on pourroit ſe rendre un peu moins difficile; mais en tems de paix, où l'on ne doit s'occuper qu'à former & inſtruire un état militaire reſpectable, il faut en rejetter tout ce qui n'en eſt pas digne.

J'irai plus loin, je dirai une choſe affligeante pour l'humanité, mais vraie : c'eſt que l'homme n'a, durant ſa courte exiſtence, qu'un certain nombre d'années où ſon être jouiſſe de la force & de la vigueur phyſique & morale qui le rendent capable du métier des armes, quelques exceptions que l'on pourra me citer, ne changeront rien à cette loi générale qui fait que l'homme, à 50 ans, perd tous les jours de ſon énergie & de ſa force. Il eſt rare qu'un homme de guerre ſur-tout, arrive à ce terme ſans infirmités. Il faut donc que l'inſtitution militaire ait le double objet de retenir ſous les enſeignes les hommes utiles, & en même tems celui de faciliter la retraite de ceux qui peuvent être avantageuſement remplacés : car conſerver pendant la paix des officiers ou ſoldats vétérans, hors d'état d'entrer en campagne, c'eſt perdre inutilement ſon tems à inſtruire des hommes dont on n'attend aucuns ſervices, pour négliger l'inſtruction de ceux qui doivent les remplacer. Ce principe aſſez univerſellement avoué du militaire, ſemble être oublié dans la pratique, & c'eſt la faute de nos loix. Les officiers de fortune & les ſoldats ne pouvant prétendre à l'hôtel des invalides que lorſque les formes les plus rigoureuſes conſtatent que l'âge & l'épuiſement des forces les mettent dans l'impoſſibilité, non ſeulement de continuer leurs ſervices, mais encore qu'elles les rendent *impotens au point de les priver de tous moyens de pourvoir par leur travail & leur induſtrie à leur ſubſiſtance, ou qu'ils ayent 70 ans révolus*; il faut bien que chaque régiment les garde juſqu'à cet inſtant.

Il me reſte à récapituler de combien les dépenſes que je propoſe par le plan indiqué ci-deſſus excéderoient les fonds deſtinés à cet uſage, & quelle charge par conſéquent j'impoſe ſur les finances.

Je commencerai par affecter entiérement aux invalides, la ſomme provenue de la rente de 4 déniers pour livre faite ſur tous les appointemens & ſoldes payées par le tréſorier de la guerre. Il n'y a aujourd'hui que 3 déniers accordés aux revenus de cet hôtel ; le quatrieme est au bénéfice des trésoriers ; il me paroît plus simple & plus convenable de mettre ces charges à gages, comme devroient y être toutes celles du royaume. L'excédent nécessaire aux dépenses de cet établissement seroit fourni par les coffres du Roi.

CHAPITRE XXVI.

Des Ecoles militaires.

PUISQUE l'instruction du militaire est la cause qui me fait écrire, tout ce qui y a rapport, doit avoir place dans cet ouvrage ; puissé-je, en multipliant mes chapitres, répandre un jour utile sur quelques uns.

Tant que l'école royale militaire a subsisté, mon respect pour cet établissement ne m'a pas permis l'examen de ses défauts. *Il falloit corriger & ne pas détruire* : voilà mon avis. Mais aujourd'hui qu'une destruction totale nous laisseroit plus de difficultés à rétablir le premier plan qu'à en former un nouveau ; je vais essayer de mettre au jour quelques idées sur cet objet. Elles doivent, sans doute, être précédées d'une discussion sur l'utilité de l'éducation publique, & d'un noviciat militaire. Je dis d'une discussion, puisque plusieurs auteurs ont blâmé le projet même de ce superbe établissement de Louis XV.

Si je n'avois à répondre qu'à l'auteur de *l'es-*

prit des loix de la Tactique, je n'extrairois point de son livre le chapitre où il attaque l'école militaire, il ne mérite pas d'être séparé de l'ouvrage dont il fait partie; je laisse cette compilation informe de lieux communs, & de critiques absurdes, dans l'oubli où elle est restée; mais un suffrage qu'il m'importe davantage d'obtenir, c'est celui d'un lutteur redoutable, qui s'est déclaré dans tous les tems l'ennemi d'un établissement qui me paroissoit aussi honorable qu'utile à ma nation.

Depuis que la guerre est un art, on a dû s'occuper de sa théorie, qui offre un champ aussi vaste que fertile à ceux qui veulent le cultiver. Les anciens comme les modernes ont recherché & développé ses principes. C'est aux écoles que le monde doit les talens qu'il a admirés dans tous les genres. Par quelle bizarrerie refuseroit-on aux écoles militaires l'avantage d'étendre les connoissances relatives au métier de la guerre, & celui de former des officiers instruits dans ses principes? peut-on opposer comme une raison victorieuse, le nombre des élèves admis à cette éducation (dont on a exhalté les dépenses) & qui n'en ont pas profité? Quel est le college où tous les écoliers deviennent maîtres? Le petit nombre de sujets distingués qui s'y forment ne fut jamais une raison pour les détruire. Ces établissemens publics doivent être soutenus, parce que leur avantage incontestable est de donner au moins les élémens des sciences que l'on y enseigne, & quelques légeres que soient les connoissances d'un jeune homme, il doit toujours être préféré à l'ignorant, parce qu'à coup sûr, il a plus d'aptitude que ce dernier à apprendre ce qu'il ne sait pas. Que peut-on attendre de l'éducation particuliere relativement au militaire? Quelles ressources un pere peut-il avoir dans sa province, pour y faire instruire son fils? A-t-il le choix des maîtres, les moyens de lui donner les meilleurs? Non, sans doute, les grands talens sont rares, il n'y a que le Roi & le gouvernement qui puissent sûrement se les procurer, en accordant la constitution & l'intérêt. Mais je suppose un éleve sortant d'un de nos meilleurs colleges de province, y aura-t-il acquis la connoissance des devoirs militaires, & les principes de l'état qu'il embrasse? Quel raisonnement peut nous autoriser à confier à cet enfant de 16 ans, le commandement d'une compagnie, & la vie des hommes qu'il mène à la guerre? On peut frémir encore avec autant de raison, de le voir occuper une place de juge dans un conseil de guerre: mais, qu'on essaye de répondre à ces objections, on ne répondra pas à celle-ci: c'est à l'ignorance générale du militaire qu'on doit attribuer l'enfance dans laquelle est réglée la partie la plus simple de notre métier. Je veux dire l'instruction mécanique du soldat, & la tactique élémentaire. De simples notions mathématiques auroient évité les erreurs dans lesquelles sont tombés tous les Instructeurs qui ont précédé MM. De Ménil-Durand, De Mezeroy, De Keralio, De Guibert, De Silva, D'Arçon, &c. Ils sont les premiers qui ayent quitté de misérables routines pour adapter la géométrie à la tactique, & il ne nous manque pour profiter des leçons de ces habiles maîtres, que d'avoir des écoles, où, joignant la pratique à la théorie, on puisse communiquer & étendre les lumieres qu'ils nous ont données. Si l'amour paternel veille à l'éducation privée, l'amour de la patrie doit veiller à l'éducation militaire: aussi, depuis long-tems, les Rois & leurs ministres avoient montré qu'ils sentoient la nécessité d'établir des écoles pour y former cette jeune noblesse, dont on doit toujours attendre des services & des succès proportionnés à ses talens. L'établissement des compagnies de cadets gentils-hommes dans les différentes garnisons n'étoit pas le premier essai; Louvois, & avant lui Mazarin avoient formé des plans, qui nous montrent que ces ministres avoient été frappés de l'utilité qu'on pouvoit retirer de ces institutions, par des causes qui nous sont inconnues; leurs projets ne furent point exécutés. Le desir du bien qui occupe toujours les citoyens zèlés, devoit ramener à cette entreprise si souvent manquée. Il étoit réservé à M. Paris Du Verney d'applanir les difficultés qui sembloient s'opposer aux vœux de la nation; ce fut en 1750 que Louis XV agréa son plan, & fit connoître ses volontés par l'édit de création du mois de janvier de l'année suivante. Depuis 26 ans, les soins des administrateurs de l'école royale militaire, & particuliérement ceux du successeur de M. Du Verney, avoient perfectionné cet établissement, & multiplié les secours que la noblesse pouvoit en tirer. En augmentant le nombre des places, ce dernier avoit appelé un plus grand nombre de familles à avoir part à cette grace. Cinq cent jeunes gentils-hommes étoient élevés, tant à La Flèche qu'à Paris, lorſqu'un miniſtre vint détruire ce qui faiſoit l'admiration de l'Europe. Le projet de cette deſtruction étoit né dans l'hermitage de Lauterbach. C'eſt-là que des connoiſſances ſuperficielles ſur l'adminiſtration, ſervirent de baſe au fameux mémoire qui transforma un guerrier illuſtre & reſpecté en un ſi médiocre miniſtre; il parut ſur la ſcène avec le projet, ſans doute, d'être conſéquent à ſes principes, & malheureuſement l'école militaire fut le premier objet qui frappa ſes yeux. Sa deſtruction fut d'autant plus facile qu'elle n'étoit protégée par perſonne; les gens de la cour la jalouſoient, parce qu'ils n'y avoient point de place; les colonels la haïſſoient, parce que les éleves étoient nommés aux emplois des régimens qu'ils commandoient, ſans aller les ſolliciter; enfin, les chefs même de cette maiſon, qui auroient pu éclairer le miniſtre & changer ſes vues, garderent le ſilence; parce que les uns étoient ſans moyens de ſe faire entendre, & que les autres, bas, intrigans, & envieux, ſacrifioient ſans délicateſſe le bien général à l'eſpoir particulier d'un traitement ou d'une place meilleure que celle qu'ils occupoient. Le miniſtre n'a pas tardé à ſe répentir d'une deſtruction trop précipitée. L'ordre des finances, la ſageſſe de l'adminiſtration, & une économie à laquelle on ne s'attendoit pas, a été démontrée de la maniere la plus évidente, lorſque M. Du Pont fit, en ſa qualité d'intendant, ſa reddition de compte entre les mains de MM. De... & De..... Conſeillers d'état, nommés pour la recevoir: mais il n'étoit pas tems de revenir ſur ſes pas. Le Roi étoit prévenu ; le détromper en avouant ſa turpitude, c'eût été faire le bien, mais c'étoit riſquer de ſe perdre, riſquer au moins de ſe montrer inconſéquent, & en pareil cas, il eſt peu de miniſtres qui balancent ſur le parti qu'ils ont à prendre. Les fonds & les revenus de l'hôtel ont été diſperſés ; c'eſt avec regret que je crois à l'impoſſibilité de les rejoindre, & que je vais entreprendre de tracer un plan nouveau, capable de ſuppléer à celui qui eſt détruit.

Le premier objet d'une école militaire eſt de former & inſtruire les jeunes officiers dans le métier des armes.

Le ſecond objet eſt de procurer des ſecours à la nobleſſe peu riche qui habite les provinces.

Ces deux conditions doivent être remplies de maniere que tout officier ſoit obligé de paſſer par l'école générale, comme il eſt obligé de paſſer aujourd'hui par l'état de cadet gentilhomme, avec cette différence qu'un nouvel établiſſement militaire lui fourniroit tous les moyens d'inſtruction, au lieu que celui de cadet dans nos régimens, ne lui en fournit aucuns ; & je ne parle pas de tous les inconvéniens que l'on pourroit reprocher à cette éducation.

Je diviſe l'éducation en deux époques, la premiere de l'âge de dix à ſeize ans ; la ſeconde de ſeize à dix-huit ans.

Le Roi établiroit 900 places dans les différens colléges du royaume, pour y nommer 900 jeunes gentils-hommes de l'âge de dix ans.

Là, ils feroient inftruits des principes de leur langue, de ceux de la langue Allemande & des élémens d'arithmétique & de géométrie. Ces premieres notions feroient auffi néceffaires que les preuves de quatre degrés de nobleffe, pour paffer à l'âge de 16 ans, en qualité de cadet, au corps de la gendarmerie (1).

Ici deux idées fe réuniffent. En parlant de la gendarmerie, je lui ai rendu la juftice qu'elle mérite; j'ai loué fa difcipline & fon inftruction, qui doivent fans doute fervir de modele à toute la cavalerie de France, mais je l'ai enveloppée dans l'arrêt tant de fois prononcé, & fur lequel j'ai donné ma voix pour la condamner.

L'écrivain ne doit connoître que la vérité, tant pis fi les miniftres cédent aux anciens ufages, aux confidérations, aux follicitations; c'eft

---

[1] Je fais bien que l'on m'objectera la difficulté, dont je fuis moi-même convenu un peu plus haut, de donner des maîtres d'allemand & de mathématique dans la plupart de nos petites villes de France, où les feules reffources font un college. A cela je réponds deux chofes; la premiere c'eft que la déclaration, qui excluroit abfolument du fervice tous ceux qui n'auroient pas les talens exigés, ne feroit pas plutôt rendue, que les colleges auroient un intérêt réel à fe procurer fur le champ des maîtres de langue allemande & de mathématique, & qu'un an après la ditte déclaration tous les colleges en feroient pourvus, puifqu'on déferteroit tous les colleges qui n'en auroient pas; fecondement, je répetterai ici les vœux de toute la France, qui demande depuis vingt ans que l'on donne les colleges aux corps & aux ordres qui peuvent feuls les gouverner, alors les moyens pour l'éducation primitive ne manqueront plus.

la source de tous les désordres : il faut être partie intéressée, pour ne pas avouer les vices de ces différens corps à prérogatives. Je veux parler de la maison du roi, déjà diminuée, mais encore trop nombreuse, des gardes Françoises, du régiment du roi & des carabiniers, corps qui énervent le reste de l'armée, dans laquelle ils sont choisis, & qui absorbent toutes les graces au préjudice des régimens qui font le plus la guerre. Que l'on compare les graces accordées en grades, honneurs & argent aux corps que je viens de citer, avec celles que l'on accorde dans le reste des troupes, on verra qu'ils en emportent moitié. Je demande à quel titre ?

Je réformerois donc la gendarmerie ; pour la recréer sur le champ, en n'y admettant que les gendarmes ayant brevet de capitaine, & ceux en état de faire preuve de quatre degrés de noblesse. J'y établirois six escadrons, vingt-quatre compagnies, & dans chaque compagnie j'attacherois vingt-cinq cadets gentilshommes, ce qui formeroit une école de 600 cadets, dont 300 sortiroient tous les ans pour fournir aux remplacemens des officiers dans les différens régimens de l'armée, 300 jeunes gentilshommes seroient donc nommés tous les ans pour remplacer les cadets. De ces 300, 150 seroient tirés des colleges militaires nommés par le roi, 141 autres seroient nommés par les colonels des régimens d'infanterie & de cavalerie, 5 autres seroient nommés par le commandant de la gendarmerie, & 4 autres par les deux inspecteurs de la gendarmerie. De 16 à 18 ans, ces cadets seroient exercés au corps de la gendarmerie au ſervice des deux armes, à l'étude des ordonnances & des loix militaires, aux principes de la tactique, aux mathématiques & aux différens exercices du corps. Je prends l'âge de 16 ans pour le terme de l'enfance & de l'éducation primitive; c'eſt le moment où l'homme peut profiter de l'expérience, & former ſon raiſonnement, mais ce n'eſt pas en lui donnant, comme aujourd'hui, une ſous-lieutenance & des hommes à commander, que je prétends l'inſtruire; c'eſt, au contraire, en le réduiſant pendant deux ans encore à la ſeule obéiſſance. Les cadets à la nomination des colonels d'infanterie & de cavalerie françoiſe, ceux à la nomination du commandant & des inſpecteurs de la gendarmerie, ſeroient aſſujettis aux mêmes preuves de quatre degrés de nobleſſe; ceci donne la facilité d'exécuter ce que j'ai propoſé au Chap. VII.

L'inſtruction des cadets deſtinés à devenir officiers, n'eſt pas le ſeul avantage que je voudrois retirer de la gendarmerie, je voudrois encore y établir une école générale de cavalerie pour l'inſtruction de cette arme, qui eſt ſi éloignée du point de perfection dont elle eſt ſuſceptible. Nos régimens à cheval manquent la plupart de ſujets capables de donner les premieres inſtructions. J'eſſayerai de montrer dans la ſeconde partie de cet ouvrage, combien nous ſommes loin de connoître la cavalerie. M. le duc de Choiſeuil a eu de grandes vues ſur cet objet; il a beaucoup fait, mais il reſte beaucoup à faire. On peut, avec plus d'expérience, éviter aujourd'hui les défauts des écoles que ce miniſtre établit en 1765. Un des plus grands, peut-être, fut d'en avoir plusieurs à la fois; j'aurai l'occasion de discuter au chapitre cavalerie, les inconvéniens qui en résulterent. Ici j'en propose une seule, qui seroit composée d'un capitaine, un lieutenant & un sous-lieutenant, détachés de chaque régiment à cheval, formant 120 officiers. L'établissement de Luneville offre toutes les aisances & toutes les ressources nécessaires à ce plan, qui ne seroit guere plus dispendieux que ne l'est le corps actuel de la gendarmerie, dont le militaire ne retire aucun avantage, mais qui le prive, au contraire, d'une espece d'hommes dont la répartition dans nos régimens de ligne formeroit une classe excellente de ce que nous appelons bas-officiers.

CHAPITRE XXVII.

De l'utilité dont les troupes peuvent être en tems de paix, en partageant l'année entre leur instruction & les travaux publics.

C'est la manie de la toilette du soldat, & les minuties de nos écoles, qui ont fait que les colonels se sont toujours opposés à ce qu'on employât les troupes aux travaux publics pendant la paix. L'utilité dont elles pourroient être doit cependant ramener un usage dont les Romains n'ont pas dédaigné de nous montrer l'exemple. Leurs mains victorieuses quittoient les armes pour prendre la bêche & la truelle: ils défrichoient,

choient, creuſoient des canaux, bâtiſſoient des aqueducs ; cette activité continuelle endurciſſoit leurs corps, & les nôtres s'affoibliſſent par l'oiſiveté. Si les exercices de paix doivent être l'image des occupations de la guerre, le travail doit donc être regardé comme faiſant une partie eſſentielle dans l'inſtitution de l'infanterie, car, comme le remarque l'auteur de la Correſpondance, l'infanterie ne trouvera pas toujours ſa ſûreté dans la fineſſe des manœuvres, elle ſera quelquefois forcée d'uſer de la reſſource du foible, c'eſt-à-dire, de ſe retrancher, & alors il eſt utile que le ſoldat ſache manier la terre. Si la France ne s'occupe pas des grands travaux qui peuvent l'embellir, faciliter ſon commerce, & fortifier les barrieres qui la ſéparent des puiſſances voiſines, c'eſt parce que ces plans, quoique reconnus utiles, préſentent un ouvrage immenſe, trop diſproportionné aux bras & aux ſommes qu'il nous reſte à employer ; ſi nous eſſayons une fois de nous ſervir des troupes, toutes ces difficultés diſparoîtront ; mais, pour que ce projet devienne poſſible & propoſable, il faut une conſtitution militaire différente de celle qui exiſte. Il faut enrayer ſur les manies de tenue & d'exercices, bannir du métier des armes toutes les inutilités, déterminer l'inſtruction, fixer les tems qui doivent y être employés, & l'abréger en ſimplifiant ſes principes. Il faut mettre fin à ces miſérables pélérinages, qui font deux fois par an promener ſans néceſſité les troupes d'une extrêmité du royaume à l'autre. Il faut, en un mot, employer le corps militaire du génie, & faire rentrer au profit de l'état les dépenſes qu'occasionne l'entretien d'une armée nombreuse. J'ai proposé de faire camper la moitié de l'infanterie tous les ans. Je crois doublement avantageux d'employer l'autre moitié aux travaux publics.

CHAPITRE XXVIII.

Des Hôpitaux militaires.

IL n'est point d'abus & de malversations qui ayent des conséquences plus fâcheuses, que celles qui peuvent régner ou s'établir dans les hôpitaux militaires. Les intérêts de l'humanité, ceux du Roi & de l'Etat prescrivent également aux Ministres, d'avoir toujours les yeux ouverts sur ces établissemens, consacrés au soulagement & à la conservation des hommes.

Dans tous les tems, il y a eu des plaintes portées contre la cupidité des administrateurs ou des entrepreneurs des hôpitaux militaires; cupidité d'autant plus infame, que la vie de l'homme est soumise à ses calculs. Toute vue d'intérêt, toute négligence même, de la part d'un administrateur des hôpitaux, devient donc le plus affreux des crimes. Le rétablissement des malades est toujours dû aux soins que l'on prend de leurs maux. Ces soins sont plus ou moins particuliers, plus ou moins exacts dans les différens hôpitaux du royaume, quoique la bonté du Roi les paye & les récompense également dans tous. Nous remarquons généralement que les hôpitaux confiés aux soins des femmes, sont mieux servis & mieux administrés que ceux qui sont entre les mains des hommes. Je pourrois citer celui de Nancy, comme le modèle sur lequel il seroit à souhaiter que tous les autres se conformassent. Les malades y sont tenus avec la plus grande propreté ; ils couchent seuls : dans les cas de foule seulement on les double ; mais jamais ils ne sont plus de deux dans le même lit. La Supérieure d'une Communauté respectable, est l'administratrice des revenus, & son économie n'a, & ne peut avoir d'autre objet, que d'augmenter les aisances & la salubrité de sa maison, ainsi que le bien-être de ses malades. Peut-on se flatter qu'un entrepreneur aura les principes de religion & de désintéressement qui régnent toujours dans ces Communautés religieuses ? Non, sans doute ; & c'est pour cette raison que je donnerai toujours la préférence à la régie des femmes. Mais comme les Communautés hospitalieres ne sont point assez nombreuses pour gouverner tous les hôpitaux du royaume ; qu'il est d'ailleurs nécessaire de former, en tems de paix, des hommes qui puissent faire le service des ambulances, pendant la guerre, je vais entrer dans quelques détails sur cet objet intéressant, & je m'y livre d'autant plus volontiers, que des gens de l'art, dignes de la confiance du public, m'ont communiqué leurs réflexions, dont on peut je crois tirer de grands avantages.

L'Ordonnance de 1780, sur les hôpitaux militaires, montre des vues très-sages sur plusieurs points essentiels, mais j'ose croire qu'elle n'a pas tout prévu, & qu'elle est susceptible d'un supplément digne de l'attention de ses rédacteurs. Cette Ordonnance, en établissant un Médecin, un Chirurgien-major & un Apoticaire surnuméraire, dans chacun des hôpitaux militaires, au compte de Sa Majesté, assure autant qu'on peut le prévoir l'exactitude du service actuel, de même qu'elle fournit les moyens de remplacer dignement par la suite, chacun de ces officiers de santé en chef; mais elle enjoint expressément de ne plus envoyer dans les hôpitaux que les soldats attaqués de maladies grâves, & elle charge spécialement les Chirurgiens-majors des régimens, de traiter à la chambre toutes les maladies légeres. Il auroit donc été très-important que cette ordonnance s'occupât en même-tems des talens nécessaires à ces Chirurgiens-majors, pour les fonctions médécinales qu'elle leur assigne. Ces fonctions exigeront à l'avenir, & plus que jamais, des connoissances profondes dans la médecine, & l'on ne doit point les attendre de la Chirurgie la plus éclairée, dont le but principal est de guérir les maladies externes, par les opérations de la main. Peut-on croire qu'il y ait entre la médecine & la chirurgie un rapport assez immédiat, pour que les principes de cette derniere donnent la méthode de connoître & de guérir surement les maladies internes, promtes ou aiguës, longues ou lentes (1)? Non, sans doute; les dangers qu

---

[1] Les chirurgiens majors sont encore chargés d traiter les maladies de Mrs. les Officiers du Régimen où ils sont attachés.

résultent tous les jours du défaut de connoissances de ces chirurgiens, prouvent au contraire que c'est fort mal-à-propos qu'on leur confie généralement le soin des maladies internes, vû qu'ils ne se sont jamais fait un capital d'étudier en médecine. En effet, que ne voit-on pas arriver d'une saignée imprudemment faite dans les premiers momens d'une maladie, dont les suites auroient été prévenues par un émétique qui étoit indiqué? Et que ne doit-on pas craindre aussi de l'administration d'un émétique placé imprudemment dans le principe d'une maladie inflammatoire, ou d'un vomissement sympatique, pris pour une dépravation d'humeurs des premieres voies. Sans entrer dans de plus longs détails, il est certain que les premieres fautes de cette espece, décident toujours le danger d'une maladie, & que le médecin le plus habile, n'est presque jamais en état de les réparer.

La médecine & la chirurgie font aujourd'hui le titre & l'apanage de deux personnes différentes, qui s'en occupent séparément. Il seroit bien important de réunir ces deux sciences, dans les sujets destinés à devenir chirurgiens-majors de nos régimens. Les plus grands médecins ont toujours desiré cette réunion, & il n'y a que des raisons d'intérêts particuliers, qui puissent s'y opposer; mais ce que la Jurisprudence n'a pu faire, le Ministre de la guerre l'obtiendra quand il le voudra (1). Il n'est même plus per-

---

[1] Il seroit ridicule de supposer que la supériorité de la médecine se trouvât compromise dans l'exercice

mis de douter de la possibilité de ce projet de réunion, puisqu'il existe déjà dans le quart des régimens françois, des chirurgiens-majors de distinction, qui se sont fait depuis plusieurs années un capital d'étudier en médecine, & d'en mériter tous les grades dans différentes Facultés du royaume. On peut donc dire, sans crainte de se tromper, sur l'évaluation que l'on a fait, que non-seulement leur mérite surpasse celui des autres chirurgiens-majors, mais encore qu'ils peuvent aller de pair avec les médecins de l'Europe les plus renommés pour tous les genres de maladies. J'en appelle à la confiance & à la voix de tous les Corps auxquels ceux-ci sont attachés.

Cependant, telle disposition que puisse avoir un jeune chirurgien lettré pour étudier en médecine, lorsque la fortune ne répond pas à sa bonne volonté, il se trouve privé des moyens de travailler dans les facultés du royaume; c'est au Gouvernement, intéressé à la conservation

---

de la chirurgie; la pratique de plusieurs médecins les plus célebres de la faculté de Paris prouve aujourd'hui le contraire. Le succès de l'un de ces deux arts dépend souvent de l'autre, & l'expérience nous montre que la guérison de plusieurs maladies désespérées, est presque toujours due à l'intelligence & à la concorde qui se rencontrent entre la médecine & la chirurgie; d'où il s'ensuit que loin de croire que la médecine se trouvât compromise dans l'exercice de la chirurgie, elle acquerroit au contraire un nouveau mérite, chaque fois que l'on trouveroit au même instant, & dans une seule personne, tous les secours capables d'améliorer la cure des différentes maladies internes ou externes qui affligent le corps humain.

des troupes, à venir à son secours: des réglemens peuvent suffire à cet effet, sans qu'il en résulte une charge pour les finances.

Projet de Réglement pour les études des Chirurgiens-majors.

ARTICLE PREMIER.

ON ne recevroit dans les hôpitaux militaires, pour le service des malades ou blessés, que des garçons chirurgiens instruits, & bien examinés par le chirurgien-major, en présence du médecin; & ils ne seront jamais admis à ces places, qu'après avoir produit des lettres de maître-ès-arts, en bonne forme, valablement méritées, & obtenues dans une université du royaume. Ceci est conforme à l'article 2 du titre 27 de l'Ordonnance des hôpitaux militaires, du 1 janvier 1747. Cette loi n'a point été observée avec exactitude: il faudroit donc que l'on fît dès-à-présent dans lesdits hôpitaux, une réforme de tous les garçons-chirurgiens qui auroient été reçus en dérogeant à cet article, & qu'aussitôt ils fussent remplacés par de nouveaux éleves en chirurgie, qui eussent les qualités prescrites.

ART. II.

Les chirurgiens-majors desdits hôpitaux seroient chargés de faire tous les ans, pour les garçons-chirurgiens, un cours d'anatomie & d'opérations, pendant l'hiver, & un cours d'ostéologie & de bandages pendant l'été.

ART. III.

Les garçons-chirurgiens, après avoir passé trois ans dans les hôpitaux, subiroient un examen public en présence des médecins & chirurgiens inspecteurs, qu'il plairoit à la Cour de nommer. Ceux qui se distingueroient à cet examen, & qui montreroient le plus de disposition & de volonté pour étudier en médecine, seroient envoyés à la suite des hôpitaux des villes du royaume, où il y a des facultés de médecine, comme Montpellier, Strasbourg, Besançon, Caen, Nancy, Douay, Rheims, Toulouse, Valence, &c. Là ils continueroient à faire les fonctions de garçons-chirurgiens, tandis qu'ils prendroient des inscriptions, & qu'ils suivroient lesdites Facultés pendant trois ans consécutifs. L'heure des leçons auxquelles les garçons étudians seroient obligés d'assister, ne priveroient point les malades des secours qu'ils doivent attendre du chirurgien de garde, parce que dans ces mêmes hôpitaux, il y auroit comme dans tous les autres, un ou plusieurs garçons, qui feroient leurs trois premieres années, & qui ne seroient pas du nombre des étudians.

ART. IV.

Si l'on jugeoit que la quantité des Facultés ne fût pas capable de fournir un assez grand nombre de sujets, on pourroit l'augmenter à volonté, en désignant l'Hôtel-Dieu de Paris, la Charité & les Invalides, pour remplir le projet dont il s'agit; faisant donner à chaque garçonchirurgien les mêmes appointemens qu'ils ont dans les hôpitaux militaires. Quant aux grades, les étudians iroient les prendre dans une des Facultés du royaume, vû qu'ils coûtent trop à Paris, & que les inſcriptions de cette faculté ſont valables partout.

Outre que ces moyens ſuffiroient pour procurer ſans fraix des hommes à talens, tels qu'il en faudroit pour remplir dignement les fonctions de médecins-chirurgiens-majors dans chaque régiment, ce ſeroit donner une nouvelle émulation à tous les éleves en chirurgie du royaume, qui feroient bientôt à cet égard tout ce que leur fortune pourroit leur permettre.

Le bien qui réſulteroit néceſſairement de ces études & de cette pratique, ſuivie pendant neuf années, mériteroit ſans doute que le gouvernement fît les fraix des grades que les étudians ſeroient obligés de prendre; mais ceux-ci doivent à leur tour conſacrer à la patrie les talens qu'ils tiennent de ſes bienfaits; ils contracteroient donc l'engagement de ſervir pendant 24 années, comme chirurgiens-majors, dans les régimens auxquels il plairoit à Sa Majeſté de les employer, ſans qu'ils puſſent avant ce terme prendre une retraite différente de cette déſtination (1).

---

[1] La ſomme des inſcriptions, theſes & grades en médecine monte aſſez communément dans toutes les facultés du royaume à 600 liv. Elle ne ſera pas regardée comme une augmentation de charge pour les finances de la guerre, ſi l'on fait attention qu'elle aſſurera pendant 24 années les ſervices de chaque chirurgien. En

Le Conſeil de la guerre auroit l'état de tous ceux qui auroient pris leurs grades. Il ſeroit accordé à ceux-ci des brevets de médecins ſurnuméraires à la ſuite des hôpitaux, & ils continueroient à y remplir les fonctions d'aides-chirurgiens, juſqu'à ce que, vacance d'emploi arrivant dans les régimens, ils y fuſſent placés à tour de rôle d'ancienneté. Ces brevets de médecins ſurnuméraires me paroiſſent d'autant plus néceſſaires, qu'ils mettroient les chirurgiens-majors à même de ſuivre toutes les maladies de leurs ſoldats, dans les hôpitaux, conjointement avec les médecins en chef, auxquels ils feroient connoître ce qui eſt le plus eſſentiel, touchant le tempérament, l'habitude & le caractere de la maladie de chaque ſoldat, qu'ils ſont cenſés voir & connoître mieux que perſonne.

Ces chirurgiens-majors ſeroient obligés d'envoyer tous les trois mois à l'inſpecteur-médecin, des obſervations ſur toutes les maladies épidémiques & endémiques, qu'il eſt toujours néceſſaire de connoître & d'approfondir dans chaque province & dans chaque garniſon.

Ces réflexions particulieres m'ont éloigné des vues plus générales & plus vaſtes ſur les hôpitaux; mais il étoit néceſſaire d'établir avant tout la poſſibilité de ſe procurer des chirurgiens-majors-médecins.

---

comparant ce laps de tems avec celui de trois engagemens d'un cavalier, on verra que celui d'un habile chirurgien-major, ne coûtera que 240 liv. de plus, excedent qui ſera bien réparé par l'anéantiſſement des retraites, conformément à ce que j'ai propoſé au chapitre XXIV.

L'établissement permanent des troupes dans leurs quartiers, donne toutes les facilités nécessaires pour que chaque régiment ait soin de ses malades, il suffira d'accorder aux capitaines les sommes suffisantes pour pourvoir aux fraix de l'établissement d'une infirmerie ; qui sera sous le gouvernement du chirurgien-major. Par l'ordonnance actuelle, cette infirmerie est établie pour les maladies légeres, pourquoi ne le seroit-elle pas pour les maladies plus grâves ? Comment & pourquoi transporter un homme dont le traitement est commencé, dans un hôpital, & sous la conduite d'un médecin qui n'a pas vû naître sa maladie, & qui en ignore les premiers symptômes. Comment établir d'ailleurs la ligne de démarcation, qui distingue la maladie grâve de la maladie légere ? Peut-on esperer que le médecin & le chirurgien-major s'accorderont sur le diagnostic & le pronostic ? Ne doit-on pas s'attendre au contraire à les trouver sans cesse en opposition. Le chirurgien-major pourra toujours se dispenser de donner des soins, en caractérisant la maladie grâve, & le médecin rejettera toujours les suites funestes de sa négligence ou de sa turpitude, sur ce que l'on ne conduit dans son hôpital que des hommes dans un état désespéré. Mais comment évaluer, me dira-t-on, les fraix de ces établissemens aussi multipliés ? Rien n'est plus simple. Que l'on fasse régir pendant deux ans ces infirmeries par les Etats-majors & par les Capitaines de chaque régiment; que l'on fasse le relevé du nombre des malades & du prix de leurs journées dans ces infirmeries, & que, du résultat de ces comparaiſons, on déduiſe un traitement fixe dont on abandonnera l'adminiſtration aux capitaines; ceux-ci ſeront toujours les premiers & les plus intéreſſés aux ſoins de la ſanté & de la vie des hommes qui leur appartiendront.

Le Roi conſerveroit ſeulement ſous le nom d'hôpitaux militaires, ceux qui ſe trouvent placés ſur nos frontieres & dans nos garniſons; c'eſt dans ces hôpitaux que feroient toujours envoyés les Soldats & Cavaliers des Régimens qui habitent ces villes, & dans ces mêmes hôpitaux, auſſi, où ſeroient envoyés les vénériens de l'armée. C'eſt dans ces établiſſemens que ſe formeroient les infirmiers deſtinés aux ambulances de la guerre.

Lorſqu'on voudroit former de ces ambulances, on choiſiroit toujours les chirurgiens-majors parmi ceux des Régimens, & la préférence ſeroit donnée à ceux qui auroient montré le plus de zèle, de talens & de probité. Les apoticaires ſeroient choiſis de même parmi ceux des hôpitaux militaires, & c'eſt de ces pharmacies des hôpitaux que l'on tireroit tous les remedes employés à l'armée.

L'adminiſtration des hôpitaux militaires, & des ambulances, ne peut être confiée à des entrepreneurs, ſans courir le riſque qu'il en réſulte les inconvéniens les plus funeſtes. En ſuppoſant que l'adminiſtrateur & l'entrepreneur commettent également des malverſations, il y aura au moins cette différence, que le premier ne trompera le Roi qu'en enflant les dépenſes, au lieu que le ſecond, qui ne peut avoir cette reſſource, aſſure ſes calculs & ſon livre aux dépens des malades. Je ne m'étendrai pas ſur les moyens d'établir l'évidence dans la reddition des comptes des adminiſtrateurs, rien de ſi ſimple que de conſtater le numéraire des hommes, & le nombre des journées, quant aux fraix ; après avoir eſſayé de toutes les précautions poſſibles, on en viendra à reconnoître que la plus ſûre, eſt de ne confier les places d'adminiſtrateurs & contrôleurs qu'à des gens qui ont fait preuve de leurs mœurs & de leur honnêteté. Il faut que ſur la plus légère plainte, il y ait information juridique & punition exemplaire ; que tous les officiers généraux ayent le droit d'inſpecter ces hôpitaux, & qu'un membre du conſeil de la guerre en faſſe la tournée toutes les fois que le conſeil le jugera à-propos.

Il m'auroit fallu faire un volume pour traiter ce chapitre avec toute l'étendue qu'il mérite, les vues que je n'ai qu'eſquiſſées ici, ont trop d'analogie avec tous les autres objets de la conſtitution militaire, pour que je n'en faſſe pas mention dans un ouvrage où je me propoſe des réformes & des changemens univerſels ; mais nous ſommes trop éloignés de ce nouveau ſyſtême, pour que je m'appeſantiſſe plus particuliérement & plus longuement ſur l'une de ſes parties.

❁

CHAPITRE XXIX.

Projet d'une société militaire.

C'Eſt en ſe communiquant leurs lumieres, & en ſe faiſant mutuellement part de leurs découvertes, que les hommes ont fait des progrès dans les ſciences & dans les arts. Le goût de la philoſophie raſſembloit les anciens, leurs dogmes & leurs opinions les claſſoient en différentes ſectes ; toutes ſe raſſembloient particuliérement, & c'eſt ſans doute ces académies qui nous ont donné le modèle de celles qui exiſtent aujourd'hui en Europe, & dont les travaux éclairent l'univers. L'émulation régne dans ces ſociétés ; que de découvertes ne devons-nous pas à la ſolution des problêmes qu'elles propoſent tous les ans ? Toutes les connoiſſances humaines ſont du reſſort de *l'académie royale des ſciences*, & il n'eſt point d'art qui n'ait des obligations eſſentielles à cette ſavante ſociété. Son établiſſement a ſervi de modèle à une infinité d'autres ; les travaux ſont particuliérement affectés à un ſeul art, ou à une ſeule ſcience. Les académies de chirurgie, de peinture, d'architecture, de muſique, de marine &c. développent & perfectionnent tous les jours les principes des arts qu'elles cultivent. L'ignorance aujourd'hui fuit devant les hommes qui l'encenſoient autrefois. Le ſiècle dernier nous montre encore les traces de ce préjugé, qui nous faiſoit confondre le ſavoir avec la pedanterie, & mépriſer

us ceux qui aspiroient par l'étude à quelque
ure de distinction. Les nobles ont été les der-
ers à secouer ce préjugé ; c'est ce qui est cause
ns doute que la guerre n'a été pendant des
cles qu'un jeu de hazard & de férocité. On
st longtems battu sans connoître l'art d'atta-
er & de se défendre, & quoique plusieurs
néraux ayent paru avec avantage sur le théâ-
de la guerre, ils n'ont laissé à leur posté-
é que des exemples sans préceptes. Fréderic II,
modèle des princes militaires & l'admira-
n de l'Europe, nous a montré par des succès
ssi suivis qu'étonnans, que des principes sûrs
idoient sa pratique : c'est lui qui a rap-
é aux autres nations ce que pouvoient l'art
la discipline. Les troupes Prussiennes sont
core aujourd'hui les modèles de celles du
nde entier. La tactique est devenue une scien-
qu'il a fallu cultiver sous peine d'être battu,
e dis-je cultiver, il a fallu la créer, puisque
anciens ne nous ont laissé que peu de pré-
tes sur un art qu'ils ont connu, il est vrai,
is qui, étant infiniment lié à l'encyclopédie
connoissances humaines, a dû varier avec
es : quoiqu'il en soit, dans un siècle aussi
airé que celui-ci, on a eu lieu d'être étonné
e tous les moyens mis en jeu pour l'avance-
nt & les progrès des arts, ne soient pas em-
yés pour perfectionner celui de la guerre.
-il donc le moins important de tous? Ignore-
n que l'art d'attaquer & de se défendre, est
t de conserver les hommes? Peut-on être
pris du sujet de nos plaintes à cet égard,
and on réfléchira que nos maîtres n'ont pu

s'accorder encore ſur les élémens du métier, ſur la maniere dont le ſoldat doit porter ſon arme, & lever la jambe pour marcher! C'eſt bien pis, ſi l'on examine notre législation militaire, notre conſtitution ou la combinaiſon & l'ordre de nos manœuvres; on verra que l'incertitude tient partout la place de la vérité, que ce que l'on a cru avoir prouvé le matin, a été détruit le ſoir. Que de raiſons pour réunir nos efforts, raſſembler nos connoiſſances, & travailler de concert à les déterminer & les étendre! En effet, que peut-on eſpérer des travaux épars de quelques officiers inſtruits? Où eſt l'auditoire qui doit juger leurs ouvrages, & apprécier leurs connoiſſances? Sera-ce un miniſtre de la guerre, qui ira feuilleter les livres militaires qui paroîtront, pour mettre à profit les principes qui y ſeront réduits! C'eſt s'abuſer que de le croire. Faut-il le dire enfin, tant qu'une aſſemblée inſtruite & compétante ne travaillera pas à chercher & déterminer les principes de notre art, nous perdrons notre tems dans des diſputes frivoles & des eſſais pernicieux (1). Mais en parlant d'aſſemblées, je n'entends pas renouveller ces comités d'officiers généraux, dont le choix étoit plus propre à perpétuer les erreurs qu'à les détruire, le réſultat de

[1] „ Si tandis que toutes les autres ſciences ſe „ perfectionnent celle de la guerre reſte dans l'en- „ fance, c'eſt, dit M. de G***. la faute des gou- „ vernemens, qui n'y attachent pas aſſez d'importan- „ ce, qui n'en font pas un objet d'éducation publi- „ que, qui ne dirigent pas vers cette profeſſion les „ hommes de génie „.

de ces assemblées connu de tout le militaire, me dispense de m'étendre sur leur inutilité. Une vérité utile & démontrée, un plan raisonné & admis seroient les seuls droits à cette société. Nous en avons une en France qui pourroit lui servir de modèle, c'est l'académie royale de marine à Brest, établie depuis 1752 : quelles ressources ne tireroient pas nos officiers, même les plus instruits dans les grandes opérations de la guerre, de voir des mémoires bien faits sur des détails militaires qu'ils ignorent faute d'un dépôt, où soient réunies toutes les connoissances rélatives au métier. Que de voix vont s'élever contre l'exécution d'un pareil établissement ! Je connois ces réponses qu'on a faites dans tous les tems aux nouveaux projets, on a sitôt dit *cela est impossible*, mais en attendant qu'on l'ait prouvé, je continue d'inviter à ce que je crois utile.

CHAPITRE XXX.

Résumé de cette première partie.

L'Etonnement dont mes lecteurs peuvent avoir été frappés à la premiere vue des nombreuses réformes que je propose, doit s'affoiblir à mesure que les défauts de notre constitution actuelle se dévoileront à leurs yeux. J'ai bien pensé que les nouveaux moyens que j'ai exposé, étant soumis à un enchaînement réciproque, ils ne paroîtroient ſimples que quand on les auroit rapprochés & médités.

J'ai tâché de voir la machine militaire dans ſon enſemble, & quiconque la regardera d'un œil auſſi attentif, y appercevra des déſordres d'une nature à entraîner ſa deſtruction totale, ſi l'on n'y apporte des remèdes, c'eſt-à-dire, ſi l'on ne ſubſtitue des loix exactes, ſévères & actives à la place de ce recueil d'ordonnances arbitraires, dont l'exécution foible, ou incertaine, nous a conduit à la confuſion.

Je dois chercher à répondre d'avance à toutes les objections qui peuvent naître de mes écrits : il en eſt deux que l'on ne manqueroit pas de me faire, & leur importance m'engage à les examiner dans ce dernier chapitre.

La premiere, eſt la quantité d'officiers de tous les grades qui ſe trouveroient rayés du tableau du militaire actif! Mais tous les intérêts particuliers ne doivent-ils pas céder à l'intérêt général & abſolu, d'avoir un militaire conſtitué de la maniere la plus avantageuſe à la proſpérité des armes du Roi ? S'il y a dans chaque grade un nombre de ſujets excédant les places à remplir, il en réſultera néceſſairement une inaction pour la plupart de ceux qui ſeront pourvûs de grades, un découragement pour ceux qui, étant dans les emplois inférieurs, doivent avoir pour récompenſe la perſpective aſſurée de leur avancement; il en réſultera enfin une charge onéreuſe pour ſa Majeſté, qui ne pourra ſatisfaire aux promeſſes de ſes miniſtres ; un diſcrédit même de tous les honneurs militaires, puiſque les grades, les décorations &

les pensions deviendront le partage de ceux qui, pour tout mérite, auront eû l'avantage d'obtenir un brévet de capitaine ou de colonel avec la permission de ne point exercer ces emplois. Je dis plus; il n'y a que la sanction d'une ordonnance du souverain qui puisse aujourd'hui arrêter sans injustice la profusion des ministres de la guerre; car leur résolution particuliere de surseoir à l'expédition des brévets qu'on leur demande de toute part, ne peut tenir contre des sollicitations qui ont pour titre l'exemple du passé. Il n'est personne qui ne convienne du ridicule de tous ces brévets d'officiers à la suite; on n'est indécis que sur la maniere & les ménagemens à employer pour destituer tant de gentilshommes, d'un titre dont ils croyent tenir leur existence. Ces objets une fois bien reconnus, le parti à prendre devient moins embarassant.que tous les militaires, sans distinction de grade, qui par leur âge ou leurs infirmités sont privés de l'usage de leurs forces, reçoivent leur retraite; que leur retraite soit proportionnelle au tarif que nous avons établi au chapitre XIV.; que personne n'occupe deux emplois à la fois, que le nombre des régimens & celui des compagnies dans les régimens soient augmentés, que la maison du Roi, la gendarmerie, & les écoles militaires soient obligés à faire des preuves de noblesse; alors le roi aura toujours environ treize à quatorze mille gentilshommes françois à son service, &, conformément au chapitre XIV, chacun aura la certitude d'une retraite honnête à l'âge de quarante huit ans, quelque grade & quelque place qu'il ait occupé, & tous ceux qui serviront auront la perspective assurée des récompenses militaires.

La seconde objection bien importante encore à prévenir, est l'augmentation de la dépense à laquelle mon plan semble conduire.

Pour éclairer suffisamment mes lecteurs sur cet objet, il faudroit que j'eusse & que je pûsse mettre sous leurs yeux les bordereaux de toutes les dépenses actuelles du département de la guerre, & que je fisse la comparaison de leur somme avec celle de l'administration & de la comptabilité que je propose, mais je suis privé de cette ressource. Peut-être le résultat des dépenses qu'entraîne mon plan excédera-t-il celui des dépenses actuelles : peut-être aussi ce résultat sera-t-il moindre. Dans le premier cas, on verra que si j'emploie plus d'argent c'est que je fais plus de choses, en portant le numérique des troupes à 230,107 combattans au lieu de 128, 168, qui est à peu près le nombre existant en ce jour.

Dans le second cas, c'est-à-dire, si avec une somme moindre je fais plus; on ne pourra que conclure en faveur de la nouvelle administration, qui seule procurera cette économie, puisque j'aurai amélioré le traitement pécuniaire de chaque individu.

La noblesse françoise ne peut que gagner à l'adoption de mon plan, puisqu'aucun ne peut lui être plus favorable que celui qui lui accorde exclusivement tous les emplois militaires, dont le nombre monte à environ treize à quatorze mille places, sans compter les officiers retirés, qui jouiront comme je l'ai démontré d'un traitement auſſi aſſuré qu'honorable.

Ces réflexions terminent la premiere partie de cet ouvrage. Je ne me flatte pas d'avoir tout prévû, mais les omiſſions que je peux avoir fait ſeront facilement apperçues par ceux de mes lecteurs qui ont eû quelque part dans l'adminiſtration de la guerre. C'eſt à eux à porter la lumiere ſur les objets qui nous ſont inconnus : c'eſt à eux à relever les erreurs dans leſquelles l'ignorance a pû m'entraîner. Enfin, de quelque part que puiſſent s'élever des critiques & des contradictions, je les lirai avec reconnoiſſance, puiſqu'elles me donneront la gloire d'avoir provoqué des diſcuſſions d'autant plus utiles, que les objets ſur leſquels elles porteront ſont encore des problêmes dans la ſcience du gouvernement.

Fin de la Partie premier.

ERRATA *du premier volume.*

Page 4. Ligne 15, dispofition : *lifez* pofition.
---- 21. derniere ligne & de l'inftitution : *lifez* inftruction.
---- 29. ---- 13, deux-cent vingt-fix : *lifez* huit cent vingt-fix.
---- 47. ---- 23, en fonctions : *lifez* aux fonctions.
---- 57. ---- 8, & recruter toute l'Infanterie : *lifez* & recruter comme toute l'Infanterie.
---- 58. ---- 11, *note*, après le produire il faut un point. La.
---- 66. ---- 28, qui ne coute pas plus au roi : *lifez* fecondement qui ne coute pas plus au roi.
---- 69. ---- 1, pour le recevoir : *lifez* pour la recevoir.
---- 71. ---- 4, confume : *lifez* confomme.
---- 71. ---- 5, puifqu'elle : *lifez* puifqu'il.
---- 73. ---- 17, entre cuiffes & peau : *lifez* entre cuiffes en peau.
---- 76. ---- 14, défilez : *lifez* défiler.
---- 83. ---- 15, démontrer : *lifez* démonter.
---- 85. ---- 15, La fonte eft attachée à la partie antérieure de la bande droite & le porte bout du moufqueton à la bande gauche ainfi que l'outil : *lifez* la fonte eft attachée à la partie antérieure de la bande droite, ainfi que le porte bout du moufqueton. A la bande gauche, &c.
---- 91. ---- 1, tels d'abord : *lifez* tels font d'abord.
---- 91. ---- 21, furoncles : *lifez* foroncles.
---- 92. ---- 7, & dans le vrai ils ont été : *lifez* & dans le vrai. Ils ont été.
---- 98. ---- 26, en dépendant : *lifez* en dépendent.
---- 99. ---- 9 & 10 de la note.) le double & le tridle : *lifez* le double & le triple.
---- 105. ---- 4, les cas ordinaires : *lifez* les cas extraordinaires.
---- 105. ---- 5, l'expérience de douze : *lifez* l'expérience des douze.
---- 116. ---- 18, & les ordonnances de 1762, qui lui affuroient la paye entiere : *lifez* & les ordonnances de 1772 qui lui affuroient la paye entiere.
---- 130. ---- 14, fur l'ancienne difcipline : *lifez* l'ancienne indifcipline.
---- 135. ---- 2, pour le lot de la réforme : *lifez* pour le taux de la réforme.
---- 141. derniere ligne, dernier mot) comparé à al quantité : *lifez* comparé à la quantité.

Page 183. ligne 25, dans les deux armées : *lisez* dans les deux armes.

---- 187. ---- 29, toute son armée : *lisez* toute son arme.

---- 189. ---- 5, On ne pourroit point être : *lisez* On ne pourroit être.

---- 196. ---- 17, à tel ou tel de prédilection : *lisez* à tel ou tel corps de prédilection.

---- 198. ---- 7, 15 années : *lisez* 25 années.

---- 205. ---- 26, quand on le heurte : *lisez* quand on la heurte.

---- 208. ---- 26, les formaliser : *lisez* les familiariser.

---- 216. ---- 14, M. le Comte Devaux : *lisez* M. le Comte de Vaux.

---- 224. ---- 17, par la durée : *lisez* par la dureté.

---- 229. ---- 1, ou curant sa capture : *lisez* ou procurant sa capture.

---- 243. ---- 26, dans toute l'année : *lisez* dans toute l'armée.

---- 247. derniere ligne) Relativement à l'inspection qui leur est faite de : *lisez* Relativement à l'injonction qui leur est faite de.

---- 251. derniere ligne) il faudroit de grandes : *lisez* il faut de grandes.

---- 253. --- 7, pour chef homme : *lisez* pour chef un homme.

---- 253. --- 29, sa nombreuse cohorte combien ne contentils : *lisez* sa nombreuse cohorte ne content-ils.

---- 254. avant-dernière ligne] au lieu d'une seule d'inspection : *lisez* au lieu d'une seule inspection.

---- 260. --- 7, esprit de fraude : *lisez* esprit de fronde.

---- 268. --- 21, Septembre : *lisez* Octobre.

---- 269. --- 20, finissant jour le : *lisez* finissant le jour.

---- 274. --- 24, à compter sur l'Etat major : *lisez* à composer son état major.

---- 288. ---- 9, 2000 soldats à 1 liv. 7 s. : *lisez* 2000 soldats à 1 liv. 1 s.

---- 297. --- 11, constitution : *lisez* considération.

---- 297. --- 24, est reglé : *lisez* est resté.

---- 298. --- 19, institutions par : *lisez* institutions. Par.

---- 299. derniere ligne] mais il n'étoit pas tems : *lisez* mais il n'étoit plus tems.

---- 302. --- 27, De ces 300, 50 seroient : *lisez* De ces 300, 150 seroient.

---- 310. avant-dernière ligne de la note] capable d'améliorer : *lisez* capable d'accélérer.

---- 317. --- 22, où je me propose : *lisez* où je propose.

---- 320. --- 21, notre tem dans des : *lisez* notre tems dans des.

---- 323. --- 19, moins embarrassant que tout : *lisez* moins embarrassant. Que tout.

www.ingramcontent.com/pod-product-compliance
Lightning Source LLC
Chambersburg PA
CBHW071631270326
41928CB00010B/1867

* 9 7 8 2 0 1 2 5 4 4 3 8 3 *